容忍比自由更重要
——胡适读本

Freedom and Tolerance

胡适 著

时代出版传媒股份有限公司
安徽文艺出版社

图书在版编目（CIP）数据

容忍比自由更重要：胡适读本／胡适著.—合肥：安徽文艺出版社，2013.8

（理想图文藏书·大师新编）

ISBN 978-7-5396-3204-9

Ⅰ.①容… Ⅱ.①胡… Ⅲ.①胡适（1891～1962）－自由主义－政治思想－研究 Ⅳ.①D092.6

中国版本图书馆 CIP 数据核字（2013）第 153323 号

出 版 人：朱寒冬
丛书统筹：岑 杰　　　　　策 　 划：千喜鹤文化
责任编辑：岑 杰 韩 露　　特约编辑：孙景丽
图片解说：大雅堂　　　　　装帧设计：视觉共振工作室

出版发行：时代出版传媒股份有限公司　www.press-mart.com
　　　　　安徽文艺出版社　www.awpub.com
地　　址：合肥市翡翠路1118号　邮政编码：230071
营 销 部：(0551)3533889
印　　制：天津海德伟业印务有限公司　电话：022-29937888

开本：889×1194　1/32　印张：13.875　字数：315千字
版次：2013年9月第1版　　2021年5月第2次印刷
定价：39.00元

代序
"老鸦" 胡适之苦心

大凡杰出之人，在当初往往不为社会所容，因为他们思想超前，并且特立独行。因思想与众不同受迫害的例子很多，最著名的是苏格拉底被判饮毒酒和布鲁诺、胡斯被判处火刑。这些殉道者为思想与信仰而献身，显示了视死如归的英雄气概，类似于中国古人所说的浩然正气。近日读胡适1954年的文章，得知这种气概在范仲淹的《灵乌赋》里叫作"宁鸣而死，不默而生"。

"宁鸣而死，不默而生"是范仲淹关于言论的自由与谏诤的权利的宣言，折射出了范仲淹对人格独立的崇尚。而胡适特意撰文，从美国帕特里克·亨利的"不自由，毋宁死"，到范仲淹的"宁鸣而死，不默而生"，旁征博引、不厌其烦地娓娓而谈——真是煞费苦心——这无疑也表达了胡适同样的信念与追求。

胡适早在1917年便有诗歌《老鸦》，我们完全有理由相信他是引"灵乌"为同道的，诗文如下：

《老鸦》

一

我大清早起，

站在人家屋角上哑哑的啼

人家讨嫌我，说我不吉利：——

我不能呢呢喃喃讨人家的欢喜！

二

天寒风紧，无枝可栖。

我整日里飞去飞回，整日里又寒又饥。——

我不能带着鞘儿，翁翁央央的替人家飞；

也不能叫人家系在竹竿头，赚一把黄小米！

　　这首《老鸦》是胡适有代表性的诗歌之一。虽然胡适当年的很多白话诗今天看来有单薄之嫌，但这首《老鸦》在心灵的力度方面，却足以与古今中外先贤的力作比肩。

　　《老鸦》可以视为胡适的心灵自画像。众所周知，乌鸦常被人们视为不吉利之鸟。人们讨厌它，因为它只会按自己的本性啼叫，不会"呢呢喃喃讨人家的欢喜"。胡适写《老鸦》，的确有夫子自道的意味，因为他当年的很多言论的确非常不识时务、非常与众不同。在中国近代文坛、政坛，他曾经非常像乌鸦：

在复古逆流横行之时，他却呼吁文学革命、实行白话诗写作；在众人为各种"主义"狂热时，他却呼吁"多研究些问题，少谈些'主义'！"；在众人高叫打倒"资本主义"、"封建势力"、"帝国主义"时，他却说我们的五大仇敌是"贫穷"、"疾病"、"愚昧"、"贪污"和"扰乱"；在众人崇尚暴力革命时，他却说我们应该走逐步改良的路，从事"自觉的改革"。

诸君切莫以为胡适是在刻意抬杠，他的"标新立异"是以广博的见识与深入的思考为依据的。比如关于革命，时至今日，多数人熟悉的仍是暴力革命，不知道和平方式也是革命的一种途径。而胡适既明了暴力革命的某些缺陷（法国大革命是其典型），也深知以契约完成的和平革命的好处（英国的"光荣革命"是其典型），他相信逐步进化（evolution）才是社会的稳健进步之道，因此他反对暴力革命。虽然他的一些主张可能有点理想化、浪漫化，但他的确是一个认真地思考和践行社会变革的新文化人。

胡适其人（1891—1962），最早以倡导"文学革命"著称，是我国20世纪20、30年代的新文化运动的领袖之一，但其影响远远不限于那个时代，也不限于文学领域。他是安徽绩溪人，原名嗣穈，学名洪骍，字希疆，后改名胡适，字适之，此名与字，源自达尔文进化论的"物竞天择，适者生存"。

除了深厚的国学修养，胡适深受西方文化的浸润。他是美国哥伦比亚大学的哲学博士，此外还在美国、英国、加拿大和香港获得过35个荣誉博士学位，其中包括哈佛大学、牛津大学授予的殊荣。中西合璧的学养，无疑方便了胡适变换视角看问题，其思想与众不同也在情理之中。而由于推崇前文所述的"宁鸣而死，不默而生"，胡适不时发表"不合时宜"的独立见解，也不足为怪。

虽然作为文化名流饮誉中外，但胡适也不时陷入困境。1929年，因他在《人权论集》中的言论，国民党党部一度曾请政府警戒他。20世纪50年代，他可谓左右不是人：在大陆他遭到批评，在台湾他也承受着种种压力。因鼓吹多党政治，他曾遭到国民党的猜忌。虽然在公共场合蒋介石对他礼遇有加，在他去世后蒋曾送挽联赞其为："新文化中旧道德的楷模；旧伦理中新思想的师表。"但是新披露的蒋介石晚年日记显示，蒋在私下里对胡适颇多谩骂之词。

通常而言，"凡是敌人反对的，我们就要拥护。"然而，胡适却曾在敌对的海峡两岸都遭到反对，这是发人深省的，也充分体现了胡适的人格独立。早在1920年5月5日，在给北大哲学系毕业生的赠言中，胡适便鼓励学子们做 "不受人惑的人"。从青年时代起，一直到1962年去世，胡适都始终在坚持自己的独立见解。历史的风云变幻，曾使多数人变得面目全非，而胡适却始终如一，真是难能可贵。

新文化运动有两面大旗，即"民主"与"科学"。胡适是深谙两者要义的，他一生都在为这两者奔忙。胡适早年师从美国哲学家、实用主义大师杜威，西方哲学重实证的做法影响了他的思维方式与人生道路，因此凡是研究和谈论问题，他都非常注重证据与逻辑——胡适称之为"大胆的假设，小心的求证"——其中蕴含的其实就是科学的精神，而这恰恰是传统的中国人所缺乏的。

中国人似乎很崇尚模糊，不求精确，比如人们常说"一炷香的工夫"。这到底是多久呢？谁也说不清。粗细不同或长度不同的香，烧完一炷的时间自然不同。即使是同样粗细和长度的香，由于空气温度或湿度的不同，烧完一炷的时间也各不相同。模糊在文学艺术领域或许有其好处，如李商隐的"沧海月明珠有泪，蓝田日暖玉生烟"，的确有一种迷蒙之美。但在其他领域，不求精确则可能导致严重后果，比如因时间的误差导致火车相撞。胡适对中国人的不求精确深有体悟，因此他作了精短却警醒的《差不多先生传》。

和很多深受进化论影响的新文化人一样，胡适当然也批判八股文、裹小脚、贞节牌坊之类落后事物，但他比很多人走得更远，因为他挖掘了中国传统的认识论和方法论的缺陷，试图从心灵特质和行为模式着眼探讨中国科技落后的原因，通过进行民族自省达到民族自强。中国道家的"无为"思想，在胡适看来过于消极、悲观。针对庄子，胡适写道：

> 东方的懒惰圣人说，"吾生也有涯，而知也无涯，以有涯逐无涯，殆已。"所以他们要人静坐澄心，不思不虑，而物来顺应。这是自欺欺人的诳语，这是人类的夸大狂。真理是深藏在事物之中的；你不去寻求探讨，他决不会露面。科学的文明教人训练我们的官能智慧，一点一滴地去寻求真理，一丝一毫不放过，一铢一两地积起来。这是求真理的惟一法门。自然（Nature）是一个最狡猾的妖魔，只有敲打可以逼她吐露真情。不思不虑的懒人只好永远作愚昧的人，永远走不进真理之门。（摘自《我们对于西洋近代文明的态度》）

除了认识的问题，还有方法的问题。胡适认真考察了中国人的"唯心"倾向，对中国古人所谓的"格物致知"，他指出其致命缺陷在于：注重玄想，却忽视动手。这种缺乏实践与实证基础的"格物"，当然无法实现科学上的"致知"。胡适讲述王阳明"格物"失败的故事，旨在告诉人们，"知行合一"才可能获得科学的知识与技术，这才是改造世界、造福人类的可靠之道。故事如下：

明朝有一位大哲学家王阳明，他说，照程子、朱子的说法，要做圣人，要"即物而穷其理"。"即物穷理"，你们没有试验过，我王阳明试验过了：有一天，他同一位姓钱的朋友研究格物，并由钱先生动手格竹子；拿一个凳子坐在竹子旁边望，望了三天三夜，格不出来，病了。王阳明说，你不够做圣人，我来格。也端把椅子对着竹子望，望了一天一夜，两天两夜……到了七天七夜，王阳明也格不出来，病了。于是王阳明说，我们不配做圣人，不能格物。（摘自《工程师的人生观》）

假如"格物"的成败只关涉几根竹子，那倒没什么大不了。但假如"务虚"成为一种社会常态，而国民多以"动口不动手"的君子自居，问题恐怕就严重了，正如胡适所说：

东方人在过去的时代，也曾制造器物，做出一点利用厚生的文明。但后世的懒惰子孙得过且过，不肯用手用脑去和物质抗争，并且编出"不以人易天"的懒人哲学，于是不久便被物质战胜了。天旱了，只会求雨；河决了，只会拜金龙大王；风浪大了，只会祷告观音菩萨或天后娘娘。荒年了，只好逃荒去；瘟疫来了，只好闭门等死；病上身了，只好求神许愿；树砍完了，只好烧茅草；山都精光了，只好对着叹气。这样又愚又懒的民族，不能征服物质，便完全被压死在

物质环境之下，成了一分像人九分像鬼的不长进民族。（摘自《介绍我自己的思想》）

胡适谈"格物"，带着几分民族自省的沉痛。他推崇通过动手解决实际问题，推崇以实证的方式寻求万物之理，因为他知道凭空玄想是虚妄的，只有动手解决实际问题才有益于改善人生——这料想也是他主张"多研究些问题，少谈些'主义'！"的心理基础之一。他撰文介绍美国发明家爱迪生、贝尔、福特等，也是想说明同样的道理。为了向国人介绍科学的思想方法，他甚至搁下"漫游的感想"的写作等工作，耗费大量精力去为旧学问作烦琐的考据，真可谓用心良苦！

在回答为什么要考证《红楼梦》时，胡适说："我要教人一个思想学问的方法。我要教人疑而后信，考而后信，有充分证据而后信。"本想推介新学思维方法，却要在旧学的泥潭里耗费生命，这多少有点让人感到苦涩。对此，极为推崇胡适的李敖先生深感惋惜，说："宁肯牺牲四五十条的"漫游的感想"来换取《白话文学史》的上卷，毫不考虑两部著作对世道人心孰轻孰重，这是他的大懵懂！"

除了倡导科学精神与科学方法，胡适毕生都在致力于民主事业。在他看来，以"民主"与"科学"为旗帜的"新思潮"的唯一目的，就是"再造文明"。基于这种新的理想，"平等"、"自由"、"博爱"、"人权"、"宪政"等语汇，在他的文章中比比皆是——因为这些价值观是"民主"的题中应有之义。前文所述的《"宁鸣而死，不默而生"》，便是他关于言论自由的政论之一。1929年他因《人权论集》受到当局的责难，也说明他是专制的挑战者。

胡适对民主的信仰是执着的。20世纪30年代，"九一八"事变之后，当墨索里尼、希特勒、斯大林、罗斯福等政治强人各显其能时，很多"受过民主政治极久的熏陶"的人，如蒋廷黻、钱端升、吴景超、丁文江等，竟然都纷纷鼓吹独裁。而胡适却不改初衷，他单枪匹马迎战"独裁"论，在《独立评论》撰专文为"宪政"张目。独裁，依赖的是强人的个人意志，往往有个人意志凌驾于众人意志之上的危险。而宪政，是法律规范下的权力和权力的运行与制约机制，更多体现的是众人的意志，因此相对更加安全、可靠。作为荣誉法学博士，胡适对此是心知肚明的。

胡适写过不少关于"自由"的文章，《自由主义》便是其一。该文从"自由"的语义切入，先谈墨子、王充、范缜等中国的"士"为思想、言论、宗教自由所作的抗争，进而又探讨以多数人的自由意志为基础、也"尊重少数人的基本权利"的西方民主政治的演进史，其条分缕析，显示了深厚的学养。胡适对"自由"是深有研究的。在《容忍与自由》等文章中，胡适多次引用其老师布尔先生的话："容忍比自由更重要。"他从宗教自由史、思想自由史、政治自由史的角度对这句话作了深入的阐释，拳拳苦心显而易见。

"容忍"异己的主张，与"宪政"的本质内涵结合，自然有了胡适对政治宽容的呼吁。他拥护多党政治，呼吁对反对党的容忍，等等。他成为《自由中国》杂志的精神领袖是情理之中的事。因对蒋介石和国民党的独裁作了犀利的批判，《自由中国》令当局感到恼火。后来《自由中国》社的雷震等要组织反对党，蒋介石便下令查封了杂志，并以"涉嫌叛乱"逮捕了雷震等人，结果雷震等都被判了罪。雷震案发生时胡适在美国，终生追求民主、自由、宪政的他感到案件的发生是一种耻辱，他接连说了几个"……我抬不起头来见人"。

胡适宣传"民主"与"科学"等，抽象言之是为了"再造文明"，具体而言是建设"新生活"。那么，什么样的生活才称得上新生活呢？从《略谈人生观》、《新生活》、《非个人主义的新生活》、《不朽》等可窥一斑：胡适旁征博引，既说中国古代的"立德"、"立功"与"立言"（世称"三不朽"），又说西方的类似三价值（Worth，Work，Words）；既谈个人的人格独立，又谈公民对社会的责任；既谈"小我的不朽"，又谈"大我的不朽"（即"社会的不朽"）。这样的人生观念蕴含博大情怀，予人以义薄云天之感。

新文明与新生活的实现，有赖于新人格的形成。在《易卜生主义》中，胡适通过评论《娜拉》（即《玩偶之家》）阐述了成为"一个人"的重要性。胡适说："娜拉抛弃了家庭丈夫儿女，飘然而去，只因为她觉悟了她自己也是一个人，只因为她感觉到她'无论如何，务必努力做一个人'。这便是易卜生主义。"那么，怎样才称得上"一个人"，对此胡适推崇的是杜威所倡导的个性主义：

（1）假的个人主义——就是为我主义（egoism），他的性质是自私自利：只顾自己的利益，不管群众的利益。

（2）真的个人主义——就是个性主义（individuality），他的特性有两种：一是独立思想，不肯把别人的耳朵当耳朵，不肯把别人的眼睛当眼睛，不肯把别人的脑力当自己的脑力；二是个人对于自己思想

信仰的结果要负完全责任，不怕权威，不怕监禁杀身，只认得真理，不认得个人的利害。（摘自《非个人主义的新生活》）

纵观天下，有独立思想的人有多少呢？或许，有独立思想还不是太难，难的是为思想信仰献身，不怕监禁杀身！有多少人愿意成为信仰的殉道者呢？胡适向我们提出了一种近乎英雄或圣人的人格标准，确实是苦心可鉴——他希望全体国人通过个人自救达到民族自救！而要达到胡适倡导的个性主义的标准，国人要走的路还很长很长，就像要达到胡适理想中的宪政标准，国人任重道远一样——令人高兴的是，曾经在大陆遭到批判的胡适，其独立又独特的言论如今能在大陆出版了，这是中国进步的表现！

穷其一生，胡适都像一个执着的布道者，在以其中西合璧的学养与长年累月的深思，孜孜不倦地给自己的同胞启蒙，无论获得赞誉还是遭到谩骂，他都矢志不渝地护卫着"民主"与"科学"大旗，他是值得国人敬仰和铭记的。他苦心孤诣地说宣讲"新思潮"，旨在塑造中国人的新人格，而真正能理解他的人却少之又少。他常常微笑着面对世界，但料想他在内心是孤苦的——比如单枪匹马迎战"独裁"派时，他难免感到孤单；在雷震案发生时他感到无助，他的心曾经滴血。

胡适早年以"老鸦"夫子自道，不知是不是预感到自己的某种人生的孤苦。从他故去到现在，半个世纪过去了，如今我们翻开他的作品，发现他的声音既不像乌鸦的那么怪异，也不像鹦鹉的那么甜腻。假如非要用鸟儿来作比，我愿说他有如一只可以飞越千山万水的自由的信鸽，他的声音有如传递未来福音的先知之声。听啊，半个世纪过去了，那声音仍旧响震林岳，振聋发聩：

现在有人对你们说："牺牲你们个人的自由，去求国家的自由！"我对你们说："争你们个人的自由，便是为国家争自由！争你们自己的人格，便是为国家争人格！自由平等的国家不是一群奴才建造得起来的！"（摘自《介绍我自己的思想》）

莫雅平

2012年10月2日于桂林

目录

一、胡适新诗12首

二、活得有益又有趣

三、民族自省与自信

四、新思想造就新文明

五、容忍比自由更重要

六、难以忘怀的人与事

胡适

容忍比自由更重要
——胡适读本

胡适 著

胡适在 1929 年

胡适新诗 *12* 首

沁园春·誓诗

[选自作者留学日记；1916年4月12日拟成，13日抄出初稿，又于14、16、18、26日多次修改]

更不伤春，
更不悲秋，
以此誓诗。
任花开也好，
花飞也好，
月圆固好，
日落何悲？
我闻之曰，
"从天而颂，
孰与制天而用之？"
更安用为苍天歌哭，
作彼奴为！

文章革命何疑！
且准备搴旗作健儿。
要前空千古，
下开百世，
收他臭腐
还我神奇。
为大中华，
造新文学。
此业吾曹欲让谁？
诗材料，
有簇新世界，
供我驱驰。

1916年4月12日

蝴　蝶

[选自同日作者留学日记；亦题《朋友》、《窗上有所见口占》]

两个黄蝴蝶，双双飞上天。
不知为什么，一个忽飞还。
剩下那一个，孤单怪可怜，
也无心上天，天上太孤单。

1916年8月23日

老 鸦

[原载1918年2月15日《新青年》第4卷第2号]

一

我大清早起，
站在人家屋角上哑哑的啼
人家讨嫌我，说我不吉利：——
我不能呢呢喃喃讨人家的欢喜！

二

天寒风紧，无枝可栖。
我整日里飞去飞回，整日里又寒又饥。——
我不能带着鞘儿，翁翁央央的替人家飞；
也不能叫人家系在竹竿头，赚一把黄小米！

1917年12月11日

一颗遭劫的星

[《国民公报》响应新思潮最早，遭忌也最深。今年十一月被封，主笔孙几伊君被捕。十二月四日判决，孙君定监禁十四个月的罪。我为这事做这诗。选自上海亚东图书馆1920年3月初版《尝试集》]

热极了！
更没有一点风！
那又轻又细的马缨花须
动也不动一动！

好容易一颗大星出来；
我们知道夜凉将到了：——
仍旧是热，仍旧没有风，
只是我们心里不烦躁了。

忽然一大块黑云
把那颗清凉光明的星围住；
那块云越积越大，
那颗星再也冲不出去！

乌云越积越大，
遮尽了一天的明霞；
一阵风来，
拳头大的雨点淋漓打下！

大雨过后，
满天的星都放光了。
那颗大星欢迎着他们，
大家齐说"世界更清凉了！"

1919年12月17日

一　笑

[选自上海亚东图书馆1920年9月再版《尝试集》]

十几年前，
一个人对我笑了一笑。
我当时不懂得什么，
只觉得他笑得很好。

那个人后来不知怎样了，
只是他那一笑还在：
我不但忘不了他，
还觉得他越久越可爱。

我借他作了许多情诗，
我替他想出种种境地：
有的人读了伤心，
有的人读了欢喜。

欢喜也罢，伤心也罢，
其实只是那一笑。
我也许不会再见那笑的人，
但我很感谢他笑的真好。

1920年8月12日

年轻英才胡适

湖 上

[原载1920年11月1日《新青年》第8卷第3号]

水上一个萤火，
水里一个萤火，
平排着，
轻轻地，
打我们的船边飞过。
他们俩儿越飞越近，
渐渐地并作了一个。

1920年8月24日

梦与诗

[本诗有跋云：“这是我的‘诗的经验主义’。简单一句话：做梦尚且要经验做底子，何况做诗？现在人的大毛病就在爱做没有经验做底子的诗。”原载1921年1月1日《新青年》第8卷第5号]

都是平常经验，
都是平常影像，
偶然涌到梦中来，
变幻出多少新奇花样！

都是平常情感，
都是平常言语，
偶然碰着个诗人，
变幻出多少新奇诗句！

醉过才知酒浓，
爱过才知情重；——
你不能做我的诗，
正如我不能做你的梦。

1920年10月10日

双十节的鬼歌

[今天（10月4日）因上海几家报馆要我做双十节的文章，我没有功夫，故做了一首诗。选自作者日记，发表于1921年10月10日《晨报》]

十年了，
他们又来纪念了！
他们借我们，
出一张红报，
做几篇文章，
放一天例假，
发表一批勋章：
这就是我们的纪念了！

要脸吗？
这难道是革命的纪念吗？
我们那时候，
威权也不怕，
生命也不顾，
监狱作家乡，
炸弹底下来去：
肯受这种无耻的纪念吗？

别讨厌了，
可以换个法子纪念了！
大家合起来，
赶掉这群狼，
推翻这鸟政府；
起一个新革命，
造一个好政府：
那才是双十节的纪念了！

1921年10月4日

希 望

[原载1922年7月1日《新青年》第9卷第6号]

我从山中来，带得兰花草，
种在小园中，希望开花好。

一日望三回，望到花时过；
急坏看花人，苞也无一个。

眼见秋天到，移花供在家；
明年春风回，祝汝满盆花！

1921年10月4日

回　向

["回向"是《华严经》里的一个重要概念。作者自称："我的诗是用世间法的话来述这一种超世间法的宏愿。"选自同日作者日记，发表于1922年10月22日《努力周报》第25期]

他从大风雨里过来，
爬向最高峰上去了。
山上只有和平，只有美，
没有风和雨了。

他回头望着山脚下，
想起了风雨中的同伴，
在那密云遮着的村子里，
忍受那风雨中的沉暗。

他舍不得他们，
但他又怕那山下的风雨，
"也许还下雹呢？"
他在山上自言自语。

他终于下山来了，
向着那密云遮处去。
"管他下雨下雹！
他们受得，我也能受！"

1922年10月19日

秘魔崖月夜

[1931年徐志摩遇难后,作者又抄了这首诗作为纪念,改题为《依旧明月时》。原载《晨报六周年纪念增刊》]

依旧是月圆时,
依旧是空山,静夜。
我独自踏月归来,
这凄凉如何能解!

翠微山上的一阵松涛
惊破了空山的寂静。
山风吹乱了的窗纸上的松痕,
吹不散我心头的人影。

1923年12月22日

也是微云

[选自《胡适之先生诗歌手迹》]

也是微云，
也是微云过后月光明。
只不见去年的游伴，
也没有当日的心情。

不愿勾起相思，
不敢出门看月。
偏偏月进窗来，
害我相思一夜。

1925年

任北大校长时的胡适

二、活得有益又有趣

人生有何意义

一、答某君书

我细读来书，终觉得你不免作茧自缚。你自己去寻出一个本不成问题的问题，"人生有何意义？"其实这个问题是容易解答的。人生的意义全是各人自己寻出来、造出来的：高尚、卑劣、清贵、污浊、有用、无用，全靠自己的作为。生命本身不过是一件生物学的事实，有什么意义可说？一个人与一只猪，一只狗，有什么分别？人生的意义不在于何以有生，而在自己怎样生活。你若情愿把这六尺之躯葬送在白昼做梦之上，那就是你这一生的意义。你若发愤振作起来，决心去寻求生命的意义，去创造自己的生命的意义，那么，你活一日便有一日的意义，做一事便添一事的意义，生命无穷，生命的意义也无穷了。

总之，生命本没有意义，你要能给他什么意义，他就有什么意义。与其终日冥想人生有何意义，不如试用此生做点有意义的事。

二、为人写扇子的话

知世如梦无所求，无所求心普空寂。

还似梦中随梦境，成就河沙梦功德。

王荆公小诗一首，真是有得于佛法的话。认得人生如梦，故无所求。但无所求不是无为。人生固然不过一梦，但一生只有这一场做梦的机会，岂可不努力做一个轰轰烈烈像个样子的梦？岂可糊糊涂涂糟糟懂懂混过这几十年吗？

十八，五，十三

（选自上海亚东图书馆1930年9月版《胡适文存》第3集）

略谈人生观

每个人可以说都有一个"人生观"，我是以先几十年的经验，提供几点意见，供大家思索参考。

很多人认为个人主义是洪水猛兽，是可怕的，但我所说的是个平平常常、健全而无害的。干干脆脆的一个个人主义的出发点，不是来自西洋，也不是完全中国的。中国思想上具有健全的个人主义思想，可以与西洋思想互相印证。王安石是个一生自己刻苦，而替国家谋安全之道，为人民谋福利的人，当为非个人主义者。但从他的诗文可以找出他个人主义的人生观，为己的人生观。因为他曾将古代极端为我的杨朱与提倡兼爱的墨子相比。在文章中说"为己是学者之本也，为人是学者之末也。学者之事必先为己为我，其为己有余，则天下事可以为人，不可不为人。"

这就是说，一个人在最初的时候应该为自己，在为自己有余的时候，就该为别人，而且不可不为别人。

十九世纪的易卜生，他晚年曾给一位年轻的朋友写信说："最期望于你的只有一句话，希望你能做到真正的、纯粹的为我主义，要你有时觉得天下事只有自己最重要，别人不足想，你要想有益于社会最好的办法，就是把你自己这块材料铸成器。"

另外一部自由主义的名著《自由论》，有一章"个性"，也一再地讲人最可贵的是个人的个性，这些话，便是最健全的个人主义。一个人应该把自己培养成器，使自己有了足够的知识、能力与感情之后，才能再去为别人。

孔子的门人子路，有一天问孔子说："怎样才能做成一个君子？"孔子回答说："修己以敬"。这句话的意思，也就是要把自己慎重地培养、训练、教育好的意思。"敬"在古文解释为慎重。子路又说，这样够了吗？孔子回答说："修己以安人"。这句话的意思，就是先把自己培养、训练、教育好了，再为别人。子路又问，这样够了吗？孔子回答说："修己以安百姓，修己以安百姓，尧舜其犹病诸。"这句话的意思就是培养、训练、教育好了自己，再去为百姓，培养好了自己再去为百姓，就是圣人如尧舜，也很不易做到。孔子这一席话，也是以个人主义为起点的。自此可见，从十九世纪到现在，从现在回到孔子时代，差不多都是以修身为本。修身就是把自己训练、培养、教育好。因此个人主义并不是可怕的，尤其是年轻人确立一个人生观，更是需要慎重的把自己这块材料培养、训练、教育成器。

我认为最值得与年轻人谈的便是知识的快乐。一个人怎样能使生活快乐。人生是为追求幸福与快乐的，《美国独立宣言》中曾提及三种东西，即就是（1）生命，（2）自由，（3）追求幸福。但是人类追求的快乐范围很广，例如财富、婚姻、事业、工作等等。但是一个人的快乐，是有粗有细的，我在幼年的时候不用说，但自从有知以来，就认为，人生的快乐，就是知识的快乐，做研究的快乐，找真理的快乐，求证据的快乐。从求知识的欲望与方法中深深体会到人生是有限，知识是无穷的，以有限的人生，去探求无穷的知识，实在是非常快乐的。

二千年前有一位政治家问孔子门人子路说，你的老师是怎

孔子像

样的人，子路不答。后来孔子知道了，说："你为什么不告诉他，你的老师'其为人也，发愤忘食，乐以忘忧，不知老之将至。'"从孔子这句话，可以体会到知识的乐趣。希腊科学家阿基米德在澡堂洗澡时，想出了如何分析皇冠的金子成分的方法，高兴得赤身从澡堂里跳了出来，沿街跑去，口中喊着："我找到了，我找到了。"这就是说明知识的快乐，一旦发现证据或真理的快乐。英国两位大诗人勃朗宁和丁尼生有两首诗，都是代表十九世纪冒险的、追求新的知识的精神。

最后谈谈社会的宗教说，一个人总是有一种制裁的力量的，相信上帝的人，上帝是他的制裁力量。我们古代讲孝，于是孝便成了宗教，成了制裁。现在在台湾宗教很发达，有人信最高的神，有人信很多的神，许多人为了找安慰都走了宗教的道路。我说的社会宗教，乃是一种说法，中国古代有此种观念，就是三不朽：立德，是讲人格与道德；立功，就是建立功业；立言，就是思想语言。在外国也有三个，就是Worth、Work、Words。这三个不朽，没有上帝，亦没有灵魂，但却不十分民主。究竟一个人要立德、立功、立言到何种程度，我认为范围必须扩大，因为人的行为无论为善为恶都是不朽的。我国的古语："流芳百世，遗臭万年"，便是这个意思……因此，我们的行为，一言一动，均应向社会负责，这便是社会的宗教，社会的不朽……我们千万不能叫我们的行为在社会上发生坏的影响，因为即使我们死了，我们留下的坏的影响仍是永久存在的。"我们要一出言不敢忘社会的影响，一举步不敢忘社会的影响"。即使我们在社会上留一白点，但我们也绝对不能留一点污点，社会即是我们的上帝，我们的制裁者。

阿基米德

新生活

哪样的生活可以叫作新生活呢？

我想来想去，只有一句话：新生活就是有意思的生活。

你听了，必定要问我，有意思的生活又是什么样的生活呢？

我且先说一两件实在的事情做个样子，你就明白我的意思了。

前天你没有事做，闲得不耐烦了，你跑到街上一个小酒店里，打了四两老白干，喝完了，又要四两，再添上四两。喝得大醉了，和张大哥吵了一回嘴，几乎打起架来。后来李四哥来把你拉开，你气忿忿的又要了四两白干，喝得人事不知，幸亏李四哥把你扶回去睡了。昨儿早上，你酒醒了。大嫂子把前天的事告诉你，你懊悔得很，自己埋怨自己："昨儿为什么要喝那么多酒呢？可不是糊涂吗？"

你赶紧上张大哥家去，作了许多揖，赔了许多不是，自己怪自己糊涂，请张大哥大量包涵，正说时，李四哥也来了，王三哥也来了。他们三缺一，要你陪他们打牌。你坐下来，打了十二圈，输了一百多吊钱。你回得家来，大嫂子怪你不该赌博，你又懊悔得很，自己怪自己道：

"是呵，为什么要陪他们打牌呢？可不是糊涂吗？"

诸位，像这样子的生活，叫作糊涂生活。糊涂生活便是没有意思的生活，你做完了这种生活，回头一想，"我为什么要这样干呢？"你自己也回不出究竟为什么。

诸位，凡是自己说不出"为什么这样做"的事，都是没有意思的生活。

生活的"为什么"，就是生活的意思。

人同畜生的区别，就在这个"为什么"上，你到万牲园去看那白熊一天到晚摆来摆去不肯歇，那就是没有意思的生活。我们做了人，应该不要学那些畜生的生活，畜生的生活只是胡混，只是不晓得自己为什么如此做，一个人做的事应该是件件事回得出一个"为什么"。

我为什么要干这个？为什么不干那个？回答得出，方才算是一个人的生活。

我希望中国人都能做这种有意思的新生活。其实这种新生活并不困难，只消时时刻刻问自己为什么这样做，为什么不那样做，就可以渐渐的做到我们所说的新生活了。

诸位，千万不要说"为什么"这三个字是很容易的事。你打今天起，每做一件事，便问一个为什么——为什么不把辫子剪了？为什么不把大姑娘的小脚放了？为什么大嫂子脸上搽那么多的脂粉？为什么出棺材要用那么多叫化子？为什么娶媳妇也要用那么多叫化子？为什么骂人要骂他的爹妈？为什么这个？为什么那个？——你试办一两天，你就会觉得这三个字的趣味真是无穷无尽，这三个字的功用也无穷无尽。

诸位，我们恭恭敬敬的请你们试试这种新生活。

民国八年八月

（原载于1919年8月24日《新生活》周刊第1期）

一个防身药方的三味药

毕业班的诸位同学，现在都得离开学校去开始你们自己的事业了。今天的典礼，我们叫作"毕业"，叫作"卒业"，在英文里叫作"始业"（Commencement）。你们的学校生活现在有一个结束，现在你们开始进入一段新的生活，开始撑起自己的肩膀来挑自己的担子，所以叫作"始业"。

我今天承毕业班同学的好意，承阁校长的好意，来说几句话，我进大学是在五十年前（1910），我毕业是在四十六年前（1914），够得上做你们的老大哥了。今天我用老大哥的资格，应该送你们一点小礼物，我要送你们的小礼物只是一个防身的药方，给你们离开校门，进入大世界，作随时防身救急之用的一个药方。

这个防身药方只有三味药：

第一味药叫作"问题丹"。

第二味药叫作"兴趣散"。

第三味药叫作"信心汤"。

第一味药，"问题丹"，就是说：每个人离开学校，总得带一两个麻烦而有趣味的问题在身边作伴，这是你们入世的第一要紧的救命宝丹。

问题是一切知识学问的来源，活的学问、活的知识，都是为了解答实际上的困难，或理论上的困难而得来的。年轻入世的时候，总得有一个两个不大容易解决的问题在脑子里，时时向你挑战，时时笑你不能对付他，不能奈何他，时时引诱你去想他。

只要你有问题跟着你，你就不会懒惰了，你就会继续有知识上的长进了。

学堂里的书，你带不走，仪器，你带不走；先生，他们不能跟你去，但是问题可以跟你走到天边！有了问题，没有书，你自会省吃省穿去买书；没有仪器，你自会卖田卖地去买仪器！没有好先生，你自会去找好师友；没有资料，你自会上天下地去找资料。

各位青年朋友，你今天离开学校，夹袋里准备了几个问题跟着你走？

第二味药，叫作"兴趣散"，这就是说：每个人进入社会，总得多发展一点专门职业以外的兴趣——"业余"的兴趣。

你们多数是学工程的，当然不愁找不到吃饭的职业，但四年前你们选择的专门职业，真是你们自己的自由志愿吗？你们现在还感觉你们手里的文凭真可以代表你们每个人终身的志愿，终身的兴趣吗？——换句话说，你们今天不懊悔吗？明年今天还不会懊悔吗？

你们在这四年里，没有发现什么新的、业余的兴趣吗？在这四年里，没有发现自己在本行以外的才能吗？

总而言之，一个人应该有他的职业，又应该有他的非职业的玩意儿。不是为吃饭而是心里喜欢做的，用闲暇时间做的，——这种非职业的玩意儿，可以使他的生活更有趣、更快乐、更有意思。有时候，一个人的业余活动也许比他的职业还更重要。

英国十九世纪的两个哲学家，一个是弥尔（J.S.Mill），他的职业是东印度公司的秘书，他的业余工作使他在哲学上、经济学上、政治思想史上，都有很大的贡献。一个是斯宾塞（Herbert

Spencer），他是一个测量工程师，他的业余工作使他成为一个很有势力的思想家。

英国的大政治家邱吉尔，政治是他的终身职业，但他的业余兴趣很多，他在文学、历史两方面，都有大成就；他用余力作油画，成绩也很好。

今天到"自由中国"的贵宾，美国大总统艾森豪威尔先生，他的终身职业是军事，人都知道他最爱打高尔夫球，但我们知道他的油画也很有工夫。

各位青年朋友，你们的专门职业是不用愁的了，你们的业余兴趣是什么？你们能做的、爱做的业余活动是什么？

第三味药，我叫他作"信心汤"，这就是说：你总得有一点信心。

我们生存在这个年头，看见的、听见的，往往都是可以叫我们悲观、失望的——有时候竟可以叫我们伤心，叫我们发疯。

这个时代，正是我们要培养我们的信心的时候，没有信心，我们真要发狂自杀了。

我们的信心只有一句话："努力不会白费"，没有一点努力是没有结果的。

对你们学工程的青年人，我还用多举例来说明这种信心吗？工程师的人生哲学当然建筑在"努力不白费"的定律的基石之上。

我只举这短短几十年里大家都知道的两个例子：一个是亨利·福特（Henry Ford），这个人没有受过大学教育，他小时候半工半读，只读了几年书，十六岁就在一小机器店里做工，每周工钱两块半美金，晚上还得去帮别家做夜工。

五十七年前（1903）他三十九岁，他创立Ford Motor Co.（福

亨利．福特

特汽车公司），原定资本十万元，只招得两万八千元。

五年之后（1908），他造成了他的最出名的model T汽车，用全力制造这一种车子。

1913年——我已在大学三年级了，福特先生创立他的第一副"装配线"（Assembly line）。

1914年，——四十六年前，——他就能够完全用"装配线"的原理来制造他的汽车了。同时（1914）他宣布他的汽车工人每天只工作八点钟，比别处工人少一点钟——而每天最低工钱五元美金，比别人多一倍。

他的汽车开始是九百五十元一部，他逐年减低卖价，从九百五十元直减到三百六十元——第一次世界大战之后，减到二百九十元一部。

他的公司，在创办时（1903）只有两万八千元的资本，——到二十三年之后（1926）已值得十亿美金了！已成了全世界最大的汽车公司了。1915年，他造了一百万部汽车，1928年，他造了一千五百万部车。

他的"装配线"的原则在二十年里造成了全世界的"工业新革命"。

福特的汽车在五十年中征服全世界的历史还不能叫我们发生"努力不白费"的信心吗？

第二个例子是航空工程与航空工业的历史。

也是五十七年前——1903年12月17日，正是我十二整岁的生日，——那一天，在北加罗林那州的海边Kitty Hawk（基帝霍克）沙滩上，两个修理脚踏车的匠人，兄弟两人，用他们自己制造的一只飞机，在沙滩上试起飞，弟弟叫Owille Wright，他飞起了十二秒钟。哥哥叫Wilbur Wright，他飞起了五十九秒钟。

飞机发明家莱特（Wright）兄弟

那是人类制造飞机飞在空中的第一次成功，——现在那一天（12月17日）是全美国庆祝的"航空日"——但当时并没有人注意到那两个弟兄的试验，但这两个没有受过大学教育的脚踏车修理匠人，他们并不失望，他们继续试飞，继续改良他们的飞机，一直到四年半之后（1908年5月）才有重要的报纸来报导那两个人的试飞，那时候，他们已能在空中飞三十八分钟了！

这四十年中，航空工程的大发展，航空工业的大发展，这是你们学工程的人都知道的，航空工业在最近三十年里已成了世界最大工业的一种。

我第一次看见飞机是在1912年。我第一次坐飞机是在1930年（三十年前）。我第一次飞过太平洋是在二十三年前（1937）；第一次飞过大西洋是在十五年前（1945年），当我第一次飞渡太平洋的时候，从香港到旧金山总共费了七天！去年我第一次坐Jet机，从旧金山到纽约，五个半钟点飞了三千英里！下月初，我又得飞过太平洋，当天中午起飞，当天晚上就到美国西岸了！

五十七年前，Kitty Hawk沙滩上两个脚踏车修理匠人自造的一个飞机居然在空中飞起了十二秒钟，那十二秒钟的飞行就给人类打开了一个新的时代，——打开了人类的航空时代。

这不够叫我们深信"努力不会白费"的人生观吗？

古人说："信心可以移山"（Faith moves mountains），又说："功不唐捐"（唐是空的意思），又说："只要功夫深，生铁磨成绣花针。"

青年的朋友，你们有这种信心没有？

（本篇系作者1960年6月18日在台南市成功大学的讲演，

收入台北胡适纪念馆1970年版《胡适演讲集》）

非个人主义的新生活

这个题目是我在山东道上想着的，后来曾在天津学生联合会的学术讲演会讲过一次，又在唐山的学术讲演会讲过一次。唐山的演稿由一位刘赞清君记出，登在1月15日《时事新报》上。我这一篇的大意是对于新村的运动贡献一点批评。这种批评是否合理，我也不敢说。但是我自信这一篇文字是研究考虑的结果，并不是根据于先有的成见的。

九、一、二十二

本篇有两层意思。一是表示我不赞成现在一般有志青年所提倡，我所认为"个人主义的"新生活。一是提出我所主张的"非个人主义的"新生活。就是"社会的"新生活。

先说什么叫作"个人主义"（Individualism）。1月2日夜，（就是我在天津讲演前一晚）杜威博士在天津青年会讲演《真的与假的个人主义》，他说：个人主义有两种：

（1）假的个人主义——就是为我主义（Egoism），他的性质是自私自利：只顾自己的利益，不管群众的利益。

（2）真的个人主义——就是个性主义（Individuality），他的特性有两种：一是独立思想，不肯把别人的耳朵当耳朵，不肯把别人的眼睛当眼睛，不肯把别人的脑力当自己的脑力；
二是个人对于自己思想信仰的结果要负完全责任，不怕权威，
不怕监禁杀身，只认得真理，不认得个人的利害。

杜威先生极力反对前一种假的个人主义，主张后一种真的个
人主义。这是我们都赞成的。但是他反对的那种自私自利的个人
主义的害处，是大家都明白的。因为人多明白这种主义的害处，
故他的危险究竟不很大。例如东方现在实行这种极端为我主义的
"财主督军"，无论他们眼前怎样横行，究竟逃不了公论的怨
恨，究竟不会受多数有志青年的崇拜。所以我们可以说这种主义
的危险是很有限的。但是我觉得"个人主义"还有第三派，是很
受人崇敬的，是格外危险的。这一派是：

（3）独善的个人主义，他的共同性质是：不满意于现社
会，却又无可如何，只想跳出这个社会去寻一种超出现社会的
理想生活。

这个定义含有两部分：（1）承认这个现社会是没有法子
挽救的了；（2）要想在现社会之外另寻一种独善的理想生活。

杜威先生

自有人类以来，这种个人主义的表现也不知有多少次了。简括说来，共有四种：

一、宗教家的极乐国。如佛家的净土，犹太人的伊丁园，别种宗教的天堂、天国，都属于这一派。这种理想的缘起，都由于对现社会不满意。因为厌恶现社会，故悬想那些无量寿、无量光的净土；不识不知，完全天趣的伊丁园；只有快乐，毫无痛苦的天国。这种极乐国里所没有的，都是他们所厌恨的；所有的，都是他们所梦想而不能得到的。

（二）神仙生活。神仙的生活也是一种悬想的超出现社会的生活。人世有疾病痛苦，神仙无病长生；人世愚昧无知，神仙能知过去未来；人生不自由，神仙乘云遨游，来去自由。

（三）山林隐逸的生活。前两种是完全出世的；他们的理想生活是悬想的渺茫的出世生活。山林隐逸的生活虽然不是完全出世的，也是不满意于现社会的表示。他们不满意于当时的社会政治，却又无能为力，只得隐姓埋名，逃出这个恶浊社会去做他们自己理想中的生活。他们不能"得君行道"，故对于功名利禄，表示藐视的态度；他们痛恨富贵的人骄奢淫逸，故说富贵如同天上的浮云，如同脚下的破草鞋。他们痛恨社会上有许多不耕而食、不劳而得的"吃白阶级"，故自己耕田锄地，自食其力。他们厌恶这污浊的社会，故实行他们理想中梅妻鹤子，渔蓑钓艇的洁净生活。

（四）近代的新村生活。近代的新村运动，如十九世纪法国、美国的理想农村，如现在日本日向的新村，照我的见解看起来，实在同山林隐逸的生活是根本相同的。那不同的地方，自然也有。山林隐逸是没有组织的，新村是有组织的；这是一种不同。隐遁的生活是同世事完全隔绝的，故有"不知有汉，遑论魏宋代林逋清高处世·隐居西湖孤山·种植梅花·饲养仙鹤·终生不娶·人谓『梅妻鹤子』。

林逋
孤山之梅瞅鼻悔而吟之
飞之花飲

梅妻鹤子

晋"的理想；现在的新村的人能有赏玩Rodin同Cézanne的幸福，还能在村外著书出报：这又是一种不同。但是这两种不同都是时代造成的，是偶然的，不是根本的区别。从根本性质上看来，新村的运动都是对于现社会不满意的表示。即如日向的新村，他们对于现在"少数人在多数人的不幸上，筑起自己的幸福"的社会制度，表示不满意，自然是公认的事实。周作人先生说日向新村里有人把中国看作"最自然，最自在的国"。这是他们对于日本政制极不满意的一种牢骚话，很可玩味的。武者小路实笃先生一班人虽然极不满意于现社会，却又不赞成用"暴力"的改革。他们都是"真心仰慕着平和"的人。他们于无可如何之中，想出这个新村的计划来。周作人先生说："新村的理想，要将历来非暴力不能做到的事，用和平方法得来。"这个和平方法就是离开现社会，去做一种模范的生活。"只要万人真希望这种的世界，这世界便能实现。"这句话不但是独善主义的精义，简直全是净土宗的口气了！所以我把新村来比山林隐逸，不算冤枉他；就是把他来比求净土天国的宗教运动，也不算玷辱他。不过他们的"净土"是在日向，不在西天罢了。

我这篇文章要批评的"个人主义的新生活"，就是指这一种跳出现社会的新村生活。这种生活，我认为是"独善的个人主义"的一种。"独善"两个字是从孟轲"穷则独善其身"一句话上来的。有人说：新村的根本主张是要人人"尽了对于人类的义务，却又完全发展自己个性"；如此看来，他们既承认"对于人类的义务"，如何还是独善的个人主义呢。我说：这正是个人主义的证据。试看古今来主张个人主义的思想家，从希腊的"狗派"（Cynic）以至十八九世纪的个人主义，哪一个不是一方面崇拜个人，一方面崇拜那广漠的"人类"的？主张个人主义的人，只是否认那些切近的伦谊，——或是家族，或是"社会"，或是国家，——但是因为要推翻这些比较狭小逼人的伦谊，不得不捧出那广漠不逼人的"人类"。所以凡是个人主义的思想家，没有一个不承认这个双重关系的。

新村的人主张"完全发展自己个性"，故是一种个人主义。他们要想跳出现社会去发展自己个性，故是一种独善的个人主义。

这种新村的运动，因为恰合现在青年不满意于现社会的心理，故近来中国也有许多人欢迎、赞叹、崇拜。我也是敬仰武者先生一班人的，故也曾仔细考究这个问题。我考究的结果是不赞成这种运动。我以为中国的有志青年不应该仿行这种个人主义的新生活。

这种新村的运动有什么可以反对的地方呢？

第一，因为这种生活是避世的，是避开现社会的。这就是让步。这便不是奋斗。我们自然不应该提倡"暴力"，但是非暴力的奋斗是不可少的。我并不是说武者先生一班人没有奋斗的精神。他们在日本能提倡反对暴力的论调，——如"一个青年的梦"——自然是有奋斗精神的。但是他们的新村计划想避开现社会里"奋斗的生活"，去寻那现社会外"生活的奋斗"，这便是一大让步。武者先生的《一个青年的梦》里的主人翁最后有几句话，很可玩味。他说：

……请宽恕我的无力。——宽恕我的话的无力。但我心里所有的对于美丽的国的仰慕，却要请诸君体察的。……
（《新青年》七、二、一〇二）

我们对于日向的新村应该作如此观察。

第二，在古代，这种独善主义还有存在的理由；在现代，我们就不该崇拜他了。古代的人不知道个人有多大的势力，故孟轲说："穷则独善其身，达则兼济天下。"古人总想，改良社会是"达"了以后的事业，——是得君行道以后的事业；故承认个人——穷的个人——只能做独善的事业，不配做兼济的事业。古人错了。现在我们承认个人有许多事业可做。人人都是一个无冠的帝王，人人都可以做一些改良社会的事。去年的"五四运动"和"六三运动"，何尝是"得君行道"的人做出来的？知道个人可以做事，知道有组织的个人更可以做事，便可以知道这种个人主义的独善生活是不值得模仿的了。

第三，他们所信仰的"泛劳动主义"是很不经济的。他们主张："一个人生存上必要的衣食住，论理应该用自己的力去得来，不该要别人代负这责任。"这话从消极一方面看——从反对那"游民贵族"的方面看——自然是有理的。但是从他们的积极实行方面看，他们要"人人尽劳动的义务，制造这生活的资料"——就是衣食住的资料——这便是"矫枉过正"了。人人要尽制造衣食住的资料的义务，就是人人要加入这生活的奋斗。（周作人先生再三说新村里平和幸福的空气，也许不承认"生活的奋斗"的话；但是我说的，并不是人同人争面包米饭的奋斗，乃是人在自然界谋生存的奋斗；周先生说新村的农作物至今还不够自用，便是一证。）现在文化进步的趋势，是要使人类渐渐减轻生活的奋斗至最低度，使人类能多分一些精力出来，做增加生活意味的事业。新村的生活使人人都要尽"制造衣食住的资料"的义务，根本上否认分功进化的道理，增加生活的奋斗，是很不经济的。

第四，这种独善的个人主义的根本观念就是周先生说的"改造社会，还要从改造个人做起。"我对于这个观念，根本上不能承认。这个观念的根本错误在于把"改造个人"与"改造社会"分作两截；在于把个人看作一个可以提到社会外去改造的东西。要知道个人是社会上种种势力的结果。我们吃的饭，穿的衣服，说的话，呼吸的空气，写的字，有的思想，没有一件不是社会的。我曾有几句诗，说："此身非吾有：一半属父母，一半属朋友。"当时我以为把一半的我归功社会，总算很慷慨了。后来我才知道这点算学做错了！父母给我的真是极少的一部分。其余各种极重要的部分，如思想、信仰、知识、技术、习惯，等等，大都是社会给我的。我穿线袜的法子是一个徽州同乡教我的；我穿皮鞋打的结能不散开，是一个美国女朋友教我的。这两件极细碎的例，很可以说明这个"我"是社会上无数势力所造成的。社会上的"良好分子"并不是生成的，也不是个人修炼成的，——都是因为造成他们的种种势力里面，良好的势力比不良的势力多些。反过来，不良的势力比良好的势力多，结果便是"恶劣分子"了。古代的社会哲学和政治哲学只为要妄想凭空改造个人，故主张正心、诚意、独善其身的办法，这种办法其实是没有办法，因为没有下手的地方。近代的人生哲学渐渐变了，渐渐打破了这种迷梦，渐渐觉悟：改造社会的下手方法在于改良那些造成社会的种种势力——制度、习惯、思想、教育，等等。那些势力改良了，人也改良了。所以我觉得"改造社会要从改造个人做起"还是脱不了旧思想的影响。我们的根本观念是：

个人是社会上无数势力造成的。

改造社会须从改造这些造成社会，造成个人的种种势力做起。改造社会即是改造个人。

新村的运动如果真是建筑在"改造社会要从改造个人做起"一个观念上，我觉得那是根本错误了。改造个人也是要一点一滴的改造那些造成个人的种种社会势力。不站在这个社会里来做这种一点一滴的社会改造，却跳出这个社会去"完全发展自己个性"，这便是放弃现社会，认为不能改造；这便是独善的个人主义。

以上说的是本篇的第一层意思。现在我且简单说明我所主张的"非个人主义的"新生活是什么。这种生活是一种"社会的新生活"；是站在这个现社会里奋斗的生活；是霸占住这个社会来改造这个社会的新生活。他的根本观念有三条：

（1）社会是种种势力造成的，改造社会须要改造社会的种种势力。这种改造一定是零碎的改造——一点一滴地改造，一尺一步地改造。无论你的志愿如何宏大，理想如何彻底，计划如何伟大，你总不能笼统地改造，你总不能不做这种"得寸进寸，得尺进尺"的工夫。所以我说：社会的改造是这种制度那种制度的改造，是这种思想那种思想的改造，是这个家庭那个家庭的改造，是这个学堂那个学堂的改造。

（附注）有人说："社会的种种势力是互相牵制的，互相影响的。这种零碎的改造，是不中用的。因为你才动手改这一种制度，其余和种种势力便围拢来牵制你了。如此看来，改造还是该做笼统的改造。"我说不然。正因为社会的势力是互相影响牵制的，故一部分的改造自然会影响到别种势力上去。这种影响是最切实的，最有力的。近年来的文字改革，自然是局部的改革，但是他所影响的别种势力，竟有意想不到的多。这不是一个很明显的例吗？

（2）因为要做一点一滴地改造，故有志做改造事业的人必须要时时刻刻存研究的态度，做切实的调查，下精细的考虑，提出大胆的假设，寻出实验的证明。这种新生活是研究的生活，是随时随地解决具体问题的生活。具体的问题多解决了一个，便是社会的改造进了那么多一步。做这种生活的人要睁开眼睛，公开心胸；要手足灵敏，耳目聪明，心思活泼；要欢迎事实，要不怕事实；要爱问题，要不怕问题的逼人！

（3）这种生活是要奋斗的。那避世的独善主义是与人无忤、与世无争的，故不必奋斗。这种"淑世"的新生活，到处翻出不中听的事实，到处提出不中听的问题，自然是很讨人厌的，是一定要招起反对的。反对就是兴趣的表示，就是注意的表示。我们对于反对的旧势力，应该作正当的奋斗，不可退缩。我们的方针是：奋斗的结果，要使社会的旧势力不能不让我们；切不可先就偃旗息鼓退出现社会去，把这个社会双手让给旧势力。换句话说，应该使旧社会变成新社会，使旧村变为新村，使旧生活变为新生活。

我且举一个实际的例。英美近二三十年来，有一种运动，叫做"贫民区域居留地"（Social Settlements）的运动。这种运动的大意是：一班青年的男女——大都是大学的毕业生——在本城拣定一块极龌龊、极不堪的贫民区域，买一块地，造一所房屋。这班人便终日在这里面做事。这屋里，凡是物质文明所赐的生活

《胡适手迹》 | 胡适向友人展示自己的诗《鸽子》的信函

需要品——电灯、电话、热气、浴室、游水池、钢琴、话匣，等等，——无一不有。他们把附近的小孩子——垢面的孩子，顽皮的孩子——都招拢来，教他们游水，教他们读书，教他们打球，教他们演说辩论，组成音乐队，组成演剧团，教他们演戏奏艺。还有女医生和看护妇，天天出去访问贫家，替他们医病，帮他们接生和看护产妇。病重的，由"居留地"的人送入公家医院。因为天下贫民都是最安本分的，他们眼见那高楼大屋的大医院心里以为这定是为有钱人家造的，决不是替贫民诊病的；所以必须有人打破他们这种见解，教他们知道医院不是专为富贵人家的。还有许多贫家的妇女每日早晨出门做工，家里小孩子无人看管，所以"居留地"的人教他们把小孩子每天寄在"居留地"里，有人替他洗浴，换洗衣服，喂他们饮食，领他们游戏。到了晚上，他们的母亲回来了，各人把小孩领回去。这种小孩子从小就在洁净慈爱的环境里长大，渐渐养成了良好习惯，回到家中，自然会把从前的种种污秽的环境改了。家中大人也因时时同这种新生活接触，渐渐的改良了。我在纽约时，曾常常去看亨利街上的一所居留地，是华德女士（Lilian Wald）办的。有一晚我去看那条街上的贫家子弟演戏，演的是贝里（Barry）的名剧。我至今回想起来，他们演戏的程度比我们大学的新戏高得多咧！

这种生活是我所说的"非个人主义的新生活"！是我所说的"变旧社会为新社会，变旧村为新村"的生活！这也不是用"暴力"去得来的！我希望中国的青年要做这一类的新生活，不要去模仿那跳出现社会的独善生活，我们的新村就在我们自己的旧村里！我们所要的新村是要我们自己的旧村变成的新村！

可爱的男女少年！我们的旧村里我们可做的事业多得很咧！

吸鸦片的满族夫妇

村上的鸦片烟灯还有多少？村上的吗啡针害死了多少人？村上缠脚的女子还有多少？村上的学堂成个什么样子？村上的绅士今年卖选票得了多少钱？村上的神庙香火还是怎么兴旺？村上的医生断送了几百条人命？村上的煤矿工人每日只拿到五个铜子，你知道吗？村上多少女工被贫穷逼去卖淫，你知道吗？村上的工厂没有避火的铁梯，昨天火起，烧死了一百多人，你知道吗？村上的童养媳妇被婆婆打断了一条腿，村上的绅士逼他的女儿饿死做烈女，你知道吗？

有志求新生活的男女少年！我们有什么权利，丢开这许多的事业去做那避世的新村生活！我们放着这个恶浊的旧村，有什么面孔，有什么良心，去寻那"和平幸福"的新村生活！

九，一，二十六

（原载于1920年1月15日《时事新报》）

不朽
——我的宗教

不朽有种种说法，但是总括看来，只有两种说法是真有区别的：一种是把"不朽"解作灵魂不灭的意思；一种就是《春秋左传》上说的"三不朽"。

一、神不灭论

宗教家往往说灵魂不灭，死后须受末日的裁判：做好事的享受天国天堂的快乐，做恶事的要受地狱的苦痛。这种说法，几千年来不但受了无数愚夫愚妇的迷信，居然还受了许多学者的信仰。但是古往今来也有许多学者对于灵魂是否可离形体而存在的问题，不能不发生疑问。最重要的如南北朝人范缜的《神灭论》说："形者神之质，神者形之用。……神之于质，犹利之于刀；形之于用，犹刀之于利。……舍利无刀，舍刀无利。未闻刀没而利存，岂容形亡而神在？"宋朝的司马光也说："形既朽灭，神亦飘散，虽有锉烧春磨，亦无所施。"但是司马光说的"形既朽灭，神亦飘散"，还不免把形与神看作两件事，不如范缜说的更透切。范缜说人的神灵即是形体的作用，形体便是神灵的形质。正如刀子是形质，刀子的利钝是作用；有刀子方才有利钝，没有刀子便没有利钝。人有形体方才有作用；这个作用，我们叫作"灵魂"。若没有形体，便没有作用了，便没有灵魂了。范缜这篇《神灭论》出来的时候，惹起了无数人的反对。梁武帝叫了七十几个名士作论驳他，都没有什么真有价值的议论。其中只有沈约的《难神灭论》说："利若遍施四方，则利体无处复立；利之为用正存一边毫毛处耳。神之与形，举体若合，又安得同乎？若以此譬为尽耶，则不尽；若谓本不尽耶，则不可以为譬也。"这一段是说刀是无机体，人是有机体，故不能彼此相比。这话固然有理，但终不能推翻"神者形之用"的议论。近世唯物派的学者也说人的灵魂并不是什么无形体、独立存在的物事，不过是神经作用的总名；灵魂的种种作用都是脑部各部分的机能作用；若有某部被损伤，某种作用即时废止；人幼年时脑部不曾完全发达，神灵作用也不能完全，老年人脑部渐渐衰耗，神灵作用也渐渐衰耗。这种议论的大旨，与范缜所说"神者形之用"正相同。但是有许多人总舍不得把灵魂打消了，所以咬住说灵魂另是一种神秘玄妙的物事，并不是神经的作用。这个"神秘玄妙"的物事究竟是什么，他们也说不出来，只觉得总应该有这么一件物事。既是"神秘玄妙"，自然不能用科学试验来证明他，也不能用科学试验来驳倒他。既然如此，我们只好用实验主义（Pragmatism）的方法，看这种学说的实际效果如何，以为评判的标准。依此标准看来，信神不灭论的固然也有好人，信神灭论的也未必全是坏人。即如司马光、范缜、赫胥黎一类的人，说不信灵魂不灭的话，何尝没有高尚的道德？更进一层说，有些人因为迷信天堂，天国，地狱，末日裁判，方才修德行善，这种修行全是自私自利的，也算不得真正道德。总而言之，灵魂灭不灭的问题，于人生行为上实在没有什么重大影响；既没有实际的影响，简直可说是不成问题了。

二、三不朽说

《左传》说的三种不朽是：（一）立德的不朽，（二）立功的不朽，（三）立言的不朽。"德"便是个人人格的价值，像墨翟、耶稣一类的人，一生刻意孤行，精诚勇猛，使当时的人敬爱信仰，使千百年后的人想念崇拜。这便是立德的不朽。"功"便是事业，像哥仑布发现美洲，像华盛顿造成美洲共和国，替当时的人开一新天地，替历史开一新纪元，替天下后世的人种下无量幸福的种子。这便是立功的不朽。"言"便是语言著作，像那《诗经》三百篇的许多无名诗人，又像陶潜、杜甫、莎士比亚、易卜生一类的文学家，又像柏拉图、卢梭、弥儿顿一类的文学家，又像牛顿、达尔文一类的科学家，或是做了几首好诗使千百年后的人欢喜感叹；或是做了几本好戏使当时的人鼓舞感动，使后世的人发愤兴起；或是创出一种新哲学，或是发明了一种新学说，或在当时发生思想的革命，或在后世影响无穷。这便是立言的不朽。总而言之，这种不朽说，不问人死后灵魂能不能存在，只问他的人格，他的事业，他的著作有没有永远存在的价值。即如基督教徒说耶稣是上帝的儿子，他的灵魂永远存在，我们正不用驳这种无凭据的神话，只说耶稣的人格，事业和教训都可以不朽，又何必说那些无谓的神话呢？又如孔教会的人到了孔丘的生日，一定要举行祭孔的典礼，还有些人学那"朝山进香"的法子，要赶到曲阜孔林去对孔丘的神灵表示敬意。其实孔丘的不朽全在他的人格与教训，不在他那"在天之灵"。大总统多行两次丁祭，孔教会多走两次"朝山进香"，就可以使孔丘格外不朽了吗？更进一步说，像那《三百篇》里的诗人，也没有姓名，也没有事实，但是他们都可说是立言的不朽。为什么呢？因为不朽全靠一个人的真价值，并不靠姓名事实的流传，也不靠灵魂的存在。试看古往今来的多少大发明家，那发明火的，发明养蚕的，发明缫丝的，发明织布的，发明水车的，发明舂米的水碓的，发明规矩的，发明秤的……虽然姓名不传，事实湮没，但他们的功业永远存在，他们也就都不朽了。这种不朽比那个人的小小灵魂的存在，可不是更可宝贵、更可羡慕吗？况且那灵魂的有无还在不可知之中，这三种不朽——德、功、言——可是实在的。这三种不朽可不是比那灵魂的不灭更靠得住吗？

以上两种不朽论，依我个人看来，不消说得，那"三不朽说"是比那"神不灭说"好得多了。但是那"三不朽说"还有三层缺点，不可不知。第一，照平常的解说看来，那些真能不朽的人只不过那极少数有道德、有功业、有著述的人。还有那无量平常人难道就没有不朽的希望吗？世界上能有几个墨翟、耶稣，几个哥仑布、华盛顿，几个杜甫、陶潜，几个牛顿、达尔文呢？这岂不成了一种"寡头"的不朽论吗？第二，这种不朽论单从积极一方面着想，但没有消极的裁制。那种灵魂的不朽论既说有天国的快乐，又说有地狱的苦楚，是积极消极两方面都顾着的。如今单说立德可以不朽，不立德又怎样呢？立功可以不朽，有罪恶又怎样呢？第三，这种不朽论所说的"德、功、言"三件，范围都很含糊。究竟怎样的人格方才可算是"德"呢？怎样的事业方才可算是"功"呢？怎样的著作方才可算是"言"呢？我且举下个例。哥仑布发现美洲固然可算得立了不朽之功，但是他船上的水手火头又怎样呢？他那只船的造船工人又怎样呢？他船上用的罗盘器械的制造工人又怎样呢？他所读的书的著作者又怎样

乔治·华盛顿像

呢？……举这一条例，已可见"三不朽"的界限含糊不清了。

因为要补足这三层缺点，所以我想提出第三种不朽论来请大家讨论。我一时想不起别的好名字，姑且称他做"社会的不朽论"。

三、社会的不朽论

社会的生命，无论是看纵剖面，是看横截面，都像一种有机的组织。从纵剖面看来，社会的历史是不断的；前人影响后人，后人又影响更后人；没有我们的祖宗和那无数的古人，又哪里有今日的我和你？没有今日的我和你，又哪里有将来的后人？没有那无量数的个人，便没有历史，但是没有历史，那无数的个人也决不是那个样子的个人；总而言之，个人造成历史，历史造成个人。从横截面看来，社会的生活是交互影响的：个人造成社会，社会造成个人；社会的生活全靠个人分工合作的生活，但个人的生活，无论如何不同，都脱不了社会的影响；若没有那样这样的社会，决不会有这样那样的我和你；若没有无数的我和你，社会也决不是这个样子。莱布尼兹（Leibnitz）说得好：

> 这个世界乃是一片大充实（Plenum，为真空Vacuum之对），其中一切物质都是接连着的。一个大充实里面有一点变动，全部的物质都要受影响，影响的程度与物体距离的远近成正比例。世界也是如此。每一个人不但直接受他身边亲近的人的影响，并且间接又间接的受距离很远的人的影响。所以世间的交互影响，无论距离远近，都受得着的。所以世界上的人，每人受着全世界一切动作的影响。如果他有周知万物的智慧，他可以在每人的身上看出世间一切施为，无论

莱布尼兹

戈特弗里德·威廉·凡·莱布尼茨，德国最重要的自然科学家、数学家、物理学家、历史学家和哲学家，一位举世罕见的天才，他和牛顿同为微积分的创始人。

过去未来都可看得出，在这一个现在里面便有无穷时间空间的影子。（见Monadology第六十一节）

从这个交互影响的社会观和世界观上面，便生出我所说的"社会的不朽论"来。我这"社会的不朽论"的大旨是：

> 我这个"小我"不是独立存在的，是和无量数"小我"有直接或间接的交互关系的；是和社会的全体和世界的全体都有互为影响的关系的；是和社会世界的过去和未来都有因果关系的。种种从前的因，种种现在无数"小我"和无数他种势力所造成的因，都成了我这个"小我"的一部分。我这个"小我"，加上了种种从前的因，又加上了种种现在的因，传递下去，又要造成无数将来的"小我"。这种种过去的"小我"，和种种现在的"小我"，和种种将来无穷的"小我"，一代传一代，一点加一滴；一线相传，连绵不断；一水奔流，滔滔不绝——这便是一个"大我"。"小我"是会消灭的，"大我"是永远不灭的。"小我"是有死的，"大我"是永远不死，永远不朽的。"小我"虽然会死，但是每一个"小我"的一切作为，一切功德罪恶，一切语言行事，无论大小，无论是非，无论善恶，一一都永远留存在那个"大我"之中。那个"大我"，便是古往今来一切"小我"的纪功碑、彰善祠、罪状判决书、孝子慈孙百世不能改的恶谥法。这个"大我"是永远不朽的，故一切"小我"的事业、人格、一举一动、一言一笑、一个念头、一场功劳、一桩罪过，也都永远不朽。这便是社会的不朽，"大我"的不朽。

那边"一座低低的土墙，遮着一个弹三弦的人。"那三弦的声浪，在空间起了无数波澜；那被冲动的空气质点，直接间接冲动无数旁的空气质点；这种波澜，由近而远，至于无穷空间；由现在而将来，由此刹那以至于无量刹那，至于无穷时间——这已是不灭不朽了。那时间，那"低低的土墙"外边来了一位诗人，听见那三弦的声音，忽然起了一个念头；由这一个念头，就成了一首好诗；这首好诗传诵了许多人；人读了这诗，各起种种念头；由这种种念头，更发生无量数的念头，更发生无数的动作，以至于无穷。然而那"低低的土墙"里面那个弹三弦的人又如何知道他所发生的影响呢？

一个生肺病的人在路上偶然吐了一口痰。那口痰被太阳晒干了，化为微尘，被风吹起空中，东西飘散，渐吹渐远，至于无穷时间，至于无穷空间。偶然一部分的病菌被体弱的人呼吸进去，便发生肺病，由他一身传染一家，更由一家传染无数人家。如此辗转传染，至于无穷空间，至于无穷时间。然而那先前吐痰的人的骨头早已腐烂了，他又如何知道他所种的恶果呢？

一千五六百年前有一个人叫作范缜说了几句话道："神之于形，犹利之于刀；未闻刀没而利存，岂容形亡而神在？"这几句话在当时受了无数人的攻击。到了宋朝有个司马光把这几句话记在他的《资治通鉴》里。一千五六百年之后，有一个十一岁的小孩子——就是我——看《通鉴》到这几句话，心里受了一大感动，后来便影响了他半生的思想行事。然而那说话的范缜早已死了一千五六百年了！

二千六七百年前，在印度地方有一个穷人病死了，没人收尸，尸首暴露在路上，已腐烂了。那边来了一辆车，车上坐着一个王太子，看见了这个腐烂发臭的死人，心中起了一念；由这一念，辗转发生无数念。后来那位王太子把王位也抛了，富贵也抛了，父母妻子也抛了，独自去寻思一个解脱生老病死的方法。后来这位王子便成了一个教主，创了一种哲学的宗教，感化了无数人。他的影响势力至今还在；将来即使他的宗教全灭了，他的影响势力终究还存在，以至于无穷。这可是那腐烂发臭的路毙所曾梦想到的吗？

以上不过是略举几件事，说明上文说的"社会的不朽"，"大我的不朽"。这种不朽论，总而言之，只是说个人的一切功德罪恶，一切言语行事，无论大小好坏，一一都留下一些影响在那个"大我"之中，一一都与这永远不朽的"大我"一同永远不朽。

上文我批评那"三不朽论"的三层缺点：（一）只限于极少数的人，（二）没有消极的裁制，（三）所说"功，德，言"的范围太含糊了。如今所说"社会的不朽"，其实只是把那"三不朽论"的范围更推广了。既然不论事业功德的大小，一切都可不朽，那第一第三两层短处都没有了。冠绝古今的道德功业固可以不朽，那极平常的"庸言庸行"，油盐柴米的琐屑，愚夫愚妇的细事，一言一笑的微细，也都永远不朽。那发现美洲的哥伦布固可以不朽，那些和他同行的水手火头，造船的工人，造罗盘器械的工人，供给他粮食衣服银钱的人，他所读的书的著作家，生他的父母，生他父母的父母祖宗，以及生育训练那些工人商人的父母祖宗，以及他以前和同时的社会……都永远不朽。社会是有机的组织，那英雄伟人可以不朽，那挑水的，烧饭的，甚至于浴堂里替你擦背的，甚至于每天替你家掏粪倒马桶的，也都永远不朽。至于那第二层缺点，也可免去。如今说立德不朽，行恶也不

释迦牟尼佛会 ┃ 清代 ┃ 黎明作《法界源流图》(局部)

文中的印度王子指的是悉达多·乔达摩，他是佛教的创始人。成佛后他被称为释迦牟尼，尊称为佛陀，意思是大彻大悟的人。民间也常称其为佛祖、如来佛祖。

朽；立功不朽，犯罪也不朽；"流芳百世"不朽，"遗臭万年"也不朽；功德盖世固是不朽的善因，吐一口痰也有不朽的恶果。我的朋友李守常先生说得好："稍一失脚，必致遗留层层罪恶种子于未来无量的人，——即未来无量的我，——永不能消除，永不能忏悔。"这就是消极的裁制了。

中国儒家的宗教提出一个父母的观念，和一个祖先的观念，来做人生一切行为的裁制力。所以说，"一出言而不敢忘父母，一举足而不敢忘父母。"父母死后，又用丧礼祭礼等等见神见鬼的方法，时刻提醒这种人生行为的裁制力。所以又说，"斋明盛服，以承祭祀，洋洋乎如在其上，如在其左右。"又说，"斋三日，则见其所为斋者；祭之日，入室，僾然必有见乎其位；周还出户，肃然必有闻乎其容声；出户而听，忾然必有闻乎其叹息之声。"这都是"神道设教"，见神见鬼的手段。这种宗教的手段在今日是不中用了。还有那种"默示"的宗教，神权的宗教崇拜偶像的宗教，在我们心里也不能发生效力，不能裁制我们一生的行为。以我个人看来，这种"社会的不朽"观念很可以做我的宗教了。我的宗教的教旨是：

我这个现在的"小我"，对于那永远不朽的"大我"的无穷过去，须负重大的责任。对于那永远不朽的"大我"的无穷未来，也须负重大的责任。我须要时时想着，我应该如何努力利用现在的"小我"，方才可以不辜负了那"大我"的无穷过去，方才可以不遗害那"大我"的无穷未来？

【跋】这篇文章的主意是民国七年年底当我的母亲丧事里想

就义前的李大钊

李大钊（1889～1927），字守常，河北乐亭人，北京大学教授，中国共产党主要创立人之一，1927年4月6日被军阀张作霖下令处以绞刑。

到的。那时只写成一部分，到八年二月十九日方才写定付印。后来俞颂华先生在报纸上指出我论社会是有机体一段很有语病，我觉得他的批评很有理，故九年二月间我用英文发表这篇文章时，我就把那一段完全改过了。十年五月，又改定中文原稿，并记作文与修改的缘起于此。

（原载于1919年2月15日《新青年》第6卷第2号）

北大哲学系毕业纪念赠言

一个大学里，哲学系应该是最不时髦的一系，人数应该最少。但北大的哲学系向来有不少的学生，这是我常常诧异的事。我常常想，这许多学生，毕业之后，应该做些什么事？能够做些什么事？

现在你们都快毕业了。你们自然也在想："我们应该做些什么？我们能够做些什么？"

依我的愚见，一个哲学系的目的应该不是叫你们死读哲学书，也不是教你们接受某派某人的哲学。禅宗有个和尚曾说："达摩东来，只是要寻求一个不受人惑的人。"我想借用这句话来说："哲学教授的目的也只是要造就几个不受人惑的人。"

你们应该做些什么？你们应该努力做个不受人惑的人。

你们能做个不受人惑的人吗？这个全凭自己的努力。如果你们不敢十分自信，我这里有一件小小的法宝，送给你们带去做一件防身的工具。这件法宝只有四个字："拿证据来！"

这里还有一只小小的锦囊，装着这件小小法宝的用法："没有证据，只可悬而不断；证据不够，只可假设，不可武断；必须等到证实之后，方才可以算作定论。"

必须自己能够不受人惑，方才可以希望指引别人不受人惑。
朋友们，大家珍重！

二十，五，五，胡适

（选自黄山社1994年版《胡适遗稿及秘藏书信》第12卷）

少年中国之精神

前番太炎先生，话里面说现在青年的四种弱点，都是很可使我们反省的。他的意思是要我们少年人：一、不要把事情看得太容易了；二、不要妄想凭借已成的势力；三、不要虚慕文明；四、不要好高骛远。这四条都是消极的忠告。我现在且从积极一方面提出几个观念，和各位同志商酌。

一、少年中国的逻辑

逻辑即思想、辩论、办事的方法。一般中国人现在最缺乏的就是一种正当的方法，因为方法缺乏，所以有下列的几种现象：（一）灵异鬼怪的迷信，如上海的盛德坛及各地的各种迷信；（二）谩骂无理的议论；（三）用诗云子曰作根据的议论；（四）把西洋古人当作无上真理的议论；还有一种平常人不很注意的怪状，我且称它为"目的热"，就是迷信一些空虚的大话，认为高尚的目的，全不问这种观念的意义究竟如何。今天有人说，"我主张统一和平"，大家齐声喝彩，就请他做内阁总理；明天又有人说，"我主张和平统一"，大家又齐声叫好，就举他做大总统；此外还有什么"爱国"哪、"护法"哪、"孔教"哪、"卫道"哪……许多空虚的名词，意义不曾确定，也都有许多人随声附和，认为天经地义，这便是我所说的"目的热"。以上所说各种现象都是缺乏方法的表示。我们既然自认为"少年中国"，不可不有一种新方法；这种新方法，应该是科学的方法；科学方法，不是我在这短促时间里所能详细讨论的，我且略说科学方法的要点：

第一、注重事实

科学方法是用事实作起点的。不要问孔子怎么说，柏拉图怎么说，康德怎么说，我们须要先从研究事实下手，凡游历、调查、统计等事都属于此项。

第二、注重假设

单研究事实，算不得科学方法。王阳明对着庭前的竹子做了七天的"格物"工夫，格不出什么道理来，反病倒了，这是笨伯的"格物"方法。科学家最重"假设"（Hypothesis）。观察事物之后，自说有几个假定的意思；我们应该把每一个假设所涵的意义彻底想出，看那意义是否可以解释所观察的事实，是否可以解决所遇的疑难。所以要博学，正是因为博学方才可以有许多假设，学问只是供给我们种种假设的来源。

第三、注重证实

许多假设之中，我们挑出一个，认为最合用的假设，但是这个假设是否真正合用？必须实地证明。有时候，证实是很容易的；有时候，必须用"试验"方才可以证实；证实了的假设，方可说是"真"的，方才可用；一切古人今人的主张、东哲西哲的学说，若不曾经过这一层证实的工夫，只可作为待证的假设，不配认作真理。

少年的中国，中国的少年，不可不时时刻刻保存这种科学的方法，实验的态度。

二、少年中国的人生观

现在中国有几种人生观都是"少年中国"的仇敌：第一种是醉生梦死的无意识生活，固然不消说了。第二种是退缩的人生观，如静坐会的人，如坐禅学佛的人，都只是消极的缩头主义；这些人没有生活的胆子，不敢冒险，只求平安，所以变成一班退缩懦夫。第三种是野心的投机主义，这种人虽不退缩，但完全为自己的私利起见，所以他们不惜利用他人，作他们自己的器具，不惜牺牲别人的人格和自己的人格，来满足自己的野心；到了紧要关头，不惜作伪，不惜作恶，不顾社会的公共幸福，以求达他们自己的目的。这三种人生观都是我们该反对的。少年中国的人生观，依我个人看来，该有下列的几种要素：

（一）须有批评的精神

一切习惯、风俗、制度的改良，都起于一点批评的眼光。个人的行为和社会的习俗，都最容易陷入机械的习惯，到了"机械的习惯"的时代，样样事都不知不觉地做去，全不理会何以要这样做，只晓得人家都这样做故我也这样做；这样的个人便成了无意识的两脚机器，这样的社会便成了无生气的守旧社会。我们如果发愿要造成少年的中国，第一步便须有一种批评的精神；批评的精神不是别的，就是随时随地都要问："我为什么要这样做，为什么不那样做？"

（二）须有冒险进取的精神

我们须要认定这个世界是有很多危险的，定不太平的，是需要冒险的；世界的缺点很多，是要我们来补救的；世界的痛苦很多，是要我们来减少的；世界的危险很多，是要我们来冒险进取的。俗语说得好："成人不自在，自在不成人。"我们要做一个人，岂可贪图自在？我们要想造一个"少年的中国"，岂可不冒险？这个世界是给我们活动的大舞台，我们既上了台，便应该老着面皮，拼着头皮，大着胆子，干将起来。那些缩进后台去静坐的人都是懦夫，那些袖着双手只会看戏的人也都是懦夫。这个世界岂是给我们静坐旁观的吗？那些厌恶这个世界梦想超生别的世界的人，更是懦夫，不用说了。

（三）须要有社会协进的观念

上条所说的冒险进取，并不是野心的，自私自利的。我们既认定这个世界是给我们活动的，又须认定人类的生活全是社会的生活，社会是有机的组织，全体影响个人，个人影响全体，社会的活动是互助的，你靠他帮忙，他靠你帮忙，我又靠你同他帮忙，你同他又靠我帮忙；你少说了一句话，我或者不是我现在的样子，我多尽了一分力，你或者也不是你现在这个样子，我和你多尽了一分力，或少做了一点事，社会的全体也许不是现在这个样子，这便是社会协进的观念。有这个观念，我们自然把人人都看作同力合作的伴侣，自然会尊重人人的人格了；有这个观念，我们自然觉得我们的一举一动都和社会有关，自然不肯为社会造恶因，自然要努力为社会种善果，自然不致变成自私自利的野心投机家了。

少年的中国，中国的少年，不可不时时刻刻保存这种批评的、冒险进取的、社会的人生观。

三、少年中国的精神

少年中国的精神并不是别的，就是上文所说的逻辑和人生观。我且说一件故事作我这番谈话的结论：诸君读过英国史的，一定知道英国前世纪有一种宗教革新的运动，历史上称为"牛津运动"（The Oxford Movement）。这种运动的几个领袖如客白尔（Keble）、纽曼（Newman）、福鲁德（Froude）诸人，痛恨英国国教的腐败，想大大地改革一番；这个运动未起事之先，这几位领袖作了一些宗教性的诗歌写在一个册子上，纽曼摘了一句荷马的诗题在册子上，那句诗是：You shall see the difference now that we are back again! 翻译出来即是："如今我们回来了，你们看便不同了！"

少年的中国，中国的少年，我们也该时时刻刻记着这句话：

如今我们回来了，你们看便不同了！

这便是少年中国的精神。

——选自《少年中国》第1期（1919年北京出版）

诗人荷马

工程师的人生观

今天要赶10点40分的飞机到台东，所以只能很简单地说几句话，很为抱歉。报上说我作学术讲演，这是不敢当。我是来向工学院拜寿的。昨夜我问秦院长希望我送什么礼物。晚上想想，认为最好的礼物，是讲讲工程师的思想史同哲学史。所以我便以此送给各位。

究竟什么算是工程师的哲学呢？什么算是工程师的人生观呢？因为时间很短，我当然不能把这个大的题目讲得满意，只是提出几点意思，给现在的工程师同将来的工程师做个参考。法国从前有一位科学家柏格生（Bergson）说："人是制器的动物。"过去有许多人说："人是有效力的动物。"也有许多人说："人是理智的动物。"而柏格生说："人是能够制造器具的动物。"这个初造器具的动物，是工程师的老祖宗。什么叫作工程师呢？工程师的作用，在能够找出自然界的利益，强迫自然世界把它的利益一个一个贡献出来；就是改造自然、征服自然、控制自然，以减除人的痛苦，增加人的幸福。这是工程师哲学的简单说法。

大家都承认：学做工程师的，每天在课堂里面上应该上的课，在试验室里面做应该做的试验，也许忽略了最大的目标，或者忽略了真正的基本——工程师的人生观。所以这个题目，是值得我们考虑的。

昨天在工学院教授座谈会中，我说：我到了六十二岁，还不知道我专门学的什么。起初学农，以后弄弄文学，弄弄哲学，弄弄历史；现在搞《水经注》，人家说我改弄地理。也许六十五岁以后、七十岁的时候，说不定要到工学院做学生；只怕工学院的先生们不愿意收一个老学徒，说"老狗教不会新把戏"。今天在工学院做学生不够资格的人，要来谈谈现在的工程师同将来的工程师的人生观，实属狂妄，就是有点大胆。不过我觉得我这个意思，值得提出来说说。人是能够制造器具的动物，别的动物，也有能够制造东西的，譬如：蜘蛛能够制造网，蜜蜂能够制造蜜糖，珊瑚虫能够制造珊瑚岛。而我们人同这些动物之所以不同，就是蜘蛛制造网的丝，是从肚子里出来的，它肚子里有无穷无尽的丝；蜜蜂采取百花，经一番制造，做成的确比原料高明的蜜糖；这些动物，可算是工程师；但是它的范围，它用的，只是它自己的本能。珊瑚虫能够做成很大的珊瑚岛，也是本能的。人，如果只靠他的本能，讲起来也是有限得很的！人与蜘蛛、蜜蜂、珊瑚虫所以不同，是在他充分运用聪明才智，揭发自然的秘密，来改造自然、征服自然、控制自然。控制自然，为的是什么呢？不是像蜘蛛制网，为的捕虫子来吃；人的控制自然，为的是要减轻人的劳苦，减除人的痛苦，增加人的幸福，使人类的生活格外的丰富，格外有意义。这是"科学与工业的文化"的哲学。我觉得柏格生这个"人"的定义，同我们刚才简单讲的工程师的哲学、工程师的人生观、工程师的目标，是值得我们随时想想，随时考虑的。

这个话同这个目标，不是外国来的东西，可以说是我们老祖宗在几百年，甚至几千年以前，就有了这种理想了。目前有些人提倡读经；我倒很愿意为工程师背几句经书，来说明这个理想。

人如何能控制自然，制造器具呢？人控制自然这个观念，无论东方的圣人贤人，西方的圣人贤人，都是同样有的。我现在提出我们古人的几句话，使大家知道工程师的哲学，并不是完全外来的洋货。我常常喜欢把《易经·系辞》里面几句话翻成外国文给外国人看。这几句话是："见乃谓之象；形乃谓之器；制而用之谓之法；利用出入，民咸用之，谓之神。"看见一个意思，叫作象；把这个意象变成一种东西——形，叫作器；大规模的制造出来，叫作法；老百姓用工程师制造出来的这些器具，都说好呀！好呀！但是不晓得这器具是从一种意象来的，所以看见工程师便叫神。

希腊神话，说火是从天上偷来的；中国历史上发明火的燧人氏被称为古帝之一——神。火，是一个大发明。发明火的人，是一个大工程师。我刚才所举《易经·系辞》，从一个观念——意象——造成器具，这个意思，是了不得的。人类历史上所谓文化的进步，完全在制造器具的进步。文化的时代，是照工程师的成绩划分的。人类第一发明是火，大体说来，火的发现是文化的开始。下去为石器时代。无论旧石器时代，新石器时代，都是人类用智慧把石头造成功器具的时候。再下去为青铜器时代。用铜制造器具，这是工程师最大的贡献。再下去为铁的时代。这是一个大的革命。后来把铁炼成钢。再下去发明蒸汽机，为蒸汽机时代。再下去运用电力，为电力的时代；现在为原子能时代：这都是制器的大进步。每一个大时代，都只是制器的原料与动力的大革命。从发明火以后，石器时代、铜器时代、铁器时代、电力时代、原子能时代，这些文化的阶段，都是依工程师所创造划分的。

这种理想，中国历史上早就有了的。工学院水工试验室要我写字，我写了两句话。这两句话，是《荀子·天论篇》里面

盗火者普罗米修斯

的。《荀子·天论篇》是中国古代了不得的哲学，也就是西方柏格生征服自然以为人用的思想。《荀子·天论篇》说："从天而颂之，孰与制天命而用之？大天而思之，孰与物蓄而制裁之？"这个文字，依照清代学者校勘，稍须改动。但意思没有改动。

"从天而颂之"，是说服从自然。"从天而颂之，孰与制天命而用之"两句话联起来说，意思是：跟着自然走而歌颂，不如控制自然来用。"大天而思之"，是问自然是怎样来的。"大天而思之，孰与物蓄而制裁之"是说：问自然从哪里来的，不如把自然看成一种东西，养它、制裁它。把自然控制来用，中国思想史上只有荀子才说得这样彻底。从这两句话，也可以看出中国在两千二三百年前，就有控制天命——古人所谓天命，就是自然——把天命看作一种东西来用的思想。

"穷理致知"四个字，是代表七八百年前——11世纪到12世纪——宋朝的思想的。宋代程子、朱子提倡格物——穷理——的哲学。什么叫做"格物"呢？这有七十几种说法。今天我们不去研究这些说法。照程子、朱子的解释，"格物"是"即物而穷其理。……即凡天下之物，莫不因其已知之理而益穷之，以求至乎其极"。这样的格物致知，可以扩大人的知识。程子说，今天格一物，明天格一物，习而久之，自然贯通。有人以范围问他，他说，上自天地之高大，下至一草一木，都要格的。这个范围，就是科学的范围、工程师的范围。

两千二三百年前，荀子就有"制天命而用之"的思想；七八百年前，程子、朱子就有格物——穷理——的哲学。这是科学的哲学，可算是工程师的哲学。我们老祖宗有这样好的思想、哲学，为什么不能做到科学工业的文化呢？简单一句话，我们不幸得很，两千五百年以前的时候，已经走上了自然主义的哲学一条路了。像老子、庄子，以及更后的淮南子，都是代表自然主义思想的。这种自然主义的哲学发达的太早，而自然科学与工业发达的太迟：这是中国思想史的大缺点。

刚才讲，人是用智慧制造器具的动物。这样，人就要天天同自然界接触，天天动手动脚的，抓住实物，把实物来玩，或者打碎它、煮它、烧它。玩来玩去，就可以发现新的东西，走上科学工业的一条路。比方"豆腐"，就是把豆子磨细，用其他的东西来点，来试验，一次，二次……经过许多次的试验，结果点成浆，做成功豆腐；做成功豆腐还不够，还要做豆腐干、豆腐乳。豆腐的做成，很显然的，是与自然界接触，动手动脚，多方试验的结果，不是对自然界看看，想想，或作一首诗恭维自然界就行了的。

顶好一个例子，是格物哲学到了明朝的一个故事。明朝有一位大哲学家王阳明，他说，照程子、朱子的说法，要做圣人，要"即物而穷其理"。"即物穷理"，你们没有试验过，我王阳明试验过了：有一天，他同一位姓钱的朋友研究格物，并由钱先生动手格竹子；拿一个凳子坐在竹子旁边望，望了三天三夜，格不出来，病了。王阳明说，你不够做圣人，我来格。也端把椅子对着竹子望，望了一天一夜，两天两夜……到了七天七夜，王阳明也格不出来，病了。于是王阳明说，我们不配做圣人，不能格物。从这个故事，可以看出传统的不动手动脚，拿天然实物来玩的习惯。今天工学院植物系的学生格竹子，是要把竹子劈开，用显微镜来细细的看，再加上颜色的水，做各种的试验，然后就可以判定竹子在工业上的地位。为什么王阳明格不出来，今天的工程师可以格出来？因王阳明没有动手动脚做器具的习惯，今天的工程师有动手动脚做器具的习惯。荀子"制天命而用之"的哲学，终敌不过老子、庄子"错（措）人而思天"的哲学。故程、朱的格物穷理的思想，终不能应用到自然界的实物上去，至多只能在"读书"（文史的研究）上发生了一点功效。

今天送给各位工程师哲学的人生观，又约略讲一讲我们老祖宗为什么失败；为什么有了这样好的征服天然的理想，穷理致知的哲学，而没有造成功科学文化、工业文化。我们可以了解我们老祖宗让西方人赶上去了。同时，从西方人后来实现了我们老祖宗的理想，我们亦就可以知道，只要振作，是可以迎头赶上的。我们只要二十年、三十年的努力，就可以同世界上科学工业发达的国家站在一样的地位。

二十年前，中国科学社要我作一个社歌；后来请赵元任先生作了乐谱。今天我把这个东西送给各位工程师。这个社歌，一共三段十二句。

我们不崇拜自然，它是一个刁钻古怪；
我们要捶它、煮它，要叫它听我们的指派。

我们要它给我们推车，我们要它给我们送信。
我们要揭穿它的秘密，好叫它服侍我们人。

我们唱天行有常，我们唱致知穷理。
明知道真理无穷，进一寸有一寸的欢喜。

1953年

终生做科学实验的爱迪生

今天2月11日是爱迪生的一百十三年纪念日。明天2月12日是林肯的一百五十一年纪念日。去年2月12日，我参加林肯一百五十年纪念演说。今天我很高兴能参加爱迪生一百十三年的纪念会。

林肯是自由的象征，爱迪生是科学的圣人。

科学的根本是实验。爱迪生真是终生做实验的工作。他十一岁时就在他家里的地窖子里做化学试验；十二岁时他在火车上卖报纸卖糖果，他就在火车的行李车上做他的化学实验。十五岁时，他开始学电报，就开始做电学试验，要改进电报的器材与技术，从此他就终生没有离开电学实验了，就给电学开辟了新天地，给世界开辟了新文明，给人类开辟了一个簇新的世界。

从十一岁开始做科学实验，直到他八十四岁去世，他整整做了七十三年的实验工作。所以我们称他作终生做实验的科学圣人。

他每天只睡四个钟头的觉，至多只睡六个钟头。他每天做十几个钟头的工作，他的一天抵别人的两天。他做了七十年的实验，就等于别人做了一百四十年的实验工作。

中国的懒人，有两首打油诗，一首是懒人恭维自己的：

无事只静坐，一日当两日。

人活六十年，我活百二十。

还有一首是嘲笑懒人的：

> 无事昏昏睡，睡起日过午。
>
> 人活七十年，我活三十五。

睡四点钟觉，做二十点钟科学实验，活了八十四岁，抵的别人一百七十岁——这是科学圣人的生活。

在New Jersey的West Orange的爱迪生实验室里——现在是"国家爱迪生纪念馆"的一部分——保存着二千五百册他的实验记录，每册有二百五十页，或三百页。最早的一册是他三十一岁（1878）的记录。

单是"白热电灯"的种种实验，就记满了二百册！他用了几千种不同的材料来试验——各种矿物、金属，从硼砂到白金，后来又试验炭化绵丝，居然能延烧四十多个钟头——后来又试验了几百种可以烧做炭精丝的植物——最后才决定用日本京都府下的八幡地方所产的竹子做成最适用的炭精丝电灯泡。

科学实验是发现自然秘密，证实学理，解决工业技术问题的唯一方法。

在他八十岁时，有人请问他的生活哲学是什么，他说，他的

爱迪生在实验室

生活哲学只有一个字："工作"（work），"把自然界的秘密揭开来，用它们来增加人类的幸福，这样的工作是我的生活哲学"。

他的实验并不都是创造的、空前的。但他那处处用严格的实验方法来解决工业问题的精神，他那终生做实验的精神，他那每次解答一个问题总想做到最好最完美（perfect）的地步的精神，他那用组织能力来创大规模的工业实验室与研究所的模范，可以说是创造的、空前的。（现今美国有四千个工业研究实验所，都可以说是仿效爱迪生的实验室的。）

他的绝大多数的实验与发明（他一生得到专利权的发明有一千一百件），都是用前人的失败与成功作出发点的。他说：

> 每回我要发明什么东西，我总要先翻读以前的人在那个问题上做过了的工作（图书馆里那些书正是为了这个用处的）。我要看看以前花了大功夫，花了大经费，做出了一些什么成绩。我要用从前人做过的几千次试验的资料做我的出发点，然后我来再做几千次试验。

这是他做实验的下手方法。

他在1921年1月曾说：

> 我每次想做一件尽善尽美的工作，往往碰到一座一百尺高的花岗石的高墙。碰来碰去，总过不了这百尺高墙，我就转到别的一件工作去用功。有时候——也许几个月之后，也许几年之后，忽然有一天，有一件什么东西被我发明了，或是别人发明了——或者在这世界的某一个角落，有一件新事

物出现了——我往往能够认识那件新发明可以帮助我爬过那座高墙，或者爬上去几十尺。

我从来不许我在任何情形之下感到失望。我记得，我们为了一个问题做了几千次实验，还没有能够解决那个问题。我们的一个同事，在我们最得意的一次实验失败之后，就灰心了，就说，我们不会找出什么来了。我还是高高兴兴的对他说："我们不是已经找出了不少东西了吗？"我们已经确实知道这条路是走不通的了，以后我们必须另走别的路子了。只要我们确已尽了我们最大的思考与工作的努力，我们往往可以从我们的失败里学到不少的东西。

这是爱迪生做科学实验，经过几千次失败而永不灰心失望的精神。

他在十二三岁时，耳朵就聋了。他一生是个聋子，但他从不因此减少他工作的努力。他在七十八岁时（1925），曾有一篇文字说他的耳聋于他只有好处，于世界也只有好处。他说：

因为我成了个聋子，我就把Sesroit的公立图书馆做我的避难所。我从每一个书架的最低一层读起，一本一本的读，一直读到最上一层。我不是单挑几本书读，我把整个图书馆都读了。后来我买了一部Swoin出版的最廉价的百科全书，我也从头到尾全读了。

他还说两三个笑话：这是耳朵聋给他自己的恩惠。他还说，他费了多年心力去发明，制造留声机，"别人听了满意了，我总不满意，总想设法改善到最完美的地步——这也是因为我是个聋子，我能听别人不能听见的音乐声音。"他还说，贝尔发明了电话机，他听了总觉得声音太低、太弱，他听不清，所以他想出种种改良方法，把电话改良到他听得清楚才满意。他的改良部分（炭素传声器）（Carbon Transmitter）后来卖给贝尔，就使电话大改善。

后来我被选做一个商业组织的会员，常常参加他们的大宴会，往往有许多演说，我耳聋听不见演说，也不免感觉可惜。有一年，他们把宴会的演说印出来了，我读了那些大演说之后，从此就不感觉耳聋是可惋惜的了。……有一天，有一位社会改良家到新新大监狱去向监中囚犯大演说。有一个犯人听了半点钟，实在受不了，就大喊起来。管监的人一拳打去，把那犯人打得晕过去了。过了半点钟，他醒过来了，演说家还在讲。那犯人走过去，对管监的说："请你再打一拳，把我打晕过去罢！"

前些日子，我在报上看到某一位科学家发明了一种短时间的麻醉药，我脑子里就想，这种麻醉药是蛮有用的：在大宴会的演说开始之前，听演说的客人每人吃点麻醉药，倒是蛮有用的。

这是这位科学大圣人的风趣。这样一位圣人是很可爱的。

中国龙

三、民族自省与自信

归国杂感

　　我在美国动身的时候，有许多朋友对我道："密司忒胡，你和中国别了七个足年了，这七年之中，中国已经革了三次的命，朝代也换了几个了。真个是一日千里的进步。你回去时，恐怕要不认得那七年前的老大帝国了。"我笑着对他们说道："列位不用替我担忧。我们中国正恐怕进步太快，我们留学生回去要不认得他了，所以他走上几步，又退回几步。他正在那里回头等我们回去认旧相识呢。"

　　这话并不是戏言，乃是真话。我每每劝人回国时莫存大希望：希望越大，失望越大。所以我自己回国时，并不曾怀什么大希望。果然船到了横滨，便听得张勋复辟的消息。如今在中国已住了四个月了，所见所闻，果然不出我所料。七年没见面的中国还是七年前的老相识！到上海的时候，有一天，一位朋友拉我到大舞台去看戏。我走进去坐了两点钟，出来的时候，对我的朋友说道："这个大舞台真正是中国的一个绝妙的缩本模型。你看这大舞台三个字岂不很新？外面的房屋岂不是洋房？里面的座位和戏台上的布景装潢岂不是西洋新式？但是做戏的人都不过是赵如泉、沈韵秋、万盏灯、何家声、何金寿这些人。没有一个不是二十年前的旧古董！我十三岁到上海的时候，他们已成了老脚色了。如今又隔了十三年了，却还是他们在台上撑场面。这十三

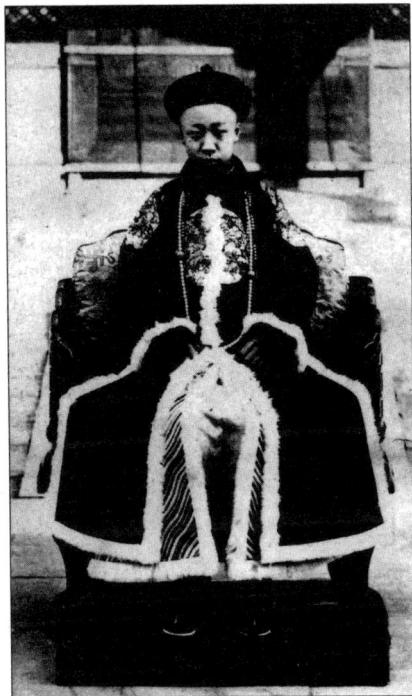

复辟时的溥仪

年造出来的新角色都到哪里去了呢？你再看那台上做的《举鼎观画》。那祖先堂上的布景，岂不很完备？只是那小薛蛟拿了那老头儿的书信，就此跨马加鞭，却忘记了台上布的景是一座祖先堂！又看那出《四进士》。台上布景，明明有了门了，那宋士杰却还要做手势去关那没有的门；上公堂时，还要跨那没有的门槛！你看这二十年前的旧古董在二十世纪的大舞台上做戏；装上了二十世纪的新布景，却偏要做那二十年前的旧手脚！这不是一副绝妙的中国现势图吗？”

我在上海住了十二天，在内地住了一个月，在北京住了两个月，在路上走了二十天，看了两件大进步的事：第一件是"三炮台"的纸烟，居然行到我们徽州去了；第二件是"扑克"牌居然比麻雀牌还要时髦了。"三炮头"纸烟还不算希奇，只有那"扑克"牌何以会这样风行呢？有许多老先生向来学Ａ、Ｂ、Ｃ、Ｄ是很不行的，如今打起"扑克"来，也会说"恩德"、"累死"、"接客倭彭"了！这些怪不好记的名词，何以会这样容易上口呢？他们学这些名词这样容易，何以学正经的Ａ、Ｂ、Ｃ、Ｄ又那样蠢呢？我想这里面很有可以研究的道理。新思想行不到徽州，恐怕是因为新思想没有"三炮台"那样中吃罢？Ａ、Ｂ、Ｃ、Ｄ不容易教，恐怕是因为教的人不得其法罢？

我第一次走过四马路，就看见了三部教"扑克"的书。我心想"扑克"的书已有这许多了，那别种有用的书，自然更不少了，所以我就花了一天的工夫，专去调查上海的出版界。我是学哲学的，自然先寻哲学的书。不料这几年来，中国竟可以算得没有出过一部哲学书。找来找去，找到一部《中国哲学史》，内中王阳明占了四大页，《洪范》倒占了八页！还说了些"孔子既受天之命"，"与天地合德"的话。又看见一部《韩非子精华》，删去了《五蠹》和《显学》两篇，竟成了一部"韩非子糟粕"了。文学书内，只有一部王国维的《宋元戏曲史》是很好的。又看见一家书目上有翻译的萧士比亚¹剧本，找来一看，原来把会话体的戏剧，都改作了《聊斋志异》体的叙事古文！又看见一部《妇女文学史》，内中苏蕙的回文诗足足占了六十页！又看见《饮冰室丛著》内有《墨学微》一书，我是喜欢看看墨家的书的人，自然心中很高兴。不料抽出来一看，原来是任公先生十四年前的旧作，不曾改了一个字！此外只有一部《中国外交史》，可算是一部好书，如今居然到了三版了。这件事还可以使人乐观。此外那些新出版的小说，看来看去，实在找不出一部可看的小说。有人对我说，如今最风行的是一部《新华春梦记》，这也可以想见中国小说界的程度了。

总而言之，上海的出版界——中国的出版界——这七年来简直没有两三部以上可看的书！不但高等学问的书一部都没有，就是要找一部轮船上火车上消遣的书，也找不出！（后来我寻来寻去，只寻得一部吴稚晖先生的《上下古今谈》，带到芜湖路上去看。）我看了这个怪现状，真可以放声大哭。如今的中国人，肚子饿了，还有些施粥的厂把粥给他们吃。只是那些脑子叫饿的人可真没有东西吃了。难道可以把《九尾龟》、《十尾龟》来充饥吗？

中文书籍既是如此，我又去调查现在市上最通行的英文书籍。看来看去，都是些什么萧士比亚的《威匿思商》²、《麦克白

1　萧士比亚：莎士比亚。

2　《威匿思商》：《威尼斯商人》。

传》、阿狄生的《文报选录》、戈司密[1]的《威克斐牧师》、欧文的《见闻杂记》，……大概都是些十七世纪十八世纪的书。内中有几部十九世纪的书，也不过是欧文、迭更司[2]、司各脱、麦考来几个人的书，都是和现在欧美的新思潮毫无关系的。怪不得我后来问起一位有名的英文教习，竟连Bernard Shaw的名字也不曾听见过，不要说Tchekov和Andreyev了。我想这都是现在一班教会学堂出身的英文教习的罪过。这些英文教习，只会用他们先生教过的课本。他们的先生又只会用他们先生的先生教过的课本。所以现在中国学堂所用的英文书籍，大概都是教会先生的太老师或太太老师们教过的课本！怪不得和现在的思想潮流绝无关系了。

有人说，思想是一件事，文字又是一件事，学英文的人何必要读与现代新思潮有关系的书呢？这话似乎有理，其实不然。我们中国人学英文，和英国美国的小孩子学英文，是两样的。我们学西洋文字，不单是要认得几个洋字，会说几句洋话，我们的目的在于输入西洋的学术思想，所以我以为中国学校教授西洋文字，应该用一种"一箭射双雕"的方法，把"思想"和"文字"同时并教。例如教散文，与其用欧文的《见闻杂记》，或阿狄生的《文报选录》，不如用赫胥黎的《进化杂论》。又如教戏曲，与其教萧士比亚的《威匿思商》，不如用Bernard Shaw的Androcles and the Lion，或是Galsworthy的Strife或Justice。又如教长篇的文字，与其教麦考来的《约翰生行述》不如教弥尔的《群己权界论》。——我写到这里，忽然想起日本东京丸善书店的英文书目。那书目上，凡是英美两国一年前出版的新书，大概都有。我把这书目和商务书馆

---

1 戈司密：哥尔斯密。
2 迭更司：狄更斯。

群己权界论 ┃ 穆勒（旧译：弥尔）

《群己权界论》（今译《论自由》）这个译名，准确地显示了作为权利的『自由』的核心内涵（个人与群体之间的权利及其界限）。该书是捍卫个人自由的最重要的著作之一。作者约翰·斯图加特·穆勒是英国哲学家、经济学家。

与伊文思书馆的书目一比较，我几乎要羞死了。

我回中国所见的怪现状，最普通的是"时间不值钱"。中国人吃了饭没有事做，不是打麻雀，便是打"扑克"。有的人走上茶馆，泡了一碗茶，便是一天了。有的人拿一只鸟儿到处逛逛，也是一天了。更可笑的是朋友去看朋友，一坐下便生了根了，再也不肯走。有事商议，或是有话谈论，倒也罢了。其实并没有可议的事，可说的话。我有一天在一位朋友处有事，忽然来了两位客，是××馆的人员。我的朋友走出去会客，我因为事没有完，便在他房里等他。我以为这两位客一定是来商议这××馆中什么要事的。不料我听得他们开口道："××先生，今回是打津浦火车来的，还是坐轮船来的？"我的朋友说是坐轮船来的。这两位客接着便说轮船怎样不便、怎样迟缓。又从轮船上谈到铁路上，从铁路上又谈到现在中交两银行的钞洋跌价。因此又谈到梁任公的财政本领，又谈到梁士诒的行踪去迹……谈了一点多钟，没有谈上一句要紧的话。后来我等的没法了，只好叫听差去请我的朋友。那两位客还不知趣，不肯就走。我不得已，只好跑了，让我的朋友去领教他们的"二梁优劣论"罢！

美国有一位大贤名富兰克林（Benjamin Franklin）的，曾说道："时间乃是造成生命的东西。"时间不值钱，生命自然也不值钱了。上海那些拣茶叶的女工，一天拣到黑，至多不过得二百个钱，少的不过五六十钱！茶叶店的伙计，一天做十六七点钟的工，一个月平均只拿得两三块钱！还有那些工厂的工人，更不用说了。还有那些更下等、更苦痛的工作，更不用说了。人力那样不值钱，所以卫生也不讲究，医药也不讲究。我在北京上海看那些小店铺里和穷人家里的种种不卫生，真是一个黑暗世界。至于道路的不

本杰明·富兰克林雕像

洁净，瘟疫的流行，更不消说了。最可怪的是无论阿猫阿狗都可挂牌医病，医死了人，也没有人怨恨，也没有人干涉。人命的不值钱，真可算得到了极端了。

现今的人都说教育可以救种种的弊病。但是依我看来，中国的教育，不但不能救亡，简直可以亡国。我有十几年没到内地去了，这回回去，自然去看看那些学堂。学堂的课程表，看来何尝不完备？体操也有，图画也有，英文也有，那些国文、修身之类，更不用说了。但是学堂的弊病，却正在这课程完备上。例如我们家乡的小学堂，经费自然不充足了，却也要每年花六十块钱去请一个中学堂学生兼教英文唱歌。又花二十块钱买一架风琴。我心想，这六十块一年的英文教习，能教什么英文？教的英文，在我们山里的小地方，又有什么用处？至于那音乐一科，更无道理了。请问那种学堂的音乐，还是可以增进"美感"呢，还是可以增进音乐知识呢？若果然要教音乐，为什么不去村乡里找一个会吹笛子唱昆腔的人来教。为什么一定要用那实在不中听的二十块钱的风琴呢？那些穷人的子弟学了音乐回家，能买得起一架风琴来练习他所学的音乐知识吗？我真是莫名其妙了。所以我在内地常说："列位办学堂，尽不必问教育部规程是什么，须先问这块地方上最需要的是什么。譬如我们这里最需要的是农家常识、蚕桑常识、商业常识、卫生常识，列位却把修身教科书去教他们做圣贤！又把二十块钱的风琴去教他们学音乐！又请一位六十块钱一年的教习教他们的英文！列位且自己想想看，这样的教育，造得出怎么样的人才？所以我奉劝列位办学堂，切莫注重课程的完备，须要注意课程的实用。尽不必去巴结视学员，且去巴结那些小百姓。视学员说这个学堂好，是没有用的。须要小百姓都肯把他们的子弟送来上学，那才是教育有成效了。

以上说的是小学堂。至于那些中学校的成绩，更可怕了。我遇见一位省立法政学堂的本科学生，谈了一会，他忽然问道："听说东文是和英文差不多的，这话可真吗？"我已经大诧异了。后来他听我说日本人总有些岛国习气，忽然问道："原来日本也在海岛上吗？"这个固然是一个极端的例。但是如今中学堂毕业的人才，高又高不得，低又低不得，竟成了一种无能的游民。这都由于学校里所教的功课，和社会上的需要毫无关涉。所以学校只管多，教育只管兴，社会上的工人、伙计、账房、警察、兵士、农夫……还只是用没有受过教育的人。社会所需要的是做事的人才，学堂所造成的是不会做事又不肯做事的人才，这种教育不是亡国的教育吗？

我说我的"归国杂感"，提起笔来，便写三四千字。说的都是些很可以悲观的话。但是我却并不是悲观的人。我以为这二十年来中国并不是完全没有进步，不过惰性太大，向前三步又退回两步，所以到如今还是这个样子。我这回回家寻出一部叶德辉的《翼教丛编》，读了一遍，才知道这二十年的中国实在已经有了许多大进步。不到二十年前，那些老先生们，如叶德辉、王益吾之流，出了死力去驳康有为，所以这书叫作《翼教丛编》。我们今日也痛骂康有为。但二十年前的中国，骂康有为太新；二十年后的中国却骂康有为太旧。如今康有为没有皇帝可保了，很可以做一部《翼教续编》来骂陈独秀了。这两部"翼教"的书的不同之处便是中国二十年来的进步了。

民国七年一月

（原载于1918年1月《新青年》第4卷第1号）

康有为先生

康有为（1858～1927），广东省南海县人，人称康南海，中国近代政治家、思想家、教育家，戊戌变法主要领导人之一。

信心与反省

这一期（《独立》103期）里有寿生先生的一篇文章，题为《我们要有信心》。在这文里，他提出一个大问题：中华民族真不行吗？他自己的答案是：我们是还有生存权的。

我很高兴我们的青年在这种恶劣空气里还能保持他们对于国家民族前途的绝大信心。这种信心是一个民族生存的基础，我们当然是完全同情的。

可是我们要补充一点：这种信心本身要建筑在稳固的基础之上，不可站在散沙之上。如果信仰的根据不稳固，一朝根基动摇了，信仰也就完了。

寿生先生不赞成那些旧人"拿什么五千年的古国哟，精神文明哟，地大物博哟，来遮丑。"这是不错的。然而他自己提出的民族信心的根据，依我看来，文字上虽然和他们不同，实质上还是和他们同样的站在散沙之上，同样的挡不住风吹雨打。例如他说：

> 我们今日之改进不如日本之速者，就是因为我们的固有文化太丰富了。富于创造性的人，个性必强，接受性就较缓。

这种思想在实质上和那五千年古国精神文明的迷梦是同样的无稽的夸大。第一，他的原则"富于创造性的人，个性必强，接受性就较缓"，这个大前提就是完全无稽之谈，就是懒惰的中国士大夫捏造出来替自己遮丑的胡说。事实上恰是相反的：凡富于创造性的人必敏于模仿，凡不善模仿的人决不能创造。创造是一个最误人的名词，其实创造只是模仿到十足时的一点点新花样。古人说的最好："太阳之下，没有新的东西。"一切所谓创造都从模仿出来。我们不要被新名词骗了。新名词的模仿就是旧名词的"学"字："学之为言效也"是一句不磨的老话。例如学琴，必须先模仿琴师弹琴；学画必须先模仿画师作画；就是画自然界的景物，也是模仿。模仿熟了，就是学会了，工具用得熟了，方法练得细密了，有天才的人自然会"熟能生巧"，这一点功夫到时的奇巧新花样就叫作创造。凡不肯模仿，就是不肯学人的长处。不肯学如何能创造？伽利略（Galileo）听说荷兰有个磨镜匠人做成了一座望远镜，他就依他听说的造法，自己制造了一座望远镜。这就是模仿，也就是创造。从十七世纪初年到如今，望远镜和显微镜都年年有进步，可是这三百年的进步，步步是模仿，也步步是创造。一切进步都是如此：没有一件创造不是先从模仿下手的。孔子说的好：

三人行，必有我师焉：择其善者而从之，其不善者而改之。

这就是一个圣人的模仿。懒人不肯模仿，所以决不会创造。一个民族也和个人一样，最肯学人的时代就是那个民族最伟大的时代；等到他不肯学人的时候，他的盛世已过去了，他已走上衰老僵化的时期了，我们中国民族最伟大的时代，正是我们最肯模仿四邻的时代：从汉到唐宋，一切建筑、绘画、雕刻、音乐、宗

伽利略

伽利略（1564～1642），生于意大利比萨城，物理学家、天文学家、科学革命的先驱。他是改变了世界的伟大科学家之一，曾受到宗教裁判所的迫害。

教、思想、算学、天文、工艺，哪一件里没有模仿外国的重要成分？佛教和它带来的美术建筑，不用说了。从汉朝到今日，我们的历法改革，无一次不是采用外国的新法；最近三百年的历法是完全学西洋的，更不用说了。到了我们不肯学人家的好处的时候，我们的文化也就不进步了。我们到了民族中衰的时代，只有懒劲学印度人的吸食鸦片，却没有精力学满洲人的不缠脚，那就是我们自杀的法门了。

第二，我们不可轻视日本人的模仿。寿生先生也犯了一般人轻视日本的恶习惯，抹杀日本人善于模仿的绝大长处。日本的成功，正可以证明我在上文说的"一切创造都从模仿出来"的原则。寿生说：

> 从唐以至日本明治维新，千数百年间，日本有一件事足为中国取镜者吗？中国的学术思想在它手里去发展改进过吗？我们实无法说有。

这又是无稽的诬告了。三百年前，朱舜水到日本，他居留久了，能了解那个岛国民族的优点，所以他写信给中国的朋友说，日本的政治虽不能上比唐虞，可以说比得上三代盛世。这是一个中国大学者在长期寄居之后下的考语。是值得我们的注意的。日本民族的长处全在他们肯一心一意的学别人的好处。他们学了中国的无数好处，但始终不曾学我们的小脚、八股文、鸦片烟。这不够"为中国取镜"吗？他们学别国的文化，无论在那一方面，凡是学到家的，都能有创造的贡献。这是必然的道理。浅见的人都说日本的山水人物画是模仿中国的；其实日本画自有他的特点，在人物方面的成绩远胜过中国画，在山水方面也没有走上四王的笨路。在文学方面，他们也有很大的创造。近年已有人赏识日本的小诗了。我且举一个大家不甚留意的例子。文学史家往往说日本的《源氏物语》等作品是模仿中国唐人的小说《游仙窟》等书的。现今《游仙窟》已从日本翻印回中国来了，《源氏物语》也有了英国人卫来先生（Arthur Waley）的五巨册的译本。我们若比较这两部书，就不能不惊叹日本人创造力的伟大。如果"源氏"真是从模仿《游仙窟》出来的，那真是徒弟胜过师傅千万倍了！寿生先生原文里批评日本的工商业，也是中了成见的毒。日本今日工商业的长脚发展，虽然也受了生活程度比人低和货币低落的恩惠，但他的根基实在是全靠科学与工商业的进步。今日大阪与兰肯歇的竞争，骨子里还是新式工业与旧式工业的竞争。日本今日自造的纺织器是世界各国公认为最新最良的。今日英国纺织业也不能不购买日本的新机器了。这是从模仿到创造的最好的例子。不然，我们工人的工资比日本更低，货币平常也比日本钱更贱，为什么我们不能"与他国资本家抢商场"呢？我们到了今日，若还要抹煞事实，笑人模仿，而自居于"富于创造性者"的不屑模仿，那真是盲目的夸大狂了。

第三，再看看"我们的固有文化"是不是真的"太丰富了"。寿生和其他夸大本国固有文化的人们，如果真肯平心想想，必然也会明白这句话也是无根的乱谈。这个问题太大，不是这篇短文里所能详细讨论的，我只能指出几个比较重要之点。使人明白我们的固有文化实在是很贫乏的，谈不到"太丰富"的梦话。近代的科学文化、工业文化，我们可以撇开不谈，因为在那些方面，我们的贫乏未免太丢人了。我们且谈谈老远的过去时代

花妻 ┃ 日本 ┃ 喜多川歌麿

罢。我们的周秦时代当然可以和希腊罗马相提并论，然而我们如果平心研究希腊罗马的文学、雕刻、科学、政治，单是这四项就不能不使我们感觉我们的文化的贫乏了。尤其是造形美术与算学的两方面，我们真不能不低头愧汗。我们试想想，《几何原本》的作者欧几里得（Euclid）正和孟子先后同时；在那么早的时代，在二千多年前，我们在科学上早已太落后了！（少年爱国的人何不试拿《墨子·经上篇》里的三五条几何学界说来比较《几何原本》？）从此以后，我们所有的，欧洲也都有；我们所没有的，人家所独有的，人家都比我们强。试举一个例子：欧洲有三个一千年的大学，有许多个五百年以上的大学，至今继续存在，继续发展；我们有没有？至于我们所独有的宝贝，骈文、律诗、八股、小脚、太监、姨太太、五世同居的大家庭、贞节牌坊、地狱活现的监狱、廷杖、板子夹棍的法庭，……虽然"丰富"，虽然"在这世界无不足以单独成一系统"，究竟都是使我们抬不起头来的文物制度。即如寿生先生指出的"那更光辉万丈"的宋明理学，说起来也真正可怜！讲了七八百年的理学，没有一个理学圣贤起来指出裹小脚是不人道的野蛮行为，只见大家崇信"饿死事极小，失节事极大"的吃人礼教：请问那万丈光辉究竟照耀到哪里去了？

以上说的，都只是略略指出寿生先生代表的民族信心是建筑在散沙上面，经不起风吹草动，就会倒塌下来的。信心是我们需要的，但无根据的信心是没有力量的。

可靠的民族信心，必须建筑在一个坚固的基础之上，祖宗的光荣自是祖宗之光荣，不能救我们的痛苦羞辱。何况祖宗所建的基业不全是光荣呢？我们要指出：我们的民族信心必须站在"反省"的唯一基础之上。反省就是要闭门思过，要诚心诚意地想，我们祖宗的罪孽深重，我们自己的罪孽深重；要认清了罪孽所在，然后我们可以用全副精力去消灾灭罪。寿生先生引了一句"中国不亡是无天理"的悲叹词句，他也许不知道这句伤心的话是我十三四年前在中央公园后面柏树下对孙伏园先生说的，第二天被他记在《晨报》上，就流传至今。我说出那句话的目的，不是要人消极，是要人反省；不是要人灰心，是要人起信心，发下大弘誓来忏悔；来替祖宗忏悔，替我们自己忏悔；要发愿造新因来替代旧日种下的恶因。

今日的大患在于全国人不知耻。所以不知耻者，只是因为不曾反省。一个国家兵力不如人，被人打败了，被人抢夺了一大块土地去，这不算是最大的耻辱。一个国家在今日还容许整个的省份遍种鸦片烟，一个政府在今日还要依靠鸦片烟的税收——公卖税、吸户税、烟苗税、过境税——来做政府的收入的一部分，这是最大的耻辱。一个现代民族在今日还容许他们的最高官吏公然提倡什么"时轮金刚法会"、"息灾利民法会"，这是最大的耻辱。一个国家有五千年的历史，而没有一个四十年的大学，甚至于没有一个真正完备的大学，这是最大的耻辱。一个国家能养三百万不能捍卫国家的兵，而至今不肯计划任何区域的国民义务教育，这是最大的耻辱。

真诚的反省自然发生真诚的愧耻。孟子说的好："不耻不若人，何若人有？"真诚的愧耻自然引起向上的努力，要发弘愿努力学人家的好处，铲除自家的罪恶。经过这种反省与忏悔之后，然后可以起新的信心：要信仰我们自己正是拨乱反正的人，这个

吾妻桥江景 ┃ 日本 ┃ 歌川广重 ┃ 选自《江户名胜百景》

担子必须我们自己来挑起。三四十年的天足运动已经差不多完全铲除了小脚的风气：从前大脚的女人要装小脚，现在小脚的女人要装大脚了。风气转移的这样快，这不够坚定我们的自信心吗？

历史的反省自然使我们明了今日的失败都因为过去的不努力，同时也可以使我们格外明了"种瓜得瓜，种豆得豆"的因果铁律。铲除过去的罪孽只是割断已往种下的果。我们要收新果，必须努力造新因。祖宗生在过去的时代，他们没有我们今日的新工具，也居然能给我们留下了不少的遗产。我们今日有了祖宗不曾梦见的种种新工具，当然应该有比祖宗高明千百倍的成绩，才对得起这个新鲜的世界。日本一个小岛国，那么贫瘠的土地，那么少的人民，只因为伊藤博文、大久保利通、西乡隆盛等几十个人的努力，只因为他们肯拼命的学人家，肯拼命的用这个世界的新工具，居然在半个世纪之内一跃而为世界三五大强国之一。这不够鼓舞我们的信心吗？

反省的结果应该使我们明白那五千年的精神文明。那"光辉万丈"的宋明理学，那并不太丰富的固有文化，都是无济于事的银样镴枪头。我们的前途在我们自己的手里。我们的信心应该望在我们的将来。我们的将来全靠我们下什么种，出多少力。"播了种一定会有收获，用了力决不至于白费。"——这是翁文灏先生要我们有的信心。

二十三，五，二十八

（原载于1934年6月《独立评论》第103号）

差不多先生传

你知道中国最有名的人是谁？

提起此人，人人皆晓，处处闻名。他姓差，名不多，是各省各县各村人氏。你一定见过他，一定听过别人谈起他。差不多先生的名字天天挂在大家的口头，因为他是中国全国人的代表。

差不多先生的相貌和你和我都差不多。他有一双眼睛，但看得不很清楚；有两只耳朵，但听得不很分明；有鼻子和嘴，但他对于气味和口味都不很讲究。他的脑子也不小，但他的记性却不很精明，他的思想也不很细密。

他常常说："凡事只要差不多，就好了。何必太精明呢？"

他小的时候，他妈叫他去买红糖，他买了白糖回来。他妈骂他，他摇摇头说："红糖白糖不是差不多吗？"

他在学堂的时候，先生问他："直隶省的西边是哪一省？"他说是陕西。先生说："错了。是山西，不是陕西。"他说："陕西同山西，不是差不多吗？"

后来他在一个钱铺里作伙计；他会写字，也会算，只是总不会精细。十字常常写成千字，千字常常写成十字。掌柜的生气了，常常骂他。他只是笑嘻嘻地赔小心道："千字比十字只多一小撇，不是差不多吗？"

有一天，他为了一件要紧的事，要搭火车到上海去。他从从容容地走到火车站，迟了两分钟，火车已开走了。他白瞪着眼，望着远远的火车上的煤烟，摇摇头道："只好明天再走了，今天走同明天走，也还差不多。可是火车公司未免太认真了。8：30分开，同8：32分开，不是差不多吗？"他一面说，一面慢慢地走回家，心里总不明白为什么火车不肯等他两分钟。

有一天，他忽然得了急病，赶快教家人去请东街的汪医生。那家人急急忙忙地跑去，一时寻不着东街的汪大夫，却把西街牛医王大夫请来了。差不多先生病在床上，知道寻错了人；但病急了，身上痛苦，心里焦急，等不得了，心里想道："好在王大夫同汪大夫也差不多，让他试试看吧。"于是这位牛医王大夫走近床前，用医牛的法子给差不多先生治病。不上一点钟，差不多先生就一命呜呼了。

差不多先生差不多要死的时候，一口气断断续续地说道："活人同死人也差……差……差不多，……凡事只要……差……差……不多……就……好了，何……何……必……太……太认真呢？"他说完了这句格言，方才绝气了。

他死后，大家都很称赞差不多先生样样事情看得破，想得通；大家都说他一生不肯认真，不肯算账，不肯计较，真是一位有德行的人。于是大家给他取个死后的法号，叫他作圆通大师。

他的名誉越传越远，越久越大。无数无数的人都学他的榜样。于是人人都成了一个差不多先生。——然而中国从此就成为一个懒人国了。

（原载于1924年6月28日《申报·平民周刊》第1期）

贞操问题

一

周作人先生所译的日本人与谢野晶子的《贞操论》（《新青年》四卷五号），我读了很有感触。这个问题，在世界上受了几千年的无意识的迷信，到近几十年中，方才有些西洋学者正式讨论这问题的真意义。文学家如易卜生的《群鬼》和哈代的《苔史》[1]（Tess），都带着讨论这个问题。如今家庭专制最利害的日本居然也有这样大胆的议论！这是东方文明史上一件极可贺的事。

当周先生翻译这篇文字的时候，北京一家很有价值的报纸登出一篇恰相反的文章。这篇文章是海宁朱尔迈的《会葬唐烈妇记》（七月二十三日北京《中华新报》）。上半篇写唐烈妇之死如下：

> 唐烈妇之死，所阅灰水，钱卤，投河，雉经者五，前后绝食者三；又益之以砒霜，则其亲试于杀人之方者凡九。自除夕上溯其夫亡之夕，凡九十有八日。夫以九死之惨毒，义历九十八日之长，非所称百挫于折有进而无退者乎？……

1　《苔史》：《德伯家的苔丝》。

下文又借出一件"俞氏女守节"的事来替唐烈妇作陪衬：

> 女年十九，受海盐张氏聘，未于归，夫夭，女即绝食七
> 日；家人劝之力，始进糜日，"吾即生，必至张氏，宁服丧
> 三年，然后归报地下。"

最妙的是朱尔迈的论断：

> 嗟乎，俞氏女盖闻烈妇之风而兴起者乎？……俞氏女果
> 能死于绝食七日之内，岂不甚幸？乃为家人阻之，俞氏女亦以
> 三年为己任，余正恐三年之间，凡一千八十日有奇，非如烈妇
> 之九十八日也。且绝食之后，其家人防之者百端，……虽有死
> 之志，而无死之间，可奈何？烈妇倘能阴相之以成其节，风化
> 所关，猗钦盛矣！

这种议论简直是全无心肝的贞操论。俞氏女还不曾出嫁，不
过因为信了那种荒谬的贞操迷信，想做那"青史上留名的事"，
所以绝食寻死，想做烈女。这位朱先生要维持风化，所以忍心
害理的巴望那位烈妇的英灵来帮助俞氏女赶快死了，"岂不甚
幸"！这种议论可算得贞操迷信的极端代表。《儒林外史》里面
的王玉辉看他女儿殉夫死了，不但不哀痛，反仰天大笑道："死
得好！死得好！"（五十二回）王玉辉的女儿殉已嫁之夫，尚在
情理之中。王玉辉自己"生这女儿为伦纪生色"，他看他女儿死
了反觉高兴，已不在情理之中了。至于这位朱先生巴望别人家的
女儿替他未婚夫做烈女，说出那种"猗钦盛矣"的全无心肝的

话，可不是贞操迷信的极端代表吗？

贞操问题之中，第一无道理的，便是这个替未婚夫守节和殉烈的风俗。在文明国里，男女用自由意志，由高尚的恋爱，订了婚约，有时男的或女的不幸死了，剩下的那一个因为生时爱情太深，故情愿不再婚嫁。这是合情理的事。若在婚姻不自由之国，男女订婚以后，女的还不知男的面长面短，有何情爱可言？不料竟有一种陋儒，用"青史上留名的事"来鼓励无知女儿做烈女，"为伦纪生色"，"风化所关，猗欤盛矣！"我以为我们今日若要作具体的贞操论，第一步就该反对这种忍心害理的"烈女论"，要渐渐养成一种舆论，不但永不把这种行为看作"猗欤盛矣"可旌表褒扬的事，还要公认这是不合人情，不合天理的罪恶；还要公认劝人做烈女，罪等于故意杀人。

这不过是贞操问题的一方面。这个问题的真相，已经与谢野晶子说得很明白了。她提出几个疑问，内中有一条是："贞操是否单是女子必要的道德，还是男女都必要的呢？"这个疑问，在中国更为重要。中国的男子要他们的妻子替他们守贞守节，他们自己却公然嫖妓，公然纳妾，公然"吊膀子"。再嫁的妇人在社会上几乎没有社交的资格；再婚的男子，多妻的男子，却一毫不损失他们的身份。这不是最不平等的事吗？怪不得古人要请"周婆制礼"来补救"周公制礼"的不平等了。

我不是说，因为男子嫖妓，女子便该偷汉；也不是说，因为老爷有姨太太，太太便该有姨老爷。我说的是，男子嫖妓，与妇人偷汉，犯的是同等的罪恶；老爷纳妾，与太太偷人，犯的也是同等的罪恶。

为什么呢？因为贞操不是个人的事，乃是人对人的事；不是

抚琴的晚清妓女 | 上海图书馆藏图

一方面的事，乃是双方面的事。女子尊重男子的爱情，心思专一，不肯再爱别人，这就是贞操。贞操是一个"人"对别一个"人"的一种态度。因为如此，男子对于女子，也该有同等的态度。若男子不能照样还敬，他就是不配受这种贞操的待遇。这并不是外国进口的妖言，这乃是孔丘说的"已所不欲，勿施于人"。孔丘说：

> 君子之道四，丘未能一焉：所求乎子以事父，未能也；所求乎臣以事君，未能也；所求乎弟以事兄，未能也；所求乎朋友，先施之，未能也。

孔丘"五伦"之中，只说了"四伦"，未免有点欠缺。他理该加上一句道：

> 所求乎吾妇，先施之，未能也。

这才是大公无私的圣人之道！

二

我这篇文字刚才做完，又在上海报上看见陈烈女殉夫的事。今先记此事大略如下：

> 陈烈女名宛珍，绍兴县人，三世居上海。年十七，字王远甫之子菁士。菁士于本年三月廿三日病死，年十八岁。陈女闻死耗，即沐浴更衣，潜自仰药。其家人觉察，仓皇施救，已无及。女乃泫然曰："儿志早决，生虽未获见夫，殁

或相从地下……"言讫，遂死，死时距其未婚夫之死仅三时而已。（此据上海绍兴同乡会所出征文启。）

过了两天，又见上海县知事呈江苏省长请予褒扬的呈文，中说：

呈为陈烈女行实可风，造册具书证明，请予按例褒扬事。……（事实略）……兹据呈称……并开具事实，附送褒扬费银六元前来。……知事复查无异。除先给予"贞烈可风"匾额，以资旌表外，谨援《褒扬条例》……之规定，造具清册，并附证明书，连同褒扬费，一并备文呈送，仰祈鉴核，俯赐咨行内务部将陈烈女按例褒扬，实为德便。

我读了这篇呈文，方才知道我们中华民国居然还有什么《褒扬条例》。于是我把那些条例寻来一看，只见第一条九种可褒扬的行谊的第二款便是"妇女节烈贞操可以风世者"；第七款是"著述书籍，制造器用，于学术技艺或发明或改良之功者"；第九款是"年逾百岁者"！一个人偶然活到了一百岁，居然也可以与学术技艺上的著作发明享受同等的褒扬！这已是不伦不类可笑得很了。再看那条例《施行细则》解释第一条第二款的"妇女节烈贞操可以风世者"如下：

第二条：《褒扬条例》第一条第二款所称之"节"妇，其守节年限自三十岁以前守节至五十岁以后者。但年未五十而身故，其守节已及六年者同。

第三条：同条款所称之"烈"妇"烈"女，凡遇强暴不从致死，或羞忿自尽，及夫亡殉节者，属之。

　　第四条：同条款所称之"贞"女，守贞年限与节妇同。

其在夫家守贞身故，及未符年例而身故者，亦属之。

　　以上各条乃是中国贞操问题的中心点。第二条褒扬"自三十岁以前守节至五十岁以后"的节妇，是中国法律明明认三十岁以下的寡妇不该再嫁；再嫁为不道德。第三条褒扬"夫亡殉节"的烈妇烈女，是中国法律明明鼓励妇人自杀以殉夫；明明鼓励未嫁女子自杀以殉未嫁之夫。第四条褒扬未嫁女子替未婚亡夫守贞二十年以上，是中国法律明明说未嫁而丧夫的女子不该再嫁人，再嫁便是不道德。

　　这是中国法律对于贞操问题的规定。

　　依我个人的意思看来，这三种规定都没有成立的理由。

　　第一，寡妇再嫁问题　这全是一个个人问题。妇人若是对她已死的丈夫真有割不断的情义，她自己不忍再嫁；或是已有了孩子，不肯再嫁；或是年纪已大，不能再嫁；或是家道殷实，不愁衣食，不必再嫁——妇人处这种境地，自然守节不嫁。还有一些妇人，对她丈夫，或有怨心，或无恩意，年纪又轻，不肯抛弃人生正当的家庭快乐；或是没有儿女，家又贫苦，不能度日——妇人处于这种境遇没有守节的理由，为个人计，为社会计，为人道计，都该劝她改嫁。贞操乃是夫妇相待的一种态度。夫妇之间爱情深了，恩谊厚了，无论谁生谁死，无论生时死后，都不忍把这爱情移于别人，这便是贞操。夫妻之间若没有爱情恩意，即没有贞操可说。若不问夫妇之间有无可以永久不变的爱情，若不问做丈夫的配不配受他妻子的贞操，只晓得主张做妻子的总该替她丈夫守节；这

贞烈可风 ┃ 符艮心 ┃ 选自 1894 年《点石斋画报》

是一偏的贞操论,这是不合人情公理的伦理。再者,贞操的道德,"照各人境遇体质的不同,有时能守,有时不能守;在甲能守,在乙不能守。"(用与谢野晶子的话)若不问个人的境遇体质,只晓得说"忠臣不事二君,烈女不更二夫";只晓得说"饿死事极小,失节事极大"(用程子语);这是忍心害理,男子专制的贞操论。——以上所说,大旨只要指出寡妇应否再嫁全是个人问题,有个人恩情上、体质上、家计上种种不同的理由,不可偏于一方面主张不近情理的守节。因为如此,故我极端反对国家用法律的规定来褒扬守节不嫁的寡妇。褒扬守节的寡妇,即是说寡妇再嫁为不道德,即是主张一偏的贞操论。法律既不能断定寡妇再嫁为不道德,即不该褒扬不嫁的寡妇。

第二,烈妇殉夫问题 寡妇守节最正当的理由是夫妇间的爱情。妇人殉夫最正当的理由也是夫妇间的爱情。爱情深了,生离尚且不能堪,何况死别?再加以宗教的迷信,以为死后可以夫妇团圆。因此有许多妇人,夫死之后,情愿杀身从夫于地下。这个不属于贞操问题。但我以为无论如何,这也是个人恩爱问题,应由个人自由意志去决定。无论如何,法律总不该正式褒扬妇人自杀殉夫的举动。一来呢,殉夫既由于个人的恩爱,何须用法律来褒扬鼓励?二来呢,殉夫若由于死后团圆的迷信,更不该有法律的褒扬了。三来呢,若用法律来褒扬殉夫的烈妇,有一些好名的妇人,便要借此博一个"青史留名";是法律的褒扬反发生一种沽名钓誉,作伪不诚的行为了!

第三,贞女烈女问题 未嫁而夫死的女子,守贞不嫁的是"贞女";杀身殉夫的是"烈女"。我上文说过,夫妇之间若没有恩爱,即没有贞操可说。依此看来,那未嫁的女子,对于她丈夫有何恩爱？既无恩爱，更有何贞操可守？我说到这里，有个朋友驳我道，"这话别人说了还可，胡适之可不该说这话。为什么呢？你自己曾做过一首诗，诗里有一段道：

我不认得她，她不认得我，我却常念她，这是为什么？
岂不因我们，分定常相亲？由分生情意，所以非路人。
海外土生子，生不识故里，终有故乡情，其理亦如此。

依你这诗的理论看来，岂不是已订婚而未嫁娶的男女因为名分已定，也会有一种情意。既有了情意，自然发生贞操问题。你如今又说未婚嫁的男女没有恩爱，故也没有贞操可说，可不是自相矛盾吗？"

我听了这段驳论，几乎开口不得。想了一想，我才回答道：我那首诗所说名分上发生的情意，自然是有的；若没有那种名分上的情意，中国的旧式婚姻决不能存在。如旧日女子听人说她未婚夫的事，即面红害羞，即留神注意，可见她对她未婚夫实有这种名分上所发生的情谊。但这种情谊完全属于理想的。这种理想的情谊往往因实际上的反证，遂完全消灭。如女子悬想一个可爱的丈夫，及到嫁时，只见一个极下流不堪的男子，她如何能坚持那从前理想中的情谊？我承认名分可以发生一种情谊，我并且希望一切名分都能发生相当的情谊。但这种理想的情谊，依我看来实在不够发生终身不嫁的贞操，更不够发生杀身殉夫的节烈。即使我更让一步，承认中国有些女子，例如吴趼人《恨海》里那个浪子的聘妻，深中了圣贤经传的毒，由名分上真能生出极浓挚的情谊，无论她未婚夫如何淫荡，人格如何堕落，依旧贞一不变。试问我们在这个文明时代，是否应该赞成提倡这种盲从的贞操？这种盲从的贞操，只值得一句"其愚不可及也"的评论，却不值得法律的褒扬。法律既许未嫁的女子夫死再嫁，便不该褒扬处女守贞。至于法律褒扬无辜女子自杀以殉不曾见面的丈夫，那更是男子专制时代的风俗，不该存在于现今的世界。

总而言之，我对于中国人的贞操问题，有三层意见。

第一，这个问题，从前的人都看作"天经地义"，一味盲从，全不研究"贞操"两字究竟有何意义。我们生在今日，无论提倡何种道德，总该想想那种道德的真意义是什么。墨子说得好：

> 子墨子问于儒者曰："何故为乐？"曰："乐以为乐也。"子墨子曰："子未我应也。今我问曰：'何故为室？'曰：'冬避寒焉，夏避暑焉，室以为男女之别也'，则子告我为室之故矣。今我问曰：'何故为乐？'曰'乐以为乐也。'是犹曰，'何故为室？'曰：'室以为室也。'"（《公孟》篇）

今试问人"贞操是什么？"或"为什么你褒扬贞操？"他一定回答道："贞操就是贞操。我因为这是贞操，故褒扬他。"这种"室以为室也"的论理，便是今日道德思想宣告破产的证据。故我做这篇文字的第一个主意只是要大家知道，"贞操"这个问题并不是"天经地义"，是可以彻底研究，可以反复讨论的。

第二，我以为贞操是男女相待的一种态度，乃是双方交互的道德，不是偏于女子一方面的。由这个前提，便生出几条引申的意见：一、男子对于女子，丈夫对于妻子，也应有贞操的态度；二、男子做不贞操的行为，如嫖妓娶妾之类，社会上应该用对待

贞节牌坊 | 英国 | 约翰·汤姆逊 | 摄于福建，1870～1871 年

不贞妇女的态度来对待他；三、妇女对于无贞操的丈夫，没有守贞操的责任；四、社会法律既不认嫖妓纳妾为不道德，便不该褒扬女子的"节烈贞操"。

第三，我绝对地反对褒扬贞操的法律。我的理由是：

一、贞操既是个人男女双方对待的一种态度，诚意的贞操是完全自动的道德，不容有外部的干涉，不须有法律的提倡。

二、若用法律的褒扬为提倡贞操的方法，势必至造成许多沽名钓誉、不诚不实、无意识的贞操举动。

三、在现代社会，许多贞操问题，如寡妇再嫁、处女守贞等等问题的是非得失，却都还有讨论余地，法律不当以武断的态度制定褒贬的规条。

四、法律既不奖励男子的贞操，又不惩男子的不贞操，便不该单独提倡女子的贞操。

五、以近世人道主义的眼光看来，褒扬烈妇烈女杀身殉夫，都是野蛮残忍的法律，这种法律，在今日没有存在的地位。

民国七年七月

（原载于1918年7月15日《新青年》第5卷第1号）

名教

中国是个没有宗教的国家，中国人是个不迷信宗教的民族。——这是近年来几个学者的结论。有些人听了很洋洋得意，因为他们觉得不迷信宗教是一件光荣的事。有些人听了要做愁眉苦脸，因为他们觉得一个民族没有宗教是要堕落的。

于今好了，得意的也不可太得意了，懊恼的也不必懊恼了。因为我们新发现中国不是没有宗教的：我们中国有一个很伟大的宗教。

孔教早倒霉了，佛教早衰亡了，道教也早冷落了。然而我们却还有我们的宗教。这个宗教是什么教呢？提起此教，大大有名，他就叫作"名教"。

名教信仰什么？信仰"名"。

名教崇拜什么？崇拜"名"。

名教的信条只有一条："信仰名的万能。"

"名"是什么？这一问似乎要做点考据。《论语》里孔子说，"必也正名乎"，郑玄注：

> 正名，谓正书字也。古者曰名，今世曰字。

《仪礼·聘礼》注：

> 名，书文也。今谓之字。

《周礼·大行人》下注：

> 书名，书文字也。古曰名。

《周礼·外史》下注：

> 古曰名，今曰字。

《仪礼·聘礼》的释文说：

> 名，谓文字也。

总括起来，"名"即是文字，即是写的字。

"名教"便是崇拜写的文字的宗教，便是信仰写的字有神力，有魔力的宗教。

这个宗教，我们信仰了几千年，却不自觉我们有这样一个伟大宗教。不自觉的缘故正是因为这个宗教太伟大了，无往不在，无所不包，就如同空气一样，我们日日夜夜在空气里生活，竟不觉得空气的存在了。

现在科学进步了，便有好事的科学家去分析空气是什么，便也有好事的学者去分析这个伟大的名教。

民国十五年有位冯友兰先生发表一篇很精辟的《名教之分析》。冯先生指出"名教"便是崇拜名词的宗教，是崇拜名词所代表的概念的宗教。

冯先生所分析的还只是上流社会和知识阶级所奉的"名教"，它的势力虽然也很伟大，还算不得"名教"的最重要部分。

这两年来，有位江绍原先生在他的"礼部"职司的范围内，发现了不少有趣味的材料，陆续在《语丝》、《贡献》几种杂志上发表。他同他的朋友们收的材料是细大不捐、雅俗无别的；所以他们的材料使我们渐渐明白我们中国民族崇奉的"名教"是个什么样子。

究竟我们这个贵教是个什么样子呢？且听我慢慢道来。

先从一个小孩生下地说起。古时小孩生下地之后，要请一位专门术家来听小孩的哭声，声中某律，然后取名字。现在的民间变简单了，只请一个算命的，排排八字，看他缺少五行之中的那行。若缺水，便取个水旁的名字；若缺金，便取个金旁的名字。若缺火又缺土的，我们徽州人便取个"灶"字。名字可以补气禀的缺陷。

小孩命若不好，便把他"寄名"在观音菩萨的座前，取个和尚式的"法名"，便可以无灾无难了。

小孩若爱啼啼哭哭，睡不安宁，便写一张字帖，贴在行人小便的处所，上写着：

天皇皇，地皇皇，我家有个夜啼郎。

过路君子念一遍，一夜睡到大天光。

文字的神力真不少。

小孩跌了一交，受了惊骇，那是骇掉了"魂"了，须得"叫魂"。魂怎么叫呢？到那跌交的地方，撒把米，高叫小孩子的名字，一路叫回家，叫名便是叫魂了。

小孩渐渐长大了，在村学堂同人打架，打输了，心里恨不过，便拿一条柴炭，在墙上写着诅咒他的仇人的标语："王阿三热病打死。"他写了几遍，心上的气便平了。

他的母亲也是这样。她受了隔壁王七嫂的气，便拿一把菜刀，在刀板上剁，一面剁，一面喊"王七老婆"的名字，这便等于乱剁王七嫂了。

他的父亲也是"名教"的信徒。他受了王七哥的气，打又打他不过，只好破口骂他，骂他的爹妈，骂他的妹子，骂他的祖宗十八代。骂了便算出了气了。

据江绍原先生的考察，现在这一家人都大进步了。小孩在墙上会写"打倒阿毛"了，他妈也会喊"打倒周小妹"了，他爸爸也会贴"打倒王庆来"了。

他家里人口不平安，有病的，有死的。这也有好法子。请个道士来，画几道符，大门上贴一张，房门上贴一张，茅厕上也贴一张，病鬼便都跑掉了，再不敢进门了。画符自然是"名教"的重要方法。

死了的人又怎么办呢？请一班和尚来，念几卷经，便可以超度死者了。念经自然也是"名教"的重要方法。符是文字，经是文字，都有不可思议的神力。

死了人，要"点主"。把神主牌写好，把那"主"字上头的一点空着，请一位乡绅来点主。把一只雄鸡头上的鸡冠切破，那位赵乡绅把朱笔蘸饱了鸡冠血，点上"主"字。从此死者灵魂遂凭依在神主牌上了。

吊丧须用挽联，贺婚贺寿须用贺联；讲究的送幛子，更讲究的送祭文寿序。都是文字，都是"名教"的一部分。

豆腐店的老板梦想发大财，也有法子。请村口王老师写副门联："生意兴隆通四海，财源茂盛达三江。"这也可以过发财的瘾了。

赵乡绅也有他的梦想，所以他也写副门联："总集福荫，备致嘉祥。"

王老师虽是不通，虽是下流，但他也得写一副门联："文章华国，忠孝传家。"

豆腐店老板心里还不很满足，又去请王老师替他写一个大红春帖："对我生财"，贴在对面墙上，于是他的宝号就发财的样子十足了。

王老师去年的家运不大好，所以他今年元旦起来，拜了天地，洗净手，拿起笔来，写个红帖子，"戊辰发笔，添丁进财"。他今年一定时运大来了。

父母祖先的名字是要避讳的。古时候，父名晋，儿子不得应进士考试。现在宽得多了，但避讳的风俗还存在一般社会里。皇帝的名字现在不避讳了。但孙中山死后，"中山"尽管可用作学校地方或货品的名称，"孙文"便很少人用了；忠实同志都应该称他为"先总理"。

南京有一个大学，为了改校名，闹了好几次大风潮，有一次竟把校名牌子抬了送到大学院去。

孙中山先生 | 摄于 1922 年

北京下来之后，名教的信徒又大忙了。北京已改作"北平"了；今天又有人提议改南京作"中京"了。还有人郑重提议"故宫博物院"应该改作"废宫博物院"。将来这样大改革的事业正多呢。

前不多时，南京的《京报附刊》[1]的画报上有一张照片，标题是"军事委员会政治训练部宣传处艺术科写标语之忙碌"。图上是五六个中山装的青年忙着写标语；桌上、椅背上、地板上、满铺着写好了的标语，有大字、有小字、有长句、有短句。

这不过是"写"的一部分工作；还有拟标语的，有讨论审定标语的，还有贴标语的。

五月初济南事件发生以后，我时时往来淞沪铁路上，每一次四十分钟的旅行所见的标语总在一千张以上；出标语的机关至少总在七八十个以上。有写着"枪毙田中义一"的，有写着"活埋田中义一"的，有写着"杀尽倭贼"而把"倭贼"两字倒转来写，如报纸上寻人广告倒写的"人"字一样。"人"字倒写，人就会回来了："倭贼"倒写，倭贼也就算打倒了。

现在我们中国已成了口号标语的世界。有人说，这是从苏俄学来的法子。这是很冤枉的。我前年在莫斯科住了三天，就没有看见墙上有一张标语。标语是道地的国货，是"名教"国家的祖传法宝。

试问墙上贴一张"打倒帝国主义"，同墙上贴一张"对我生财"或"抬头见喜"，有什么分别？是不是一个师父传授的衣钵？

试问墙上贴一张"活埋田中义一"，同小孩子贴一张"雷打王阿毛"，有什么分别？是不是一个师父传授的法宝？

试问"打倒唐生智"、"打倒汪精卫"，同王阿毛贴的"阿

1　《京报附刊》：指《京报》附刊《画图周刊》。

发癞病打死", 有什么分别? 王阿毛尽够做老师了, 何须远学莫斯科呢?

自然, 在党国领袖的心目中, 口号标语是一种宣传的方法, 政治的武器。但在中小学生的心里, 在第九十九师十五连第三排的政治部人员的心里, 口号标语便不过是一种出气泄愤的法子罢了。如果"打倒帝国主义"是标语, 那么, 第十区的第七小学为什么不可贴"杀尽倭贼"的标语呢? 如果"打倒汪精卫"是正当的标语, 那么"活埋田中义一"为什么不是正当的标语呢?

如果多贴几张"打倒汪精卫"可以有效果, 那么, 你何以见得多贴几张"活埋田中义一"不会使田中义一打个寒噤呢?

故从历史考据的眼光看来, 口号标语正是"名教"的正传嫡派。因为在绝大多数人的心里, 墙上贴一张"国民政府是为全民谋幸福的政府"正等于门上写一条"姜太公在此", 有灵则两者都应该有灵, 无效则两者同为废纸而已。

我们试问, 为什么豆腐店的张老板要在对门墙上贴一张"对我生财"? 岂不是因为他天天对着那张纸可以过一点发财的瘾吗? 为什么他元旦开门时嘴里要念"元宝滚进来"? 岂不是因为他念这句话时心里感觉舒服吗?

要不然, 只有另一个说法, 只可说是盲从习俗, 毫无意义。张老板的祖宗传下来每年都贴一张"对我生财", 况且隔壁剃头店门口也贴了一张, 所以他不能不照办。

现在大多数喊口号、贴标语的, 也不外这两种理由: 一是心理上的过瘾, 一是无意义的盲从。

少年人抱着一腔热沸的血, 无处发泄, 只好在墙上大书"打倒卖国贼", 或"打倒日本帝国主义"。写完之后, 那二尺见方的大字，那颜鲁公的书法，个个挺出来，好生威武，他自己看着，血也不沸了，气也稍稍平了，心里觉得舒服得多，可以坦然回去休息了。于是他的一腔义愤，不曾收敛回去，在他的行为上与人格上发生有益的影响，却轻轻地发泄在墙头的标语上面了。

这样的发泄感情，比什么都容易，既痛快，又有面子，谁不爱做呢？一回生，二回熟，便成了惯例了，于是"五一"、"五三"、"五四"、"五七"、"五九"、"六三"……都照样做去：放一天假，开个纪念会，贴无数标语，喊几句口号，就算做了纪念了！

于是月月有纪念，周周做纪念周，墙上处处是标语，人人嘴上有的是口号。于是老祖宗几千年相传的"名教"之道遂大行于今日，而中国遂成了一个"名教"的国家。

我们试进一步，试问，为什么贴一张"雷打王阿毛"或"枪毙田中义一"可以发泄我们的感情，可以出气泄愤呢？

这一问便问到"名教"的哲学上去了。这里面的奥妙无穷，我们现在只能指出几个有趣味的要点。

第一，我们的古代老祖宗深信"名"就是魂，我们至今不知不觉地还逃不了这种古老迷信的影响。"名就是魂"的迷信是世界人类在幼稚时代同有的。埃及人的第八魂就是"名魂"。我们中国古今都有此迷信。《封神演义》上有个张桂芳能够"呼名落马"；他只叫一声"黄飞虎还不下马，更待何时！"黄飞虎就滚下五色神牛了。不幸张桂芳遇见了哪吒，喊来喊去，哪吒立在风火轮上不滚下来，因为哪吒是莲花化身，没有魂的。《西游记》上有个银角大王，他用一个红葫芦，叫一声"孙行者"，孙行者答应一声，就被装进去了。后来孙行者逃出来，又来挑战，改名叫"行者孙"，答应了一声，也就被装了进去！因为有名就有魂了。民间"叫魂"，只是叫名字，因为叫名字就是叫魂了。因为如此，所以小孩在墙上写"鬼捉王阿毛"，便相信鬼真能把阿毛的魂捉去。党部中人制定"打倒汪精卫"的标语，虽未必相信"千夫所指，无病自死"；但那位贴"枪毙田中"的小学生却难保不知不觉地相信他有咒死田中的功用。

第二，我们的古代老祖宗深信"名"（文字）有不可思议的神力，我们也免不了这种迷信的影响。这也是幼稚民族的普通迷信，高等民族也往往不能免除。《西游记》上如来佛写了"唵嘛呢叭咪吽"六个字，便把孙猴子压住了一千年。观音菩萨念一个"唵"字咒语，便有诸神来见。他在孙行者手心写一个"唵"字，就可以引红孩儿去受擒。小说上的神仙妖道作法，总得"口中念念有词"。一切符咒，都是有神力的文字。现在有许多人似乎真相信多贴几张"打倒军阀"的标语便可以打倒张作霖了。他们若不信这种神力，何以不到前线去打仗，却到吴淞镇的公共厕所墙上张贴"打倒张作霖"的标语呢？

第三，我们的古代圣贤也曾提倡一种"理智化"了的"名"的迷信，几千年来深入人心，也是造成"名教"的一种大势力。卫君要请孔子去治国，孔老先生却先要"正名"。他恨极了当时的乱臣贼子，却又"手无斧柯，奈龟山何！"所以他只好做一部《春秋》来褒贬他们："一字之贬，严于斧钺；一字之褒，荣于华衮。"这种思想便是古代所谓"名分"的观念。尹文子说：

善名命善，恶名命恶。故善有善名，恶有恶名。……今

孙行者大战银角大王

亲贤而疏不肖，赏善而罚恶。贤不肖，善恶之名宜在彼；亲疏赏罚之称宜属我。……"名"宜属彼，"分"宜属我。我爱白而憎黑，韵商而舍徵，好膻而恶焦，嗜甘而逆苦。白黑商徵，膻焦甘苦，彼之"名"也；爱憎韵舍，好恶嗜逆，我之"分"也。定此名分，则万事不乱也。

　　"名"是表物性的，"分"是表我的态度的。善名便引起我爱敬的态度，恶名便引起我厌恨的态度。这叫作"名分"的哲学。"名教"、"礼教"便建筑在这种哲学的基础之上。一块石头，变作了贞节牌坊，便可以引无数青年妇女牺牲她们的青春与生命去博礼教先生的一篇铭赞，或志书"列女"门里的一个名字。"贞节"是"名"，羡慕而情愿牺牲，便是"分"。女子的脚裹小了，男子赞为"美"，诗人说是"三寸金莲"，于是几万万的妇女便拼命裹小脚了。"美"与"金莲"是"名"，羡慕而情愿吃苦牺牲，便是"分"。现在人说小脚"不美"，又"不人道"，"名"变了，"分"也变了，于是小脚的女子也得塞棉花，充天脚了。——现在的许多标语，大都有个褒贬的用意；宣传便是宣传这褒贬的用意。说某人是"忠实同志"，便是教人"拥护"他。说某人是"军阀"、"土豪劣绅"、"反动"、"反革命"、"老朽昏庸"，便是教人"打倒"他。故"忠实同志"、"总理信徒"的名，要引起"拥护"的分。"反动分子"的名，要引起"打倒"的分。故今日墙上的无数"打倒"与"拥护"，其实都是要寓褒贬，定名分。不幸标语用的太滥了，今天要打倒的，明天却又在拥护之列了；今天的忠实同志，明天又变为反革命了。于是打倒不足为辱，而反革命有人竟以为荣。于是"名教"失其作用，只成为墙上的符箓而已。

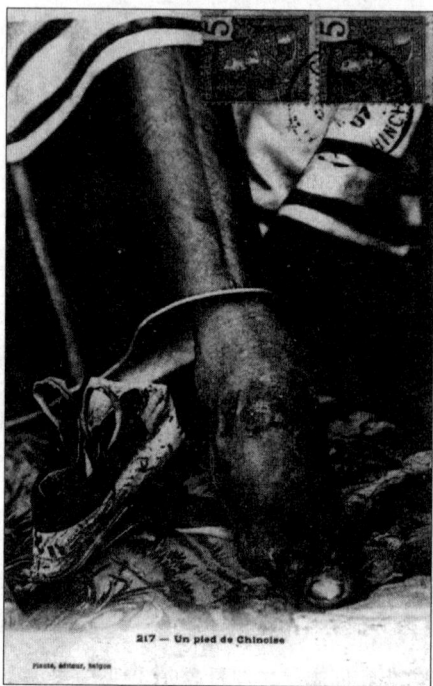

217 — Un pied de Chinoise

三寸金莲

本图是法国人出品的一张老明信片，表现的是中国旧时女人的小脚，小脚旁边的是小脚鞋。

两千年前，有个九十岁的老头子对汉武帝说："为治不在多言，顾力行何如耳。"

两千年后，我们也要对现在的治国者说：

治国不在口号标语，顾力行何如耳。

一千多年前，有个庞居士，临死时留下两句名言：

但愿空诸所有。

慎勿实诸所无。

"实诸所无"，如"鬼"本是没有的，不幸古代的浑人造出"鬼"名，更造出"无常鬼"、"大头鬼"、"吊死鬼"等等名，于是人的心里便像煞真有鬼了。我们对于现在的治国者，也想说：

但愿实诸所有。

慎勿实诸所无。

末了，我们也学时髦，编两句口号：

打倒名教！

名教扫地，中国有望！

十七、七、二。

（原载于1928年7月10日《新月》第1卷第5号）

漫游的感想

一、东西文化的界线

我离了北京，不上几天，到了哈尔滨。在此地我得了一个绝大的发现：我发现了东西文明的交界点。

哈尔滨本是俄国在远东侵略的一个重要中心。当初俄国人经营哈尔滨的时候，早就预备要把此地辟做一个二百万居民的大城，所以一切文明设备，应有尽有；几十年来，哈尔滨就成了北中国的上海。这是哈尔滨的租界，本地人叫作"道里"，现在租界收回，改为特别区。

租界的影响，在几十年中，使附近的一个村庄逐渐发展，也变成了一个繁盛的大城。这是"道外"。

"道里"现在收归中国管理了。但俄国人的势力还是很大的，向来租界时代的许多习惯至今还保存着。其中的一种遗风就是不准用人力车（东洋车）。"道外"的街道上都是人力车。一到了"道里"，只见电车与汽车，不见一部人力车。"道外"的东洋车可以拉到"道里"，但不准再拉客，只可拉空车回去。

我到了哈尔滨，看了"道里"与"道外"的区别，忍不住叹口气，自己想道：这不是东方文明与西方文明的交界点吗？东西洋文明的界线只是人力车文明与摩托车文明的界线——这是我的一大发现。

晚清的人力车

人力车又叫作东洋车，这真是确切不移。请看世界之上，人力车所至之地，北起哈尔滨，西至四川，南至南洋，东至日本，这不是东方文明的区域吗？

人力车代表的文明就是那用人做牛马的文明。摩托车代表的文明就是用人的心思才智制作出机械来代替人力的文明。把人做牛马看待，无论如何，够不上叫作精神文明。用人的智慧造作出机械来，减少人类的苦痛，便利人类的交通，增加人类的幸福——这种文明却含有不少的理想主义，含有不少的精神文明的可能性。

我们坐在人力车上，眼看那些圆颅方趾的同胞努起筋肉，弯着背脊梁，流着血汗，替我们做牛做马，拖我们行远登高，为的是要挣几十个铜子去活命养家——我们当此时候，不能不感谢那发明蒸汽机的大圣人，不能不感谢那发明电力的大圣人，不能不祝福那制作汽船汽车的大圣人：感谢他们的心思才智节省了人类多少精力，减除了人类多少苦痛！你们嫌我用"圣人"一个字吗？孔夫子不说过吗？"制而用之谓之器。利用出入，民咸用之，谓之神。"孔老先生还嫌"圣"字不够，他简直要尊他们为"神"呢！

二、摩托车的文明

去年8月17日的《伦敦晚报》（*Evening Standard*）有下列的统计：

> 全世界的摩托车共二千四百五十九万辆。
>
> 全世界人口平均每七十一人有一辆摩托车。
>
> 美国每六人有车一辆。

加拿大与纽西兰每十二人有车一辆。

澳洲每二十人有车一辆。

今年1月16日纽约的《国民周报》（*The Nation*）有下列的统计：

全世界摩托车二千七百五十万

美国摩托车二千二百三十三万

美国摩托车数占全世界百分之八十一。

美国人口平均每五人有车一辆。

去年（1926）美国造的摩托车凡四百五十万辆，出口五十万辆。

美国的路上，无论是大城里或乡间，都是不断的汽车。《纽约时报》上曾说一个故事：有一个北方人驾着摩托车走过迈阿密（Miami）的一条大道，他开的速度是每点钟三十五英里。后面一个驾着两轮摩托车的警察赶上来问他为什么挡住大路。他说："我开的已是三十五里了。"警察喝道："开六十里！"

今年3月里我到费城（Philadelphia）演讲，一个朋友请我到乡间Haverford去住一天。我和他同车往乡间去，到了一处，只见那边停着一二百辆摩托车。我说："这里开汽车赛会吗？"他用手指道："那边不在造房子吗？这些都是木匠泥水匠坐来做工的汽车。"

这真是一个摩托车的国家！木匠泥水匠坐了汽车去做工，大学教员自己开着汽车去上课，乡间儿童上学都有公共汽车接送，农家出的鸡蛋牛乳每天都自己用汽车送上火车或直送进城。十字街头，向来总有一两家酒店的；近年酒禁实行了，十字街头往往建着汽油的小站。车多了，停车的空场遂成为都市建筑的一个大问题。此外还发生了许多连带的问题，很能使都市因此改观。例如我到丹佛城（Danver），看见墙上都没有街道的名字，我很诧异。后来才看见街名都用白漆写在马路两边的"行道"（Pavement or Side walk）的底下，为的是要使夜间汽车灯光容易照着。这一件事便可以看出摩托车在都市经营上的影响了。

摩托车文明的好处真是一言难尽。汽车公司近年通行"分月付款"的法子，使普通人家都可以购买汽车。据最近统计，去年一年之中美国人买的汽车有三分之二是分月付钱的。这种人家向来是不肯出远门的。如今有了汽车，旅行便利了，所以每日工作完毕之后，在家带了家中妻儿，自己开着汽车，到郊外去游玩；每星期日，可以全家到远地旅行游览。例如旧金山的金门公园，远在海滨，可以纵观太平洋上的水光岛色；每到星期日，四方男女来游的真是人山人海！这都是摩托车的恩赐。这种远游的便利可以增进健康，开拓眼界，增加知识——这都是我们在轿子文明与人力车文明底下想象不到的幸福。

最大的功效还在人的官能的训练。人的四肢五官都是要训练的；不练就不灵巧了，久不练就迟钝麻木了。中国乡间的老百姓，看见汽车来了，往往手足失措，不知道怎样回避；你尽着呜呜地压着号筒，他们只听不见；连街上的狗与鸡也只是懒洋洋地踱来摆去，不知避开。但是你若把这班老百姓请到上海来，请他们从先施公司走到永安公司去，他们便不能不用耳目手足了。走过大马路的人，真如《封神传》上的黄天化说的"须要眼观四处，耳听八方"。你若眼不明、耳不听、手足不灵动，必难免危险。这便是摩托车文明的训练。

美国的汽车大概都是各人自己驾驶的。往往一家中，父母子女都会开车。人工贵了，只有顶富的人家可以雇人开车。这种开车的训练真是"胜读十年书"！你开着汽车，两手各有职务，两脚也各有职务，眼要观四处，耳要听八方，还要手足眼耳一时并用，通力合作。你不但要会开车，还要会修车；随你是什么大学教授、诗人诗哲，到了半路车坏的时候，也不能不卷起袖管，替机器医病。什么书呆子、书蹩头、傻瓜，若受了这种训练，都不会四体不勤，五官不灵了。你们不常听见人说大学教授"心不在焉"的笑话吗？我这回新到美国，有些大学教授如孟录博士等请我坐他们自己开的车，我总觉得有点栗栗危惧，怕他们开到半路上忽然想起什么哲学问题或天文学问题来，那才危险呢！但是我经过几回之后，才觉得这些大学教授已受了摩托车文明的洗礼，把从前的"心不在焉"的呆气都赶跑了，坐在轮子前便一心在轮子上，手足也灵活了，耳目也聪明了！猗欤休哉！摩托车的教育！

三、一个劳工代表

有些自命"先知"的人常常说："美国的物质发展终有到头的一天；到了物质文明破产的时候，社会革命便起来了。"

我可以武断地说：美国是不会有社会革命的，因为美国天天在社会革命之中。这种革命是渐进的，天天有进步，故天天是革命。如所得税的实行，不过是十四年来的事，然而现在所得税已成了国家税收的一大宗，巨富的家私有纳税百分之五十以上的。这种"社会化"的现象随地都可以看见。美国近年的变化是资本集中而所有权分散在民众。一个公司可以有一万万的资本，而股票可由雇员与工人购买，故一万万元的资本就不妨有一万人的股東。近年移民进口的限制加严，贱工绝迹，故国内工资天天增长；工人收入既丰，多有积蓄，往往购买股票，逐渐成为小资本家。不但白人如此，黑人的生活也逐渐抬高。纽约城的哈伦区，向为白人居住的，十年之中土地房屋全被发财的黑人买去了，遂成了一片五十万人的黑人区域。人人都可以做有产阶级。

我且说一件故事。

我在纽约时，有一次被邀去参加一个"两周讨论会"（Fortnightly Forum）。这一次讨论的题目是"我们这个时代应该叫什么时代？"18世纪是"理智时代"，19世纪是"民治时代"，这个时期应该叫什么？究竟是好是坏？

依这个讨论会规矩，这一次请了六位客人做辩论员：一个是俄国克伦斯基革命政府的交通总长；一个是印度人；一个是我；一个是有名的"效率工程师"（Efficiency Engineer），是一位老女士；一个是纽约有名的牧师Holmes；一个是工会代表。

有些人的话是可以预料的。那位印度人一定痛骂这个物质文明时代；那位俄国交通总长一定痛骂鲍尔雪维克[1]；那位牧师一定是很悲观的；我一定是很乐观的；那位女效率专家一定鼓吹她的效率主义。一言表过不提。

单说那位劳工代表Frahne先生。他站起来演说了。他穿着晚餐礼服，挺着雪白的硬衬衫，头发苍白了。他站起来，一手向里面衣袋里抽出一卷打字的演说稿，一手向外面袋里摸出眼镜盒，取出眼镜戴上。他高声演说了。

他一开口便使我诧异。他说：我们这个时代可以说是人类有

1　鲍尔雪维克：布尔什维克。

历史以来最好的最伟大的时代，最可惊叹的时代。

这是他的主文。以下他一条一条地举例来证明这个主旨。他先说科学的进步，尤其注重医学的发明；次说工业的进步；次说美术的新贡献，特别注重近年的新音乐与新建筑。最后他叙述社会的进步，列举资本制裁的成绩、劳工待遇的改善、教育的普及、幸福的增加。他在十二分钟之内描写世界人类各方面的大进步，证明这个时代是人类有史以来最好的时代。

我听了他的演说，忍不住对自己说道：这才是真正的社会革命。社会革命的目的就是要做到向来被压迫的社会分子能站在大庭广众之中，歌颂他的时代为人类有史以来最好的时代。

四、往西去

我在莫斯科住了三天，见着一些中国共产党的朋友，他们很劝我在俄国多考察一些时。我因为要赶到英国去开会，所以不能久留。那时冯玉祥将军在莫斯科郊外避暑，我听说他很崇拜苏俄，常常绘画列宁的肖像。我对他的秘书刘伯坚诸君说：我很盼望冯先生从俄国向西去看看。即使不能看美国，至少也应该看看德国。

我的老朋友李大钊先生在他被捕之前一两月曾对北京的朋友说："我们应该写信给适之，劝他仍旧从俄国回来，不要让他往西去打美国回来。"但他说这话时，我早已到了美国了。

我希望冯玉祥先生带了他的朋友，往西去看看德国美国；李大钊先生却希望我不要往西去。要明白此中的意义，且听我再说一件有趣味的故事。

我在日本时，同了马伯援先生去访问日本最有名的经济学家福田德三博士。我说："福田先生，听说先生新近到欧洲游历回

冯玉祥将军

来之后，先生的思想主张颇有改变，这话可靠吗？"

他说："没有什么大的改变。"

我问："改变的大致是什么？"

他说："从前我主张社会政策；这次从欧洲回来之后，我不主张这种妥协的缓和的社会政策了。我现在以为这其间只有两条路：不是纯粹的马克思派社会主义，就是纯粹的资本主义。没有第三条路。"

我说："可惜先生到了欧洲不曾走得远点，索性到美国去看看，也许可以看见第三条路，也未可知。"

福田博士摇头说："美国我不敢去，我怕到了美国会把我的学说完全推翻了。"

我说："先生这话使我颇失望。学者似乎应该尊重事实。若事实可以推翻学说，那么，我们似乎应该抛弃那学说，另寻更满意的假设。"

福田博士摇头说："我不敢到美国去。我今年五十五了，等到我六十岁时，我的思想定了，不会改变了，那时候我要往美国看看去。"

这一次的谈话给了我一个绝大的刺激。世间的大问题决不是一两个抽象名词（如"资本主义"、"共产主义"等等）所能完全包括的。最要紧的是事实。现今许多朋友却只高谈主义，不肯看看事实。孙中山先生曾引外国俗语说"社会主义有五十七种，不知那一种是真的"。岂但社会主义有五十七种？资本主义还不止五百七十种呢！拿一个"赤"字抹杀新运动，那是张作霖吴佩孚的把戏。然而拿一个"资本主义"来抹杀一切现代国家，这种眼光究竟比张作霖吴佩孚高明多少？

朋友们，不要笑那位日本学者。他还知道美国有些事实足以动摇他的学说，所以他不敢去。我们之中却有许多人决不承认世上会有事实足以动摇我们的迷信的。

五、东方人的"精神生活"

我到纽约后的第十天——1月21日——《纽约时报》上登出一条很有趣味的新闻：

昨天下午1点钟，纽吉赛邦的恩格儿坞（Englewood, N. J.）的山郎先生住宅面前，围了许多男男女女、小孩子、小狗，等着要看一位埃及道人（Fakir）名叫哈密（Hamid Bey）的被活埋的奇事。

哈密道人站在那掘好的坟坑旁边；微微的雨点洒在他的飘飘的长袍上。他身边站着两个同道的助手。

人越来越多了。到了1点1分的时候，哈密道人忽然倒在地下，不省人事了。两个请来的医生同了三个报馆访员动手把他的耳朵、鼻子、嘴，都用棉花塞好。随后便有人来把哈密道人抬下坟坑，放在坟里的内穴里。他脸上撒了一薄层的沙。内穴上面用木板盖好。

内穴上面还有三尺深的空坑，他们也用泥土填满了。填满了后，活埋的工作算完了。

到场的许多人都走进山郎先生的家里去吃茶点。山郎夫人未嫁之前就是那位绰号"千眼姑娘"的李麻小姐。她在那边招待来宾，大家谈着"人生无涯"一类的问题，静候那活埋道人的复活。

一点钟过去了。……一点半过去了。……两点钟过去了。

到了下午4点，三个爱耳兰的工人动手把坟掘开。三个黑种工人站在旁边陪着——也许是给那三个白种同伴镇压邪鬼罢。

4点钟敲过不久，哈密道人扶起来了。扶到了空气里，他便颤动了，渐渐活过来了。他低低地喊了一声"胡帝尼"，微微一笑，他回生了。

他未埋之先，医生验过他的脉跳是七十二，呼吸是十八。复活之后，脉跳与呼吸仍是七十二与十八。他在坑里足足埋了两点五十二分。

这回的安排布置全是勒乌公司（Loew's）的杜纳先生办理的。杜纳先生说，本想同这位埃及道人订一个"杂耍戏"的契约，不过还得考虑一会，因为看戏的人等不得三个钟头就都会跑光了。

哈密道人却很得意，他说他还可以活埋三天咧。

美国是个有钱的地方，世界各国的奇奇怪怪的宗教捐客都赶到这里来招揽信徒，炫卖花样。前一年，有个埃及道人名叫拉曼（Rahman）的，自称能收敛心神，停止呼吸。他当大众试验，闭在铁棺内，沉在赫贞河里，过一点钟之久。当时美国有大幻术家胡帝尼（Harry Houdini）研究此事，说这不是停止呼吸，乃是一种"浅呼吸"，是可以操练出来的。胡帝尼自己练习，到了去年夏间，他也公开试验：睡在铁棺里，叫人沉在纽约谢尔敦大旅馆的水池里，过了一点半钟，方才捞起来。开棺之后，依然复生，不过脉跳增加至一百四十二跳而已。胡帝尼的成绩比拉曼加长半点钟，颇能使人明白这种把戏不过是一种技术上的训练，并没有

胡帝尼是美国魔术大师、作家。他经常公开揭露那些欺骗公众的巫师。图为胡帝尼在1925年用表演现身说法。

胡帝尼

什么精神作用。

胡帝尼死后，这班东方道人还不服气，所以有今年1月20日哈密道人的公开试验。哈密的成绩又比胡帝尼加长了八十二分钟，应该够得上和勒乌公司订六个月的"杂耍戏"的契约了，然而杜纳先生又嫌活埋三点钟太干燥无味了，怕不能号召看戏的群众！可惜，可惜！大概哈密先生和他的道友们后来仍旧回到东方去继续他们的"内心生活"了罢。

胡帝尼试验的精神是很可佩服的。其实即使这班东方道人真能活三点钟以至三天，完全停止呼吸，这又算得什么精神生活？这里面哪有什么"精神的分子"？泥里的蚯蚓，以至一切冬天蛰伏的爬虫，不是都能这样吗？

六、麻将

前几年，麻将牌忽然行到海外，成为出口货的一宗。欧洲与美洲的社会里，很有许多人学打麻将的；后来日本也传染到了。有一个时期，麻将竟成了西洋社会里最时髦的一种游戏：俱乐部里差不多桌桌都是麻将；书店里出了许多种研究麻将的小册子，中国留学生没有钱的可以靠教麻将吃饭挣钱。欧美人竟发了麻将狂热了。

谁也梦想不到东方文明征服西洋的先锋队却是那一百三十六个麻将军！

这回我从西伯里亚到欧洲，从欧洲到美洲，从美洲到日本，十个月之中，只有一次在日本京都的一个俱乐部里看见有人打麻将牌。在欧美简直看不见麻将了。我曾问过欧洲和美国的朋友，他们说，"妇女俱乐部里，偶然还可以看见一桌两桌打麻将的，但那是很少的事了。"我在美国人家里，也常看见麻将牌的盒子——雕刻装潢很精致的——陈列在室内，有时一家竟有两三副的。但从不见主人主妇谈起麻将；他们从不向我这位麻将国的代表请教此中的玄妙！麻将在西洋已成了架上的古玩了；麻将的狂势已退凉了。

我问一个美国朋友，为什么麻将的狂势过去得这么快？他说："女太太们喜欢麻将，男子们却都反对，终于是男子们战胜了。"

这是我们意想得到的。西洋的勤劳奋斗的民族决不会做麻将的信徒，决不会受麻将的征服。麻将只是我们这些好闲爱荡、不爱惜光阴的"精神文明"的中华民族的专利品。

当明朝晚年，民间盛行一种纸牌，名为"马吊"。马吊只有四十张牌，有一文至九文，一千至九千，一万至九万等，等于麻将牌的筒子，索子，万子。还有一张"零"，即是"白板"的祖宗。还有一张"千万"，既是徽州纸牌的"千万"。马吊牌上每张上画有《水浒传》的人物。徽州纸牌上的"王英"即是矮脚虎王英的遗迹。乾隆、嘉庆间人汪师韩的全集里收有几种名人的马吊牌。（在《丛睦汪氏丛书》内。）

马吊在当日风行一时，士大夫整日整夜的打马吊，把正事都荒废了。所以明亡之后，吴梅村作《绥寇纪略》说，明之亡是亡于马吊。

三百年来，四十张的马吊逐渐演变，变成每样五张的纸牌，近七八十年中又变为每样四张的麻将牌。（马吊三人对一人，故名"马吊脚"，省称"马吊"；"麻将"为"麻雀"的音变，"麻雀"为"马脚"的音变。）越变越繁复巧妙了，所以更能迷惑人心，使国中的男男女女，无论富贵贫贱，不分日夜寒暑，把精力和光阴葬送在这一百三十六张牌上。

英国的"国戏"是Cricket,美国的"国戏"是Baseball,日本的"国戏"是角抵,中国呢?中国的"国戏"是麻将。

麻将平均每四圈费时约两点钟。少说一点,全国每日只有一百万桌麻将,每桌只打八圈,就得费四百万点钟,就是损失十六万七千日的光阴,金钱的输赢,精力的消磨,都还在外。

我们走遍世界,可曾看见哪一个长进的民族,文明的国家,肯这样荒时废业的吗?一个留学日本的朋友对我说:"日本人的勤苦真不可及!到了晚上,登高一望,家家板屋里都是灯光;灯光之下,不是少年人跳着读书,便是老人跪着翻书,或是老妇人跪着做活计。到了天明,满街上,满电车上都是上学去的儿童。单只这一点勤苦就可以征服我们了。"

其实何止日本?凡是长进的民族都是这样的。只有咱们这种不长进的民族以"闲"为幸福,以"消闲"为急务,男人以打麻将为消闲,女人以打麻将为家常,老太婆以打麻将为下半生的大事业!

从前革新家说中国有三害:鸦片、八股、小脚。鸦片虽然没禁绝,总算是犯法的了。虽然还有做"洋八股"与更时髦的"党八股"的,但八股的四书文是过去的了。小脚也差不多没有了。只有这第四害,麻将,还是日兴月盛,没有一点衰歇的样子,没有人说它是可以亡国的大害。新近麻将先生居然大摇大摆地跑到西洋去招摇一次,几乎做了鸦片与杨梅疮的还敬礼物。但如今它仍旧缩回来了,仍旧回来做东方精神文明的国家的国粹、国戏!

十,九,三十

(原载于1927年8月13日至9月17日《现代评论》第6卷第140、141、145期)

这是清末四个妓女的合影，她们最突出的共同特点是都裹了小脚。

四佳丽

后记

　　《漫游的感想》本不止这六条，我预备写四五十条，作成一本游记。但我当时正在赶写《白话文学史》，忙不过来，便把游记搁下来了。现在我把这六条保存在这里，因为游记专书大概是写不成的了。

十九，三，十，胡适

写在孔子诞辰纪念之后

我们家乡有句俗话说："做戏无法，出个菩萨。"编戏的人遇到了无法转变的情节，往往请出一个观音菩萨来解围救急。这两年来，中国人受了外患的刺激，颇有点手忙脚乱的情形，也就不免走上了"做戏无法，出个菩萨"的一条路。这本是人之常情。西洋文学批评史也有"deus ex machina"的话，译出来也可说，"解围无计，出个上帝"。本年五月里美国奇旱，报纸上也曾登出旱区妇女孩子跪着祈祷求雨的照片。这都是穷愁呼天的常情，其可怜可恕，和今年我们国内许多请张天师求雨或请班禅喇嘛消灾的人，是一样的。

这种心理，在一般愚夫愚妇的行为上表现出来，是可怜而可恕的；但在一个现代政府的政令上表现出来，是可怜而不可恕的。现代政府的责任在于充分运用现代科学的正确知识，消极的防患除弊，积极的兴利惠民。这都是一点一滴的工作，一尺一步的旅程，这里面绝对没有一条快捷方式可以偷度。然而我们观察近年我们当政的领袖，好像都不免有一种"做戏无法，出个菩萨"的心理，想寻求一条救国的快捷方式，想用最简易的方法做到一种复兴的灵迹。最近政府忽然手忙脚乱的恢复了纪念孔子诞辰的典礼，很匆遽地颁布了礼节的规定。八月二十七日，全国都奉命举行了这个孔诞纪念的大典。在每年许多个先烈纪念日之中加上一个孔子诞辰的纪念日，本来不值得我们诧异。然而政府中人说这是"倡导国民培养精神上之人格"的方法；舆论界的一位领袖也说，"有此一举，诚足以奋起国民之精神，恢复民族的自信"。难道世间真有这样简便的捷径吗？

我们当然赞成"培养精神上之人格"、"奋起国民之精神，恢复民族的自信"。但是古人也曾说过："礼乐所由起，百年积德而后可兴也。"国民的精神，民族的信心，也是这样的；他的颓废不是一朝一夕之故，他的复兴也不是虚文口号所能做到的。"洙水桥前，大成殿上，多士济济，肃穆趋跄"（用八月二十七日《大公报》社论中语）；四方城市里，政客军人也都率领着官吏士民，济济跄跄的行礼，堂堂皇皇的演说，——礼成祭毕，纷纷而散，假期是添了一日，口号是添了二十句，演讲词是多出了几篇，官吏学生是多跑了一趟，然在精神的人格与民族的自信上，究竟有丝毫的影响吗？

那一天《大公报》的社论曾有这样一段议论：

　　最近二十年，世变弥烈，人欲横流，功利思想如水趋壑，不特仁义之说为俗诽笑，即人禽之判亦几以不明，民族的自尊心与自信力既已荡然无存，不待外侮之来，国家固早已濒于精神幻灭之域。

如果这种诊断是对的，那么，我们的民族病不过起于"最近二十年"，这样浅的病根，应该是很容易医治的了。可惜我们平日敬重的这位天津同业先生未免错读历史了。《官场现形记》和《二十年目睹之怪现状》描写的社会政治情形，不是中国的实情吗？是不是我们得把病情移前三十年呢？《品花宝鉴》以至《金瓶梅》描写的也不是中国的社会政治吗？这样一来，又得挪上三五百年了。那些时代，孔子是年年祭的，《论语》、《孝经》、《大学》是村学儿童人人读的，还有士大夫讲理学的风气哩！究竟那每年"洙水桥前，大成殿上，多士济济，肃穆趋跄"，曾何补于当时的惨酷的社会、贪污的政治？

我们回想到我们三十年前在村学堂读书的时候，每年开学是要向孔夫子叩头礼拜的；每天放学，拿了先生批点过的习字，是要向中堂（不一定有孔子像）拜揖然后回家的。至今回想起来，那个时代的人情风尚也未见得比现在高多少。在许多方面，我们还可以确定的说："最近二十年"比那个拜孔夫子的时代高明的多多了。这二三十年中，我们废除了三千年的太监、一千年的小脚、六百年的八股、四五百年的男娼、五千年的酷刑，这都没有借重孔子的力量。八月廿七那一天汪精卫先生在中央党部演说，也指出"孔子没有反对纳妾，没有反对蓄奴婢；如今呢，纳妾蓄奴婢，虐待之固是罪恶，善待之亦是罪恶，根本纳妾蓄奴婢便是罪恶"。汪先生的解说是："仁是万古不易的，而仁的内容与条件是与时俱进的。"这样的解说毕竟不能抹煞历史的事实。事实是"最近"几年中，丝毫没有借重孔夫子，而我们的道德观念已进化到承认"根本纳妾蓄奴婢便是罪恶"了。

552. LAOKAY — Meurtrier chinois condamné au supplice de la
strangulation par la cangue à Mokèou près de Laokay

立笼示众

『立笼示众』在清末是一种比较轻的刑罚方式。

平心说来，"最近二十年"是中国进步最速的时代；无论在知识上，道德上，国民精神上，国民人格上，社会风俗上，政治组织上，民族自信力上，这二十年的进步都可以说是超越以前的任何时代。这时期中自然也有不少的怪现状的暴露，劣根性的表现，然而种种缺陷都不能减损这二十年的总进步的净赢余。这里不是我们专论这个大问题的地方。但我们可以指出这个总进步的几个大项目：

第一，帝制的推翻，而几千年托庇在专制帝王之下的城狐社鼠——一切妃嫔、太监、贵胄、吏胥、捐纳——都跟着倒了。

第二，教育的革新。浅见的人在今日还攻击新教育的失败，但他们若平心想想旧教育是些什么东西，有些什么东西，就可以明白这二三十年的新教育，无论在量上或质上都比三十年前进步至少千百倍了。在消极方面，因旧教育的推倒，八股骈文律诗等等谬制都逐渐跟着倒了；在积极方面，新教育虽然还肤浅，然而常识的增加，技能的增加，文字的改革，体育的进步，国家观念的比较普遍，这都是旧教育万不能做到的成绩。（汪精卫先生前天曾说："中国号称以孝治天下，而一开口便侮辱人的母亲，甚至祖宗妹子等。"试问今日受过小学教育的学生还有这种开口骂人妈妈妹子的国粹习惯吗？）

第三，家庭的变化。城市工商业与教育的发展使人口趋向都会，受影响最大的是旧式家庭的崩溃，家庭变小了，父母公婆与族长的专制威风减削了，儿女宣告独立了。在这变化的家庭中，妇女的地位的抬高与婚姻制度的改革是五千年来最重大的变化。

第四，社会风俗的改革。小脚，男娼，酷刑等等，我已屡次说过了。在积极方面，如女子的解放，如婚丧礼俗的新试验，如青年对于体育运动的热心，如新医学及公共卫生的逐渐推行，这都是古代圣哲所不曾梦见的大进步。

第五，政治组织的新试验。这是帝制推翻的积极方面的结果。二十多年的试验虽然还没有做到满意的效果，但在许多方面（如新式的司法，如警察，如军事，如胥吏政治之变为士人政治），都已明白地显出几千年来所未曾有的成绩。不过我们生在这个时代，往往为成见所蔽，不肯承认罢了。单就最近几年来颁行的新民法一项而论，其中含有无数超越古昔的优点，已可说是一个不流血的绝大社会革命了。

这些都是毫无可疑的历史事实，都是"最近二十年"中不曾借重孔夫子而居然做到的伟大的进步。革命的成功就是这些，维新的成绩也就是这些。可怜无数维新志士、革命仁人，他们出了大力，冒了大险，替国家民族在二三十年中做到了这样超越前圣、凌驾百王的大进步，到头来，被几句死书迷了眼睛，见了黑旋风不认得是李逵，反倒唉声叹气，发思古之幽情，痛惜今之不如古，梦想从那"荆棘丛生，檐角倾斜"的大成殿里抬出孔圣人来"卫我宗邦，保我族类"！这岂不是天下古今最可怪笑的愚笨吗？

文章写到这里，有人打岔道："喂，你别跑野马了。他们要的是'国民精神上之人格，民族的自信'。在这'最近二十年'里，这些项目也有进步吗？不借重孔夫子，行吗？"

什么是人格？人格只是已养成的行为习惯的总和。什么是信心？信心只是敢于肯定一个不可知的将来的勇气。在这个时代，新旧势力，中西思潮，四方八面的交攻，都自然会影响到我们这一辈人的行为习惯，所以我们很难指出某种人格是某一种势力单独造成的。但我们可以毫不迟疑地说：这二三十年中的领袖人才，正因为生活在一个新世界的新潮流里，他们的人格往往比旧时代的人物更伟大：思想更透辟，知识更丰富，气象更开阔，行为更豪放，人格更崇高。试把孙中山来比曾国藩，我们就可以明白这两个世界的代表人物的不同了。在古典文学的成就上，在世故的磨炼上，在小心谨慎的行为上，中山先生当然比不上曾文正。然而在见解的大胆、气象的雄伟、行为的勇敢上，那一位理学名臣就远不如这一位革命领袖了。照我这十几年来的观察，凡受这个新世界的新文化的震撼最大的人物，他们的人格都可以上比一切时代的圣贤，不但没有愧色，往往超越前人。老辈中，如高梦旦先生，如张元济先生，如蔡元培先生，如吴稚晖先生，如张伯苓先生；朋辈中，如周诒春先生，如李四光先生，如翁文灏先生，如姜蒋佐先生：他们的人格的崇高可爱敬，在中国古人中真寻不出相当的伦比。这种人格只有这个新时代才能产生，同时又都是能够给这个时代增加光耀的。

我们谈到古人的人格，往往想到岳飞、文天祥和晚明那些死在廷杖下或天牢里的东林忠臣。我们何不想想这二三十年中为了各种革命慷慨杀身的无数志士！那些年年有特别纪念日追悼的人们，我们姑且不论。我们试想想那些为排满革命而死的许多志士，那些为民十五六年的国民革命而死的无数青年，那些前两年中在上海在长城一带为抗日卫国而死的无数青年，那些为民十三以来的共产革命而死的无数青年——他们慷慨献身去经营的目标比起东林诸君子的目标来，其伟大真不可比例了。东林诸君子慷慨抗争的是"红

美語曰民國者民之國也為民而設由民而治者也

覺生先生正

孫文 [印]

孙中山先生墨宝

宋哲元将军誓言

丸"、"移宫"、"妖书"等等米米小的问题；而这无数的革命青年慷慨献身去工作的是全民族的解放，整个国家的自由平等，或他们所梦想的全人类社会的自由平等。我们想到了这二十年中为一个主义而从容杀身的无数青年，我们想起了这无数个"杀身成仁"的中国青年，我们不能不低下头来向他们致最深的敬礼；我们不能不颂赞这"最近二十年"是中国史上一个精神人格最崇高、民族自信心最坚强的时代。他们把他们的生命都献给了他们的国家和他们的主义，天下还有比这更大的信心吗？

凡是咒诅这个时代为"人欲横流，人禽无别"的人，都是不曾认识这个新时代的人：他们不认识这二十年中国的空前大进步，也不认识这二十年中整千整万的中国少年流的血究竟为的是什么。

可怜的没有信心的老革命党呵！你们要革命，现在革命做到了这二十年的空前大进步，你们反不认得它了。这二十年的一点进步不是孔夫子之赐，是大家努力革命的结果，是大家接受了一个新世界的新文明的结果。只有向前走是有希望的。开倒车是不会有成功的。

你们心眼里最不满意的现状——你们所咒诅的"人欲横流，人禽无别"——只是任何革命时代所不能避免的一点附产物而已。这种现状的存在，只够证明革命还没有成功，进步还不够。孔圣人是无法帮忙的；开倒车也决不能引你们回到那个本来不存在的"美德造成的黄金世界"的！养个孩子还免不了肚痛，何况改造一个国家，何况改造一个文化？别灰心了，向前走罢！

二十三，九，三，夜

（原载于1934年9月9日《独立评论》第117号）

"旧瓶不能装新酒"吗

近人爱用一句西洋古话"旧瓶不能装新酒"。我们稍稍想一想，就可以知道这句话一定是翻译错了，以讹传讹，闹成了一句大笑话。一个不识字的老妈子也会笑你："谁说旧瓶子装不了新酒？您府上装新酒的瓶子，哪一个不是老啤酒瓶子呢？您打哪儿听来的奇谈？"

这句话的英文是No man putteth the new wine into old bottles，译成了"没有人把新酒装在旧瓶子里"，好像一个字不错，其实是大错了。错在那个"瓶子"上，因为这句话是犹太人的古话，犹太人装酒是用山羊皮装的。这句古话出于《马可福音》第二章二十二节，全文是：

也没有人把新酒装在旧皮袋里，恐怕酒把皮袋裂开，酒和皮袋就都坏了。只有把新酒装在新皮袋里。

这是用1823年的官话译本。1804年的文言译本用"旧革囊"译Old bottles。皮袋用久了，禁不起新酒，往往要裂开。（此项装酒皮袋是用山羊皮做的，光的一面做里子。耶路撒冷人至今用这法子。）若用瓦瓶子、磁瓶子、玻璃瓶子，就不怕装新酒了。百年前翻译《新约》的人知道这个道理，所以不用"瓶"字，而用"旧皮袋"、"旧革囊"。今人不懂得犹太人的酒囊做法，见了bottles就胡乱翻做"瓶子"，所以闹出"旧瓶子不能装新酒"的傻话来了。

这番话不仅仅是做"酒瓶子"的考据，其中颇有一点道理值得我们想想。

能不能装新酒，要看是旧皮袋，还是旧瓷瓶。"旧瓶不能装新酒"是错的；可是"旧皮囊装不得新酒"是不错的。

昨天在《大公报》上看见我的朋友蒋廷黻先生的星期论文，题目是《新名词，旧事情》。他的大意是说：

> 总而言之，近代的日本是拿旧名词来干新政治，近代的中国是拿新名词来玩旧政治。日本托古以维新，我们则假新以复旧。其结果的优劣，早已为世人所共知共认。推其故，我们就知道这不是偶然的。第一，旧名词如同市场上的旧货牌，已得社会信仰。……所以善于经商者情愿换货不换牌子。第二，新名词的来源既多且杂……正如市上的杂牌伪牌太多了，顾客就不顾牌子了，所以新名词既无号召之力，又使社会纷乱。第三，意态是环境的产物。……环境不变而努力于新意态新名词的制造，所得成绩一定是皮毛。

他在这一篇里也提到"旧瓶装新酒"的西谚。他说:

> 日本人于名词不嫌其旧,于事业则求其新。他们维新的初步是尊王废藩。他们说这是复古。但是他们在这复古的标语之下建设了新民族国家。……日本政治家一把新酒搁在旧瓶子里,日本人只叹其味之美,所以得有事半功倍之效。

我想,蒋先生大概也不曾细考酒瓶子有种种的不同,日本人用的大概是瓦瓶子,瓶底子不容易沥干净,陈年老酒沥积久了,新酒装进去,也就占其余香,所以倒出来令人叹其味之美,鸦片烟鬼爱用老烟斗,吸淡巴菰的老瘾也爱用多年的老烟斗,都是同一道理。可是二三十年前,咱们中国人也曾提出不少"复古"的标语。"共和"比"尊王废藩"古得多了,据说是西历纪元前八百多年就实行过十四年有"共和";更推上去,还可以上溯尧舜的禅让。"维新"、"革命"也都有古经的根据。祭天、祀天、复辟,也都是道地的老牌子。孙中山先生也曾提出"王道"和忠孝仁爱等等老牌子。陈济棠先生和邹鲁先生在广东还正在提倡人人读《孝经》哩!奇怪的很,这些"老牌子"怎么也和"新名词"一样"无号召之力"呢?我想,大概咱们用来装新酒的,不是烧瓦,不是玻璃,只是古犹太人的"旧皮袋",所以恰恰应了犹太圣人说的"旧皮囊装不得新酒"的古话。

蒋先生说：

　　问题是这些新主义于我们这个旧社会合适不合适。

是的！这确是一个问题。
不过同时我们也可以对蒋先生说：

　　问题是那些老牌子于我们这个新社会合适不合适。

　　这也是一个真实的问题。因为，无论蒋先生如何抹杀新事情，眼前的中国已不是"旧社会"一个名词能包括的了。千不该，万不该，西洋鬼子打上门来，逼我们钻进这新世界，强迫我们划一个新时代。若说我们还不够新，那是无可讳的。若说这还是一个"旧社会"，还是应该要依靠"有些旧名词的号召力"，那就未免太抹杀事实了。

　　平心而论，近代的日本也并不是"拿旧名词来干新政治"。因为日本的皇室在那一千二百年之中全无实权，只有空名，所以"尊王"在当日不是旧名词。因为幕府专政藩阀割据已有了七百年之久，所发"覆幕废藩"在当日也不是旧名词。这都是新政治，不是旧名词。

　　我们今日需要的是新政治，即是合适于今日中国的需要的政治。我们要学人家"干新政治"，不必问他们用的是新的或旧的名词。

领袖人才的来源

北京大学教授孟森先生前天寄了一篇文字来，题目是《论士大夫》。他下的定义是：

> "士大夫"者，以自然人为国负责，行事有权，败事有罪，无神圣之保障，为诛殛所可加者也。

虽然孟先生说的"士大夫"，从狭义上说，好像是限于政治上负大责任的领袖；然而他又包括孟子说的"天民"一级不得位而有绝大影响的人物，所以我们可以说，若用现在的名词，孟先生文中所谓"士大夫"应该可以叫作"领袖人物"，省称为"领袖"。孟先生的文章是由他和我的一席谈话引出来的，我读了忍不住想引申他的意思，讨论这个领袖人才的问题。

孟先生此文的言外之意是叹息近世居领袖地位的人缺乏真领袖的人格风度，既抛弃了古代"士大夫"的风范，又不知道外国的"士大夫"的流风遗韵，所以成了一种不足表率人群的领袖。他发愿要搜集中国古来的士大夫人格可以做后人模范的，作一部"士大夫集传"；他又希望有人搜集外国士大夫的精华，作一部"外国模范人物集传"。这都是很应该做的工作，也许是很有效用的教育材料。我们知道《新约》里的几种耶稣传记影响了无数人的人格；我们知道布鲁达克（Plutarch）[1]的英雄传影响了后世许多的人物。欧洲的传记文学发达得最完备，历史上重要人物都有很详细的传记，往往有一篇传记长至几十万言的，也往往有一个人的传记多至几十种的。这种传记的翻译，倘使有审慎的选择和忠实明畅的译笔，应该可以使我们多知道一点西洋的领袖人物的嘉言懿行，间接地可以使我们对于西方民族的生活方式得一点具体的了解。

中国的传记文学太不发达了，所以中国的历史人物往往只靠一些干燥枯窘的碑版文字或史家列传流传下来；很少的传记材料是可信的，可读的已很少了；至于可歌可泣的传记，可说是绝对没有。我们对于古代大人物的认识，往往只全靠一些很零碎的轶事琐闻。然而我至今还记得我做小孩子时代读的朱子《小学》里面记载的几个可爱的人物，如汲黯、陶渊明之流。朱子记陶渊明，只记他做县令时送一个长工给他儿子，附去一封家信，说："此亦人子也，可善遇之。"这寥寥九个字的家书，印在脑了里，也颇有很深刻的效力，使我三十年来不敢轻用一句暴戾的辞气对待那帮我做事的人。这一个小小例子可以使我承认模范人物的传记，无论如何不

1　布鲁达克：普鲁塔克。

陶渊明像

详细，只须剪裁的得当，描写的生动，也未尝不可以做少年人的良好教育材料，也未尝不可介绍一点做人的风范。

但是传记文学的贫乏与忽略，都不够解释为什么近世中国的领袖人物这样稀少而又不高明。领袖的人才决不是光靠几本"士大夫集传"就能铸造成功的。"士大夫"的稀少，只是因为"士大夫"在古代社会里自成一个阶级，而这个阶级久已不存在了。

在南北朝的晚期，颜之推说：

> 吾观《礼经》，圣从之教，箕帚匕箸，咳唾唯诺，执烛沃盥，皆有节文，亦为至矣。但（《礼经》）既残缺非复全书，其有所不载，及世事变改者，学达君子自为节度，相承行之。故世号"士大夫风操"。而家门颇有不同，所见互称长短。然其阡陌亦自可知。
>
> （《颜氏家训·风操》第六）

在那个时代，虽然经过了魏晋旷达风气的解放，虽然经过了多少战祸的摧毁，"士大夫"的阶级还没有完全毁减，一些名门望族都竭力维持他们的门阀。帝王的威权，外族的压迫，终不能完全消减这门阀自卫的阶级观念。门阀的争存不全靠声势的煊赫、子孙的贵盛。他们所依靠的是那"士大夫风操"，即是那个士大夫阶级所用来律己律人的生活典型。即如颜氏一家，遭遇亡国之祸，流徙异地，然而颜之推所最关心的还是"整齐门内，提撕子孙"，所以他著作家训，留做他家子孙的典则。隋唐以后，门阀的自尊还能维持这"士大夫风操"至几百年之久。我们看唐朝柳氏和宋朝吕氏、司马氏的家训，还可以想见当日士大夫的风范的保存是全靠那种整齐严肃的士大夫阶级的教育的。

然而这士大夫阶级终于被科举制度和别种政治及经济的势力打破了。元明以后,三家村的小儿只消读几部刻板书,念几百篇科举时文,就可以有登科做官的机会;一朝得了科第,像《红鸾禧》戏文里的丐头女婿,自然有送钱投靠的人来拥戴他去走马上任。他从小学的是科举时文,从来没有梦见过什么古来门阀里的"士大夫风操"的教育与训练,我们如何能期望他居士大夫之位要维持"士大夫"的人品呢?

以上我说的话,并不是追悼那个士大夫阶级的崩坏,更不是希冀那种门阀训练的复活。我要指出的是一种历史事实。凡成为领袖人物的,固然必须有过人的天资做底子,可是他们的知识见地,做人的风度,总得靠他们的教育训练。一个时代有一个时代的"士大夫",一个国家有一个国家的范型式的领袖人物。他们的高下优劣,总都逃不出他们所受的教育训练的势力。某种范型的训育自然产生某种范型的领袖。

这种领袖人物的训育的来源,在古代差不多全靠特殊阶级(如中国古代的士大夫门阀,如日本的贵族门阀,如欧洲的贵族阶级及教会)的特殊训练。在近代的欧洲则差不多全靠那些训练领袖人才的大学。欧洲之有今日的灿烂文化差不多全是中古时代留下的几十个大学的功劳。近代文明有四个基本源头:一是文艺复兴,二是十六七世纪的新科学,三是宗教革新,四是工业革命。这四个大运动的领袖人物,没有一个不是大学的产儿。中古时代的大学诚然是幼稚得可怜,然而意大利有几个大学都有一千年的历史;巴黎、牛津、康桥都有八九百年的历史;欧洲的有名大学，多数是有几百年的历史的；最新的大学，如莫斯科大学也有一百八十多年了，柏林大学是一百二十岁了。有了这样长期的存在，才有积聚的图书设备，才有集中的人才，才有继长增高的学问，才有那使人依恋崇敬的"学风"。至于今日，西方国家的领袖人物，哪一个不是从大学出来的？即使偶有三五个例外，也没有一个不是直接间接受大学教育的深刻影响的。

在我们这个不幸的国家，一千年来，差不多没有一个训练领袖人才的机关。贵族门阀是崩坏了，又没有一个高等教育的书院是有持久性的，也没有一种教育是训练"有为有守"的人才的。五千年的古国，没有一个三十年的大学！八股试帖是不能造领袖人才的，做书院课卷是不能造领袖人才的，当日最高的教育——理学与经学考据——也是不能造领袖人才的。现在这些东西都快成了历史陈迹了，然而这些新起的"大学"，东抄西袭的课程，朝三暮四的学制，七零八落的设备，四成五成的经费，朝秦暮楚的校长，东家宿而西家餐的教员，十日一雨五日一风的学潮——也都还没有造就领袖人才的资格。

丁文江先生在《中国政治的出路》里曾指出"中国的军事教育比任何其他的教育都要落后"，所以多数的军人都"因为缺乏最低的近代知识和训练，不足以担任国家的艰巨"。其实他太恭维"任何其他的教育"了！茫茫的中国，何处是训练大政治家的所在？何处是养成执法不阿的伟大法官的所在？何处是训练财政经济专家学者的所在？何处是训练我们的思想大师或教育大师的所在？

领袖人物的资格在今日已不比古代的容易了。在古代还可以有刘邦、刘裕一流的枭雄出来平定天下，还可以像赵普那样的

丁文江先生 | 摄于 1929 年

丁文江（1887～1936），字在君，地质学家、社会运动家。1923 年他发表《玄学与科学》，与张君劢展开『科学与人生观』的论战，旨在否定『科学对人生哲学无所作为』的论点。

人妄想用"半部《论语》治天下"。在今日的中国，领袖人物必须具备充分的现代见识，必须有充分的现代训练，必须有足以引起多数人信仰的人格。这种资格的养成，在今日的社会，除了学校，别无他途。

我们到今日才感觉整顿教育的需要，真有点像"临渴掘井"了。然而治七年之病，终须努力求三年之艾。国家与民族的生命是千万年的。我们在今日如果真感觉到全国无领袖的苦痛，如果真感觉到"盲人骑瞎马"的危机，我们应当深刻地认清只有咬定牙根来彻底整顿教育，稳定教育，提高教育的一条狭路可走。如果这条路上的荆棘不扫除，虎狼不驱逐，奠基不稳固；如果我们还想让这条路去长久埋没在淤泥水潦之中——那么，我们这个国家也只好长久被一班无知识无操守的浑人领导到沉沦的无底地狱里去了。

新青年

易卜生號

要目

第四卷　第六號

上海　羣益書社　印行

《新青年》封面

四、新思想造就新文明

多研究些问题，少谈些"主义"

本报（《每周评论》）第28号里，我曾说过：

> 现在舆论界的大危险，就是偏向纸上的学说，不去实地考察中国今日的社会需要究竟是什么东西。那些提倡尊孔祀天的人，固然是不懂得现时社会的需要。那些迷信军国民主义或无政府主义的人，就可算是懂得现时社会的需要吗？

> 要知道舆论家第一天职，就是要细心考察社会的实在情形。一切学理，一切'主义'，都只是这种考察的工具。有了学理作参考材料，便可使我们容易懂得所考察的情形，容易明白某种情形有什么意义，应该用什么救济的方法。

我这种议论，有许多人一定不愿意听。但是前几天北京《公言报》、《新民国报》、《新民报》（皆安福部的报）和日本文的《新支那报》，都极力恭维安福部首领王揖唐主张民生主义的演说，并且恭维安福部设立"民生主义研究会"的办法。有许多人自然嘲笑这种假充时髦的行为。但是我看了这种消息，发生一种感想。这种感想是："安福部也来高谈民生主义了，这不是给我们这班新舆论家一种教训吗？"什么样的教训呢？这个可分三层说：

第一，空谈好听的"主义"，是极容易的事，是阿猫阿狗都能做的事，是鹦鹉和留声机器都能做的事。

第二，空谈外来进口的"主义"，是没有什么用处的。一切主义都是某时某地有心人，对于那时那地的社会需要的救济方法。我们不去实地研究我们现在的社会需要，单会高谈某某主义，好比医生单记得许多汤头歌诀，不去研究病人的症候，如何能有用呢？

第三，偏向纸上的"主义"，是很危险的。这种口头禅是很容易被无耻政客利用来做种种害人的事。欧洲政客和资本家利用国家主义的流毒，都是人所共知的。现在中国的政客又要利用某种某种主义来欺人了。罗兰夫人说，"自由！自由！天下多少罪恶都是借你的名做出的！"一切好听的主义，都有这种危险。

这三条合起来看，可以看出"主义"的性质。凡"主义"都是应时势而起的。某种社会到了某时代，受了某种的影响，呈现某种不满意的现状。于是有一些有心人观察这种现象，想出某种救济的法子。这是"主义"的源起。主义初起时，大都是一种救时的具体主张。后来这种主张传播出去，传播的人要图简便，便用一两个字来代表这种具体的主张，所以叫他作"某某主义"。主张成了主义，便由具体的计划，变成一个抽象的名词。"主义"的弱点和危险就在这里。因为世间没有一个抽象名词能把某人某派的具体主张都包括在里面。比如"社会主义"一个名词，马克思的社会主义和王揖唐的社会主义不同；你的社会主义和我的社会主义不同：决不是这一个抽象名词所能包括。你谈你的社会主义，我谈我的社会主义，王揖唐又谈他的社会主义，同用一个名词，中间也许隔开七八个世纪，也许隔开两三万里路，然而你和我和王揖唐都可自称社会主义家，都可用这一个抽象名词来骗人。这不是"主义"的大缺点和大危险吗？

我再举现在人人嘴里挂着的"过激主义"做一个例。现在中国有几个人知道这一个名词做何意义？但是大家都痛恨痛骂"过激主义"，内务部下令严防"过激主义"，曹锟也行文严禁"过激主义"，卢永祥也出示查禁"过激主义"。前两个月，北京有几个老官僚在酒席上叹气说，"不好了，过激派到了中国了。"前两天有一个小官僚看见我写的一把扇子，大诧异道，"这不是过激党胡适吗？"哈哈，这就是"主义"的用处！

我因为深觉得高谈主义的危险，所以我现在奉劝现在新舆论界的同志道："请你们多提出一些问题，少谈一些纸上的主义。"

更进一步说："请你们多多研究这个问题如何解决，那个问题如何解决，不要高谈这种主义如何新奇，那种主义如何奥妙。"

现在中国应该赶紧解决的问题真多得很。从人力车夫的生计问题到大总统的权限问题，从卖淫问题到卖官卖国问题，从解散安福部问题到加入国际联盟问题，从女子解放问题到男子解放问

民国之怪象 ｜ 磊公 ｜ 选自 1912 年的《真相画报》

题——哪一个不是火烧眉毛的紧急问题？

我们不去研究人力车夫的生计，却去高谈社会主义！不去研究女子如何解放，家庭制度如何救正，却去高谈公妻主义和自由恋爱！不去研究安福部如何解散，不去研究南北问题如何解决，却去高谈无政府主义！我们还要得意洋洋夸口道："我们所谈的是根本解决。"老实说罢，这是自欺欺人的梦话！这是中国思想界破产的铁证！这是中国社会改良的死刑宣告！

为什么谈主义的人那么多？为什么研究问题的人那么少呢？这都由于一个"懒"字。"懒"的定义是避难就易。研究问题是极困难的事，高谈主义是极容易的事。比如研究安福部如何解散，研究南北和议如何解决，这都是要费工夫，挖心血，收集材料，征求意见，考察情形，还要冒险吃苦，方才可以得一种解决的意见。又没有成例可援，又没有黄梨洲、柏拉图的话可引，又没有《大英百科全书》可查，全凭研究考察的工夫，这岂不是难事吗？高谈"无政府主义"便不同了。买一两本实社《自由录》，看一两本西文无政府主义的小册子，再翻一翻《大英百科全书》，便可以高谈无忌了！这岂不是极容易的事吗？

高谈主义，不研究问题的人，只是畏难求易，只是懒。

凡是有价值的思想，都是从这个那个具体的问题下手的。先研究了问题的种种方面的种种的事实，看看究竟病在何处，这是思想的第一步工夫。然后根据于一生的经验学问，提出种种解决的方法，提出种种医病的丹方，这是思想的第二步工夫。然后用一生的经验学问，加上想象的能力，推想每一种假定的解决法，该有什么样的效果，推想这种效果是否真能解决跟前这个困难问题。推想的结果，拣定一种假定的解决，认为我的主张，这是思想的第三步工夫。凡是有价值的主张，都是先经过这三步工夫来的。不如此，算不得舆论家，只可算是抄书手。

读者不要误会我的意思。我并不是劝人不研究一切学说和一切"主义"。学理是我们研究问题的一种工具。没有学理做工具，就如同王阳明对着竹子痴坐，妄想"格物"，那是做不到的事。种种学说和主义，我们都应该研究。有了许多学理做材料，见了具体的问题方才能寻出一个解决的方法。

但是我希望中国的舆论家，把一切"主义"摆在脑背后做参考资料，不要挂在嘴上做招牌，不要叫一知半解的人拾了这半生不熟的主义，去做口头禅。

"主义"大危险，就是能使人心满意足，自以为寻着了包医百病的"根本解决"，从此用不着费心力去研究这个那个具体问题的解决法了。

民国八年七月

（原载于1919年7月20日《每周评论》第31号）

三论问题与主义

　　我那篇《多研究些问题，少谈些"主义"》，承蓝知非、李守常两先生，做长篇的文章，同我讨论，把我的一点意思，发挥得更透彻明了，还有许多匡正的地方，我很感激他们两位。

　　蓝君和李君的意思，有很相同的一点：他们都说主义是一个"共同趋向的理想"（李君的话），是"多数人共同行动的标准，或是对于某种问题的进行趋向或态度"（蓝君的话）。这种界说，和我原文所说的话，并没有冲突。我说："主义初起时，大都是一种救时的具体主张。后来这种主张，传播出去，传播的人，要图简便，便用一两个字来代表这种具体的主张，所以叫他做某某主义。主张成了主义，便由具体的计划，变成一个抽象的名词。"我所说的是主义的历史，他们所说的是主义的现在的作用。试看一切主义的历史，从老子的无为主义，到现在的布尔札维克主义[1]，哪一个主义起初不是一种"救时的具体主张"？

　　蓝、李两君的误会，由于他们错解我所用的"具体"两个字。凡是可以指为这个或那个的，凡是关于个体的及特别的事物，都是具体的。譬如俄国新宪法，主张把私人所有的土地，森林、矿产、水力、银行，收归国有；把制造和运输等事，归工人自己管

1　布尔札维克主义：布尔什维克主义。

铁肩担道义

妙手著文章

守常 李大钊

李大钊同志手迹。

李大钊手迹

理；无论何人，必须工作；一切遗产制度，完全废止；一切秘密的国际条约，完全无效——这都是个体的政策，这都是这个那个政治或社会问题的解决法。——这都是"具体的主张"。现在世界各国，有一班"把耳朵当眼睛"的妄人，耳朵里听见一个"布尔札维克主义"的名词，或只是记得一个"过激主义"的名词，全不懂得这一个抽象名词所代表的是什么具体的主张，便大起恐慌，便出告示捉拿"过激党"，便硬把"过激党"三个字套在某人某人的头上。这种妄人，脑筋里的主义，便是我所攻击的"抽象名词"的主义。我所说的"主义的危险"，便是指这种危险。

蓝君的第二个大误会，是把我所用的"抽象"两个字解错了。我所攻击的"抽象的主义"，乃是指那些空空荡荡、没有具体的内容的全称名词。如现在官场所用的"过激主义"，便是一例；如现在许多盲目文人心里的"文学革命"大恐慌，便是二例。蓝君误会我的意思，把"抽象"两个字，解作"理想"，这便是大错了。理想不是抽象的，是想像的。譬如一个科学家，遇着一个困难的问题，他脑子里推想出几种解决方法，又把每种假设的解决所涵的结果，一一想像出来，这都是理想的。但这些理想的内容，都是一个个具体的想像，并不是抽象的。我那篇原文自始至终，不但不曾反对理想，并且极力恭维理想。我说：

> 凡是有价值的思想，都是从这个那个具体的问题下手的。先研究了问题的种种方面的种种事实，看看究竟病在何处，这是思想的第一步工夫。然后根据于一生的经验学问，提出种种解决的方法，提出种种医病的丹方，这是思想的第二步工夫。然后用一生的经验学问，加上想像的能力，推想

每一种假定的解决法，该有什么样的效果，推想这种效果，是否真能解决眼前这个困难问题。推想的结果，拣定一种假定的解决，认为我的主张，这是思想的第三步工夫。凡是有价值的主张，都是先经过这三步工夫来的。不如此，算不得舆论家，只可算是抄书手。

这不是极力恭维理想的作用吗？

但是我所说的理想的作用，乃是这一种根据于具体事实和学问的创造的想像力，并不是那些抄袭现成的抽象的口头禅的主义。我所攻击的，也是这种不根据事实的、不从研究问题下手的抄袭成文的主义。

蓝、李两君所辩护的主义，其实乃是些抽象名词所代表的种种具体的主张（这个分别，请两君及一切读者，不要忘记了）。如此所说的主义，我并不曾轻视。我屡次说过，"一切学理，一切主义，都只是我们研究问题的工具"。我又屡次说过，"有了学理做参考的材料，便可使我们容易懂得所考察的情形，看什么意义，应该用什么救济方法"。我这种议论，和李君所说的"应该使社会上多数人，先有一个共同趋向的理想主义，作他们实验自己生活上满意不满意的态度"，并没有什么冲突的地方。和蓝君所说的"我们要提出一种具体的方法来解决问题，必定先要鼓吹这问题的意义，以及理论上的根据，引起一般人的反省"，也没有什么冲突的地方。因为蓝、李两君这两段话，所含的意思，都是要用主义学理作解决问题的工具和参考材料，所以同我的意见相合。如果蓝、李两君认定主义学理的用处，不过是能供给"这问题"的意义，以及理论上的根据。——如果两君认定这观点，我决没有话可以驳回了。

但是蓝君把"抽象"和理想混作一事，故把我所反对的和我所恭维的，也混作一事。如他说"问题愈广，理想的分子亦愈多；问题愈狭，现实的色彩亦愈甚"。这是我所承认的。但是此处所谓"理想的分子"，乃是上文我所说的"推想"、"假设"、"想像"几步工夫，并不是说问题的本身是"抽象的"。凡是能成问题的问题，都是具体的，都只是这个问题或那个问题。决没有空空荡荡，不能指定这个那个的问题，而可以成为问题的。

蓝君说，"问题的范围愈大，那抽象性亦愈增加"。这里他把"抽象性"三字，代替上文的"理想的分子"五字，便容易使人误解了。试看他所举的例，如法国大革命所标的自由平等，如中国辛亥革命所标示的排满，都不是问题本身，都是具体问题的解决。为什么要排满呢？因为满清末年的种种具体的腐败情形，种种具体的民生痛苦，和政治黑暗，刺激一般有思想的志士，成了具体的问题，所以他们提出排满的目标，作为解决当时的问题的计划。这问题是具体的，这解决也是具体的。法国革命以前的情形，社会不平等，人民不自由，痛苦的刺激，引起一般学者的研究。一般学者的答案说：人类本生来自由平等的，一切不平等不自由，都只是不自然的政治社会的结果。故法国大革命所标示的自由平等，乃是对于法国当日情形的具体解决。法国大革命所要解决的问题，都是具体的。大革命所提出的自由平等，在我们眼里，自然很抽象了，在当日都是具体的主张，因为这些抽象名词，在当日所代表的政策，如废王室，废贵族制度，行民主政体，人人互称"同胞"——哪一件不是具体的主张？

所以我要说：蓝君说的"问题的范围愈大，那抽象性亦愈

专政王国时代的法兰西人们 | 法国 | 老漫画

增加"，是错了。他应该说，"问题的范围愈大，我们研究这种问题时所需要的思想作用格外繁难，格外复杂，思想的方法，应该格外小心，格外精密"。更进一步：他应该说，"问题的范围愈大，里面的具体小问题愈多。我们研究时，决不可单靠几个好听的抽象名词，就可敷衍过去；我们应该把那太大的范围缩小下来，把那复杂的分子分析出来，使他们都成一个一个的具体的简单问题，如此然后可以做研究的工夫"。

我且举几个例：譬如手指割破了，牙齿虫蛀了，这都是很简单的病，可以随手解决。假如你生了肠热症（Typhoid），病状一时不容易明了，因为里面的分子太复杂了。你的医生，必须用种种精密的试验方法，每时记载你的热度，每日画成曲线表，表示热度的升降，诊察你的脉，看你的舌苔，化验你的大小便，取出你的血来，化验血里的微菌——如此方才可以断定你的病是否肠热症。断定之后，方才可以用疗治的方法。一切大问题，一切复杂的问题，并不是"抽象性增加"；乃是里面所含的具体分子太多了，所以研究的时候，所需要的思想作用，也更复杂繁难了。补救这种繁难，没有别法子，只有用"分析"，把具体的大问题，分作许多更具体的小问题。

分析之后，然后把各分子的现象，综合起来，看他们有什么共同的意义。譬如医生把病人的脉、血、小便、热度等现象综合起来，寻出肠热症的意义，这便是"综合"。但是这种综合的结果，仍旧是一个具体的问题（肠热病），仍旧要用一种具体的解决法（肠热病的疗法）。并不是如蓝君所说"从许多要求中，抽出几种共同性，加上理想的色彩，成一种抽象性的问题"。

以上所说，泛论"问题与主义"，大旨只有几句话："凡是能成问题的问题，无论范围大小，都是具体的，决不是抽象的；凡是一种主义的起初，都是一些具体的主张，决不是空空荡荡、没有具体的内容的。问题本身，并没有什么抽象性；但是研究问题的时候，往往必须经过一番理想的作用；这一层理想的作用，不可错认作问题本身的抽象性。主义本来都是具体问题的具体解决法。但是一种问题的解决法，在大同小异的别国别时代，往往可以借来作参考材料。所以我们可以说主义的源起，虽是个体的、主义的应用，有时带着几分普遍性。但不可因为这或有或无的几分普遍性，就说主义本来只是一种抽象的理想。"

蓝君和我有一个根本不同的地方。我认定主义起初都是一些具体的主张。蓝君便不然，他说：

> 一种主张，能成为标准趋向态度，与具体的方法恰成反比例。因为愈具体，各部分的利害愈不一致。……故主义是一件事，实行的方法又是一件事。……主义并不一定含着实行的方法，那实行的方法也并不是一定要从主义中推演出来的。……故往往有一种主义，在主义进行的时候，效力非常之大，各部分的团结也非常坚强。一到具体问题的时候，主张纷歧，立刻成一纷扰的现象。

蓝君这几段话，简直是自己证明主义决不可和具体的方法分开。因为有些人，用了几个抽象名词，来号召大众。因为他们的"主义"里面，不幸不曾含有"实行的方法"和"具体的主张"，所以当鼓吹的时候，未尝不能轰轰烈烈的哄动了无数信徒，一到了实行解决具体问题的时候，便闹糟了，便闹出"主张纷歧，立刻扰乱"的笑柄来了。所以后来扰乱的原因，正为当初所"鼓吹"的，只不过是几个糊涂的抽象名词，里面并不曾含有具体的主张。最大最明的例，就是这一次威尔逊先生在巴黎和会的大失败。威总统提出了许多好听的抽象名词——人道，民族自决，永久和平，公道正义等等——受了全世界人的崇拜，他的信徒，比释迦、耶稣在日多了无数倍，总算"效力非常之大"了。但他一到了巴黎，遇着了克里蒙梭、鲁意乔治[1]、牧野、奥兰多等一班大奸雄，他们袖子里抽出无数现成的具体的方法，贴上"人道"、"民族自决"、"永久和平"的签条——于是威总统大失败了，连口都开不得。这就可证明主义决不可不含具体的主张。没有具体主张的"主义"，必致闹到扰乱失败的地位。所以我说蓝君的"主义是一件事，实行的方法又是一件事"，只是人类一桩大毛病，只是世界一个大祸根，并不是主义应该如此的。

请问我们为什么要提倡一个主义呢？难道单是为了"号召党徒"吗？还是要想收一点实际的效果、做一点实际的改良呢？如果是为了实际的改革，那就应该使主义和实行的方法，合为一件事，决不可分为两件不相关的事。我常说中国人（其实不单是中国人）有一个大毛病，这病有两种病症：一方面是"目的热"，一方面是"方法盲"。蓝君所说的"主义并不一定含着实行的方法"，便是犯了这两种病。只管提出"涵盖力大"的主义，便是目的热；不管实行的方法如何，便是方法盲。

李君的话，也带着这个毛病。他说：

1　鲁意乔治：劳合·乔治，巴黎和会时英国首相。

图中举手杖者便是法国的克里蒙梭。

威尔逊总统（右）与克里蒙梭等在一起

> 大凡一个主义，都有理想与实用两方面。例如民主主义的理想，不论在哪一国，大致都很相同。把这个理想适用到实际的政治上去，那就因时、因地、因事的性质情形，有些不同。……我们只要把这个、那个主义拿来做工具，用以为实际的运动，他会因时因地因事的性质情形，生一种适用环境的变化。

这是一种不负责任的主义论。前次杜威先生在教育部讲演，也曾说民治主义在法国便偏重平等；在英国便偏重自由，不认平等；在美国并重自由与平等，但美国所谓自由，又不是英国的消极自由，所谓平等，也不是法国的天然平等。但是我们要知道这并不是民治主义的自然适应环境，这都是因为英国、法国、美国的先哲，当初都能针对当日本国的时势需要，提出具体的主张，故三国的民治各有特别的性质（试看法国革命的第一、二次宪法，和英国边沁等人的驳议，便可见两国本来主张不同）。这一个例，应该给我们一个很明显的教训：我们应该先从研究中国社会上政治上种种具体问题下手；有什么病，下什么药；诊察的时候，可以参用西洋先进国的历史和学说，用作一种"临症须知"；开药方的时候，可以参考西洋先进国的历史和学说，用作一种"验方新编"。不然，我们只记得几首汤头歌诀，便要开方下药，妄想所用的药进了病人肚里，自然"会"起一种适应环境的变化，那就要犯一种"庸医杀人"的大罪了。

蓝君对于主义的抽象性极力推崇，认他为最合于人类的一种神秘性；又说："抽象性大，涵盖力可以增大。涵盖力大，归依的人数愈增多。"这种议论，自然有一部分真理。但是我们同时也该承认人类的这种"神秘性"，实在是人类的一点大缺陷。蓝君所谓"神秘性"，老实说来，只是人类的愚昧性。因为愚昧不明，故容易被人用几个抽象名词骗去赴汤蹈火，牵去为牛为马，为鱼为肉。历史上许多奸雄政客，懂得人类有这一种劣根性，故往往用一些好听的抽象名词，来哄骗大多数的人民，去替他们争权夺利，去做他们的牺牲。不要说别的，试看一个"忠"字、一个"节"字，害死了多少中国人？试看现今世界上多少黑暗无人道的制度，哪一件不是全靠几个抽象名词，在那里替他做护法门神的？人类受这种劣根性的遗毒，也尽够了。我们做学者事业的，做舆论家的生活的，正应该可怜人类的弱点，打破他们对于抽象名词的迷信，使他们以后不容易受这种抽象的名词的欺骗。所以我对于蓝君的推崇抽象性和人类的"神秘性"，实在很不满意。蓝君是很有学者态度的人，他将来也许承认我这种不满意是不错的。

但是我们对于人类迷信抽象名词的弱点，该用什么方法去补救他呢？我的答案是：

多研究些具体的问题，少谈些抽象的主义。一切主义，一切学理，都该研究，但是只可认作一些假设的见解，不可认作天经地义的信条；只可认作参考印证的材料，不可奉为金科玉律的宗教；只可用作启发心思的工具，切不可用作蒙蔽聪明、停止思想的绝对真理。如此方才可以渐渐养成人类的创造的思想力，方才可以渐渐使人类有解决具体问题的能力，方才可以渐渐解放人类对于抽象名词的迷信。

民国八年七月

（原载于1919年8月24日《每周评论》第36号）

新思潮的意义

研究问题，输入学理，整理国故，再造文明

一

近来报纸上发表过几篇解释"新思潮"的文章。我读了这几篇文章，觉得他们所举出的新思潮的性质，或太琐碎，或太笼统，不能算作新思潮运动的正确解释，也不能指出新思潮的将来趋势。即如包世杰先生的《新思潮是什么》一篇长文，列举新思潮的内容，何尝不详细？但是他究竟不曾使我们明白那种种新思潮的共同意义是什么。比较最简单的解释，要算我的朋友陈独秀先生所举出的《新青年》两大罪案——其实就是新思潮的两大罪案——一是拥护德莫克拉西先生（民治主义[1]），一是拥护赛因斯先生（科学）。陈先生说：

> 要拥护那德先生，便不得不反对孔教、礼法、贞节、旧伦理、旧政治；要拥护那赛先生，便不得不反对旧艺术、旧宗教；要拥护德先生又要拥护赛先生，便不得不反对国粹和旧文学。（《新青年》6卷1号）。

1　民治主义：民主主义。

毛囤廿二年春
摄扵南京市
一望獄中

獨秀陳先生遺象及题字
廿一年五月十七日近世後複製

狱中的陈独秀

这话虽然很简明，但是还嫌太笼统了一点。假使有人问："何以要拥护德先生和赛先生，便不能不反对国粹和旧文学呢？"答案自然是："因为国粹和旧文学是同德、赛两位先生反对的。"又问："何以凡同德、赛两位先生反对的东西都该反对呢？"这个问题可就不是几句笼统简单的话所能回答的了。

据我个人的观察，新思潮的根本意义只是一种新态度。这种新态度可叫做"评判的态度"。

评判的态度，简单说来，只是凡事要重新分别一个好与不好；仔细说来，评判的态度含有几种特别的要求：

一、对于习俗相传下来的制度风俗，要问："这种制度现在还有存在的价值吗？"

二、对于古代遗传下来的圣贤教训，要问："这句话在今日还是不错吗？"

三、对于社会上糊涂公认的行为与信仰，都要问："大家公认的，就不会错了吗？人家这样做，我也该这样做吗？难道没有别样做法比这个更好、更有理、更有益的吗？"

尼采说现今时代是一个"重新估定一切价值"(transvaluation of all values) 的时代。"重新估定一切价值"八个字，便是评判的态度的最好解释。从前的人说妇女的脚越小越美，现在我们不但不认为小脚是"美"，简直说这是"惨无人道"了。十年前，人家和店家都用鸦片烟敬客，现在鸦片烟变成犯禁品了。二十年前，康有为是洪水猛兽一般的维新党，现在康有为变成老古董了。康有为并不曾变换，估价的人变了，故他的价值也跟着变了。这叫做"重新估定一切价值"。

我以为现在所谓"新思潮"，无论怎样不一致，根本上同有这公共的一点——评判的态度。孔教的讨论只是要重新估定孔教的价值；文学的评论只是要重新估定旧文学的价值；贞操的讨论只是要重新估定贞操的道德在现代社会的价值；旧戏的评论只是要重新估定旧戏在今日文学上的价值；礼教的讨论只是要重新估定古代的纲常、礼教在今日还有什么价值；女子的问题只是要重新估定女子在社会上的价值；政府与无政府的讨论，财产私有与公有的讨论，也只是要重新估定政府与财产等等制度在今日社会的价值。——我也不必往下数了，这些例子很够证明：这种评判的态度是新思潮运动的共同精神。

二

这种评判的态度，在实际上表现时，有两种趋势。一方面是讨论社会上、政治上、宗教上、文学上种种问题。一方面是介绍西洋的新思想、新学术、新文学、新信仰。前者是"研究问题"，后者是"输入学理"。这两项是新思潮的手段。

我们随便翻开这两三年以来的新杂志与报纸，便可以看出这两种的趋势。在研究问题一方面，我们可以指出：（1）孔教问题；（2）文学改革问题；（3）国语统一问题；（4）女子解放问题；（5）贞操问题；（6）礼教问题；（7）教育改良问题；（8）婚姻问题；（9）父子问题；（10）戏剧改良问题……。在输入学理一方面，我们可以指出《新青年》的"易卜生号"、"马克思号"，《民铎》的"现代思潮号"，《新教育》的"杜

尼采像

威号"，《建设》的"全民政治"的学理，和北京《晨报》、《国民公报》、《每周评论》，上海《星期评论》、《时事新报》、《解放与改造》，广州《民风周刊》等等杂志报纸所介绍的种种西洋新学说。

为什么要研究问题呢？因为我们的社会现在正当根本动摇的时候，有许多风俗制度，向来不发生问题的，现在为不能适应时势的需要，不能使人满意，都渐渐地变成困难的问题，不能不彻底研究，不能不考问旧日的解决法是否错误；如果错了，错在什么地方；错误寻出了，可有什么更好的解决方法；有什么方法可以适应现时的要求。例如孔教的问题，向来不成什么问题，后来东方文化与西方文化接近，孔教的势力渐渐衰微，于是有一班信仰孔教的人妄想要用政府法令的势力来恢复孔教的尊严，却不知道这种高压的手段恰好挑起一种怀疑的反动。因此。民国四、五年的时候，孔教会的活动最大，反对孔教的人也最多。孔教成为问题就在这个时候。现在大多数明白事理的人，已打破了孔教的迷梦，这个问题又渐渐的不成问题，故安福部的议员通过孔教为修身大本的议案时，国内竟没有人睬他们了！

又如文学革命的问题。向来教育是少数"读书人"的特别权利，于大多数人是无关系的，故文字的艰深不成问题。近来教育成为全国人的公共权利，人人知道普及教育是不可少的，故逐渐地有人知道文言在教育上实在不适用，于是文言白话就成为问题了。后来有人觉得单用白话做教科书是不中用的，因为世间决没有人情愿学一种除了教科书以外便没有用处的文字。这些人主张：古文不但不配做教育的工具，并且不配做文学的利器；若要提倡国语的教育，先须提倡国语的文学。文学革命的问题就是这样发生的。现在全国教育联合会已全体一致通过小学教科书改用国语的议案，况且用国语做文章的人也渐渐地多了，这个问题又渐渐地不成问题了。

为什么是输入学理呢？这个大概有几层解释。一来呢，有些人深信中国不但缺乏炮弹兵船电报铁路，还缺乏新思想与新学术，故他们尽量地输入西洋近世的学说。二来呢，有些人自己深信某种学说，要想他传播发展，故尽力提倡。三来呢，有些人自己不能做具体的研究工夫，觉得翻译现成的学说比较容易些，故乐得做这种稗贩事业。四来呢，研究具体的社会问题或政治问题，一方面做那破坏事业，一方面做对症下药的工夫，不但不容易，并且很遭犯忌讳，很容易惹祸，故不如做介绍学说的事业，借"学理研究"的美名，既可以避"过激派"的罪名，又还可以种下一点革命的种子。五来呢，研究问题的人，势不能专就问题本身讨论，不能不从那问题的意义上着想；但是问题引申到意义上去，便不能不靠许多学理做参考比较的材料，故学理的输入往往可以帮助问题的研究。

这五种动机虽然不同，但是多少总含有一种"评判的态度"，总表示对于旧有学术思想的一种不满意，和对于西方的精神文明的一种新觉悟。

但是这两三年新思潮运动的历史应该给我们一种很有益的教训。什么教训呢？就是：这两三年来新思潮运动的最大成绩差不多全是研究问题的结果。新文学的运动便是一个最明白的例。这个道理很容易解释。凡社会上成为问题的问题，一定是与许多人有密切关系的。这许多人虽然不能提出什么新解决，但是他们平时对于这个问题自然不能不注意。若有人能把这个问题的各方面都细细分析出来，加上评判的研究，指出不满意的所在，提出新鲜的救济方法，自然容易引起许多人的注意。起初自然有许多人反对。但是反对便是注意的证据，便是兴趣的表示。试看近日报纸上登的马克思的赢余价值论，可有反对的吗？可有讨论的吗？没有人讨论，没有人反对，便是不能引起人注意的证据。研究问题的文章所以能发生效果，正为所研究的问题一定是社会人生最切要的问题，最能使人注意，也最能使人觉悟。悬空介绍一种专家学说，如《赢余价值论》之类，除了少数专门学者之外，决不会发生什么影响。但是我们可以在研究问题里面做点输入学理的事业，或用学理来解释问题的意义，或从学理上寻求解决问题的方法。用这种方法来输入学理，能使人于不知不觉之中感受学理的影响。不但如此，研究问题最能使读者渐渐地养成一种批评的态度，研究的兴趣，独立思想的习惯。十部《纯粹理性的评判》，不如一点评判的态度；十篇《赢余价值论》，不如一点研究的兴趣；十种《全民政治论》，不如一点独立思想的习惯。

总起来说：研究问题所以能于短时期中发生很大的效力，正因为研究问题有这几种好处：（1）研究社会人生切要的问题最容易引起大家的注意；（2）因为问题关切人生，故最容易引起反对，但反对是该欢迎的，因为反对便是兴趣的表示，况且反对的讨论不但给我们许多不要钱的广告，还可使我们得讨论益处，使真理格外分明；（3）因为问题是逼人的活问题，故容易使人觉悟，容易得人信从；（4）因为从研究问题里面输入的学理，最容易消除平常人对于学理的抗拒力，最容易使人于不知不觉之中受学理的影响；（5）因为研究问题可以不知不觉地养成一班研究的、评判的、独立思想的革新人才。

这是一幅反映卡尔·马克思编辑的《莱茵报》被查封的讽刺漫画，作于1843年。

被捆绑的普罗米修斯

这是这几年新思潮运动的大教训！我希望新思潮的领袖人物以后能了解这个教训，能把全副精力贯注到研究问题上去；能把一切学理不看作天经地义，但看作研究问题的参考材料，能把一切学理应用到我们自己的种种切要问题上去；能在研究问题上面做输入学理的工夫；能用研究问题的工夫来提倡研究问题的态度，来养成研究问题的人才。

这是我对于新思潮运动的解释。这也是我对于新思潮将来的趋向的希望。

三

以上说新思潮的"评判的精神"在实际上的两种表现。现在要问："新思潮的运动对于中国旧有的学术思想，持什么态度呢？"

我的答案是："也是评判的态度。"

分开来说，我们对于旧有的学术思想有三种态度。第一，反对盲从；第二，反对调和；第三，主张整理国故。

盲从是评判的反面，我们既主张"重新估定一切价值"，自然要反对盲从。这是不消说的了。

为什么要反对调和呢？因为评判的态度只认得一个是与不是，一个好与不好，一个适与不适——不认得什么古今中外的调和。调和是社会的一种天然趋势。人类社会有一种守旧的惰性，少数人只管趋向极端的革新，大多数人至多只能跟你走半程路。这就是调和。调和是人类懒病的天然趋势，用不着我们来提倡。我们走了一百里路，大多数人也许勉强走三四十里。我们若先讲调和，只走五十里，就一步都不走了。所以革新家的责任只是认定"是"的一个方向走去，不要回头讲调和。社会上自然有无数懒人、懦夫出来调和。

我们对于旧有的学术思想，积极的只有一个主张，就是"整理国故"。整理就是从乱七八糟里面寻出一个条理脉络来，从无头无脑里面寻出一个前因后果来，从胡说谬解里面寻出一个真意义来，从武断迷信里面寻出一个真价值来。为什么要整理呢？因为古代的学术思想向来没有条理、没有头绪、没有系统，故第一步是条理系统地整理。因为前人研究古书，很少有历史进化的眼光的，故从来不讲究一种学术的渊源，一种思想的前因后果，所以第二步是要寻出每种学术思想怎样发生，发生之后有什么影响效果。因为前人读古书，除极少数学者以外，大都是以讹传讹的谬说——如太极图、爻辰、先天图、卦气……之类——故第三步是要用科学的方法，作精确的考证，把古人的意义弄得明白清楚。因为前人对于古代的学术思想，有种种武断的成见，有种种可笑的迷信——如骂杨朱、墨翟为禽兽，却尊孔丘为德配天地、道冠古今！——故第四步是综合前三步的研究，各家都还他一个本来真面目，各家都还他一个真价值。

这叫做"整理国故"。现在有许多人自己不懂得国粹是什么东西，却偏要高谈"保存国粹"。林琴南先生做文章论古文之不当废，他说，"吾知其理而不能言其所以然"！现在许多国粹党，有几个不是这样糊涂懵懂的？这种人如何配谈国粹？若要知道什么是国粹，什么是国渣，先须要用评判的态度，科学的精神，去做一番整理国故的工夫。

四

新思潮的精神是一种评判的态度。

新思潮的手段是研究问题与输入学理。

新思潮的将来趋势，依我个人的私见看来，应该是注重研究人生社会的切要问题，应该于研究问题之中做介绍学理的事业。

新思潮对于旧文化的态度，在消极一方面是反对盲从，是反对调和；在积极一方面，是用科学的方法来做整理的工夫。

新思潮的唯一目的是什么呢？是再造文明。

文明不是笼统造成的，是一点一滴地造成的。进化不是一晚上笼统进化的，是一点一滴地进化的。现今的人爱谈"解放与改造"，须知解放不是笼统解放，改造也不是笼统改造。解放是这个那个制度的解放，这种那种思想的解放，这个那个人的解放，是一点一滴的解放。改造是这个那个制度的改造，这种那种思想的改造，这个那个人的改造，是一点一滴的改造。

再造文明的下手工夫，是这个那个问题的研究。再造文明的进行，是这个那个问题的解决。

中华民国八年十一月一日晨三时

（原载于《新青年》第7卷第1号，1919年12月1日。）

易卜生主义

一

易卜生最后所作的《我们死人再生时》（*When We Dead a Waken*）一本戏里面有一段话，很可表出易卜生所作文学的根本方法。这本戏的主人翁是一个美术家，费了全副精神雕成一副像，名为《复活日》。这位美术家自己说他这副雕像的历史道：

> 我那时年纪还轻，不懂得世事。我以为这《复活日》应该是一个极精致、极美的少女像，不带着一毫人世的经验，平空地醒来，自然光明庄严，没有什么过恶可除。……但是我后来那几年，懂得些世事了，才知道这《复活日》不是这样简单的，原来是很复杂的。……我眼里所见的人情世故，都到我理想中来，我不能不把这些现状包括进去。我只好把像的座子放大了，放宽了。
>
> 我在那座子上雕了一片曲折爆裂的地面。从那地的裂缝里，钻出来无数模糊不分明，人身兽面的男男女女。这都是我在世间亲自见过的男男女女。（二幕）

这是"易卜生主义"的根本方法。那不带一毫人世罪恶的少女像，是指那盲目的理想派文学。那无数模糊不分明、人身兽面的男男女女，是指写实派的文学。易卜生早年和晚年的著作虽不能全说是写实主义，但我们看他极盛时期的著作，尽可以说，易卜生的文学，易卜生的人生观，只是一个写实主义。1882年，他有一封信给一个朋友，信中说道：

> 我做书的目的，要使读者人人心中都觉得他所读的全是实事。（《尺牍》第159号）

人生的大病根在于不肯睁开眼睛来看世间的真实现状。明明是男盗女娼的社会，我们偏说是圣贤礼义之邦；明明是赃官污吏的政治，我们偏要歌功颂德；明明是不可救药的大病，我们偏要说一点病都没有！却不知道，若要病好，须先认有病；若要政治好，须先认现今的政治实在不好；若要改良社会，须先知道现今的社会实是男盗女娼的社会！易卜生的长处，只在他肯说老实话，只在他能把社会种种腐败龌龊的实在情形写出来，叫大家仔细看。他并不是爱说社会的坏处，他只是不得不说。1880年，他对一个朋友说：

> 我无论作什么诗、编什么戏，我的目的只要我自己精

神上的舒服清净。因为我们对于社会的罪恶，都脱不了干系的。（《尺牍》第148号）

因为我们对于社会的罪恶都脱不了干系，故不得不说老实话。

二

我们且看易卜生写近世的社会，说的是一些什么样的老实话。第一，先说家庭。

易卜生所写的家庭，是极不堪的。家庭里面，有四种大恶德：一是自私自利；二是倚赖性，奴隶性；三是假道德，装腔作戏；四是懦怯没有胆子。做丈夫的便是自私自利的代表。他要快乐，要安逸，还要体面，所以他要娶一个妻子。正如《娜拉》戏中的郝尔茂，他觉得同他妻子有爱情是很好玩的。他叫他妻子做"小宝贝"、"小鸟儿"、"小松鼠儿"、"我的最亲爱的"等等肉麻名字。他给他妻子一点钱去买糖吃，买粉搽，买好衣服穿。他要他妻子穿得好看，打扮得标致。做妻子的完全是一个奴隶。她丈夫喜欢什么，她也该喜欢什么，她自己是不许有什么选择的。她的责任在于使丈夫欢喜。她自己不用有思想：她丈夫会替她思想。她自己不过是她丈夫的玩意儿，很像叫化子的猴子专替他变把戏引人开心的（所以《娜拉》又名《玩偶之家》）。丈夫要妻子守节，妻子却不能要丈夫守节，正如《群鬼》（Ghosts）戏里的阿尔文夫人受不过丈夫的气，跑到一个朋友家去；那位朋友是个牧师，狠教训了她一顿，说她不守妇道。但是阿尔文夫人的丈夫在外面偷妇人，甚至淫乱他妻子的婢女，人家都毫不介意，那位牧师朋友也觉得这是男人常有的事，不足为奇！妻子对丈夫，什么都可以牺牲；丈夫对妻子，是不犯着牺牲什么的。《娜拉》戏内的娜拉因为要救她丈夫的生命，所以冒她父亲的名字，签了借据去借钱。后来事体闹穿了，她丈夫不但不肯替娜拉分担冒名的干系，还要痛骂她带累他自己的名誉。后来和平了结了，没有危险了，她丈夫又装出大度的样子，说不追究她的错处了。他得意扬扬地说道："一个男人赦了他妻子的过犯是很畅快的事！"（《娜拉》三幕）

这种极不堪的情形，何以居然忍耐得住呢？第一，因为人都要顾面子，不得不装腔做势，做假道德遮着面孔。第二，因为大多数的人都是没有胆的懦夫。因为要顾面子，故不肯闹翻；因为没有胆子，故不敢闹翻。那《娜拉》里的娜拉忽然看破家庭是一座做猴子戏的戏台，她自己是台上的猴子。她有胆子，又不肯再装假面子，所以告别了掌班的，跳下了戏台，去干她自己的生活。那《群鬼》戏里的阿尔文夫人没有娜拉的胆子，又要顾面子，所以被她的牧师一劝，就劝回头了，还是回家去尽她的"天职"，守她的"妇道"。她丈夫仍旧做那种淫荡的行为。阿尔文夫人只好牺牲自己的人格，尽力把他羁縻在家。后来生下一个儿子，他母亲恐怕他在家学了他父亲的坏榜样，所以到了七岁便把他送到巴黎去。她一面要哄她丈夫在家，一面要在外边替她丈夫修名誉，一面要骗她儿子说她父亲是怎样一个正人君子。这种情形，过了十九个足年，她丈夫才死。死后，他妻子还要替他装面子，花了许多钱，造了一所孤儿院，作她亡夫的遗爱。孤儿院造成了，把她儿子唤回来参预孤儿院落成的庆典。谁知她儿子从胎里就得了他父亲的花柳病的遗毒，变成一种脑腐症，到家没几天，那孤儿院也被火烧了，她儿子的遗传病发作，脑子坏了，就成了疯人了。这是没有胆子，又要面子的结局。这就是腐败家庭的下场！

易卜生（1828～1906），生于挪威希恩，是一位影响深远的剧作家，被认为是现代现实主义戏剧的创始人，其代表作有《玩偶之家》等。

易卜生

三

其次，且看易卜生的社会的三种大势力。那三种大势力：一是法律，二是宗教，三是道德。

第一，法律。法律的效能在于除暴去恶，禁民为非。但是法律有好处也有坏处。好处在于法律是无有偏私的；犯了什么法，就该得什么罪。坏处也在于此。法律是死板板的条文，不通人情世故；不知道一样的罪名却有几等几样的居心，有几等几样的境遇情形；同犯一罪的人却有几等几样的知识程度。法律只说某人犯了某法的某某篇某某章某某节，该得某某罪，全不管犯罪的人的知识不同，境遇不同，居心不同。《娜拉》戏里有两件冒名签字的事：一件是一个律师做的，一件是一个不懂法律的妇人做的。那律师犯这罪全由于自私自利，那妇人犯这罪全因为她要救她丈夫的性命。但是法律不问这些区别。请看两个"罪人"讨论这个问题：

（律师）郝夫人，你好像不知道你犯了什么罪，我老实对你说，我犯的那桩使我一生名誉扫地的事，和你所做的事恰恰相同，一毫也不多，一毫也不少。

（娜拉）你！难道你居然也敢冒险去救你的妻子的命吗？

（律师）法律不管人的居心如何。

（娜拉）如此说来，这种法律是笨极了。

（律师）不问他笨不笨，你总要受他的裁判。

（娜拉）我不相信。难道法律不许做女儿的想个法子免得她临死的父亲烦恼吗？难道法律不许做妻子的救她的丈夫的命吗？我不大懂得法律，但是我想总该有这种法律承认这

些事的。你是一个律师，你难道不知道有这样的法律吗？柯先生，你真是一个不中用的律师了。（《娜拉》一幕）

最可怜的是世上真没有这种入情入理的法律！

第二，宗教。易卜生眼里的宗教久已失去了那种可以感化人的能力；久已变成毫无生气的仪节信条，只配口头念得烂熟，却不配使人奋发鼓舞了。《娜拉》戏里说：

（郝尔茂）你难道没有宗教吗？

（娜拉）我不很懂得究竟宗教是什么东西。我只知道我进教时那位牧师告诉我的一些话。他对我说宗教是这个，是那个，是这样，是那样。（三幕）

如今人的宗教，都是如此，你问他信什么教，他就把他的牧师或是他的先生告诉他的话背给你听。他会背耶稣的祈祷文，他会念阿弥陀佛，他会背一部《圣谕广训》。这就是宗教了！

宗教的本意，是为人而作的，正如耶稣说的："礼拜是为人造的，不是人为礼拜造的。"不料后世的宗教处处与人类的天性相反，处处反乎人情。如《群鬼》戏中的牧师，逼着阿尔文夫人回家去受那荡子丈夫的待遇，去受那十九年极不堪的惨痛。那牧师说，宗教不许人求快乐，求快乐便是受了恶魔的魔力了。他说，宗教不许做妻子的批评丈夫的行为。他说，宗教教人无论如何总要守妇道，总须尽责任。那牧师口口声声所说是"是"的，阿尔文夫人心中总觉得都是"不是"的。后来阿尔文夫人仔细去研究那牧师的宗教，忽然大悟，原来那些教条都是假的，都是

"机器造的"（《群鬼》二幕）！

但是这种机器造的宗教何以居然能这样兴旺呢？原来现在的宗教虽没有精神上的价值，却极有物质上的用场。宗教是可以利用的，是可以使人发财得意的。那《群鬼》戏里的木匠，本是一个极下流的酒鬼，卖妻卖女都肯干的。但是他见了那位道学的牧师，立刻就装出宗教家的样子，说宗教家的话，做宗教家的唱歌祈祷，把这位蠢牧师哄得滴溜溜地转（二幕）。那《罗斯马庄》（Rosmersholm）戏里面的主人翁罗斯马本是一个牧师，后来他的思想改变了，遂不信教了。他那时想加入本地的自由党，不料党中的领袖却不许罗斯马宣告他脱离教会的事。为什么呢？因为他们党里很少信教的人，故想借罗斯马的名誉来号召那些信教的人家。可见宗教的兴旺，并不是因为宗教真有兴旺的价值，不过是因为宗教有可以利用的好处罢了。

第三，道德。法律宗教既没有裁制社会的本领，我们且看"道德"可有这种本事。据易卜生看来，社会上所谓"道德"不过是许多陈腐的旧习惯。合于社会习惯的，便是道德；不合于社会习惯的，便是不道德。正如我们中国的老辈人看见少年男女实行自由结婚，便说是"不道德"。为什么呢？因为这事不合于"父母之命，媒妁之言"的社会习惯。但是这班老辈人自己讨过许多小老婆，却以为是很平常的事，没有什么不道德。为什么呢？因为习惯如此。又如中国人死了父母，发出讣书，人人都说"泣血稽颡"、"苦块昏迷"。其实他们何尝泣血？又何尝"寝苦枕块"？这种自欺欺人的事，人人都以为是"道德"，人人都不以为羞耻。为什么呢？因为社会的习惯如此，所以不道德的也觉得道德了。

这种不道德的道德，在社会上，造出一种诈伪不自然的伪君子。面子上都是仁义道德，骨子里都是男盗女娼。易卜生最恨这种人。他有一本戏，叫作《社会的栋梁》（*Pillarsof Society*）。戏中的主人名叫褒匿，是一个极坏的伪君子：他犯了一桩奸情，却让他兄弟受这恶名，还要诬赖他兄弟偷了钱跑脱了。不但如此，他还雇了一只烂脱底的船送他兄弟出海，指望把他兄弟和一船的人都沉死在海底，可以灭口。

这样一个大奸，面子上却做得十分道德，社会上都尊敬他，称他作"全市第一个公民"、"公民的模范"、"社会的栋梁"！他谋害他兄弟的那一天，本城的公民，聚了几千人，排起队来，打着旗，奏着军乐，上他的门来表示社会的敬意，高声喊道："褒匿万岁！社会的栋梁褒匿万岁！"

这就是道德！

四

其次，我们且看易卜生写个人与社会的关系。

易卜生的戏剧中，有一条极显而易见的学说，是说社会与个人互相损害；社会最爱专制，往往用强力摧折个人的个性，压制个人自由独立的精神；等到个人的个性都消灭了，等到自由独立的精神都完了，社会自身也没有生气了，也不会进步了。社会里有许多陈腐的习惯、老朽的思想、极不堪的迷信，个人生在社会中，不能不受这些势力的影响。有时有一两个独立的少年，不甘心受这种陈腐规矩的束缚，于是东冲西突想与社会作对。上文所说的褒匿，当少年时，也曾想和社会反抗。但是社会的权力很大，网罗很密，个人的能力有限，如何是社会的敌手？社会对个人道："你们顺我者生，逆我者死；顺我者有赏，逆我者有罚。"那些和社会反对的少年，一个一个的都受家庭的责备，遭朋友的怨恨，受社会的侮辱驱逐。再看那些奉承社会意旨的人，一个个的都升官发财，安富尊荣了。当此境地，不是顶天立地的好汉，决不能坚持到底。所以像褒匿那般人，做了几时的维新志士，不久也渐渐地受社会同化，仍旧回到旧社会去做"社会的栋梁"了。社会如同一个大火炉，什么金银铜铁锡，进了炉子，都要熔化。易卜生有一个戏叫《雁》（*The Wild Duck*），写一个人捉到一只雁，把他养在楼上半阁里，每天给他一桶水，让他在水里打滚游戏。那雁本是一个海阔天空逍遥自得的飞鸟，如今在半阁里关久了，也会生活，也会长得胖胖的，后来竟完全忘记了他从前那种海阔天空来去自由的乐处了！个人在社会里，就同这雁在人家半阁上一般，起初未必满意，久而久之，也就惯了，也渐渐地把黑暗世界当作安乐窝了。

社会对于那班服从社会命令、维持陈旧迷信、传播腐败思想的人，一个一个的都有重赏。有的发财了，有的升官了，有的享大名誉了。这些人有了钱，有了势，有了名誉，就像老虎长了翅膀，更可横行不忌了，更可借着"公益"的名义去骗人钱财，害人生命，做种种无法无天的行为。易卜生的《社会的栋梁》和《博曼克》（*John Gabriel Borkman*）两本戏的主人翁都是这种人物，他们钱赚得够了，然后掏出几个小钱来，开一个学堂，造一所孤儿院，立一个公共游戏场，"捐二十磅金去买面包给贫人吃"（用《社会的栋梁》二幕中语）。于是社会格外恭维他们，打着旗子，奏着军乐，上他们家来，大喊："社会的栋梁万岁！"

那些不懂事又不安本分的理想家，处处和社会的风俗习惯反对，是该受重罚的。执行这种重罚的机关，便是"舆论"，便是大多数的"公论"。世间有一种最通行的迷信，叫作"服从多数的迷信"。人都以为多数人的公论总是不错的。易卜生绝对地不承认这种迷信。他说"多数党总在错的一边，少数党总在不错的一边"（《国民公敌》五幕）。一切维新革命，都是少数人发起的，都是大多数人所极力反对的。大多数人总是守旧麻木不仁的；只有极少数人，有时只有一个人，不满意于社会的现状，要想维新，要想革命。这种理想家是社会所最忌的。大多数人都骂他是"捣乱分子"，都恨他"扰乱治安"，都说他"大逆不道"；所以他们用大多数的专制威权去压制那"捣乱"的理想志士，不许他开口，不许他行动自由；把他关在监牢里，把他赶出境去，把他杀了，把他钉在十字架上活活地钉死，把他捆在柴草上活活地烧死。过了几十年几百年，那少数人的主张渐渐变成多数人的主张了，于是社会的多数人又把他们从前杀死钉死烧死的那些"捣乱分子"一个一个的重新推崇起来，替他们修墓，替他们作传，替他们立庙，替他们铸铜像。却不知道从前那种"新"思想，到了这时候，又早已成了"陈腐的"迷信！当他们替从前那些特立独行的人修墓铸铜像的时候，社会里早已发生了几个新派少数人，又要受他们杀死钉死烧死的刑罚了！所以说"多数党总是错的，少数党总是不错的"。

易卜生有一本戏叫作《国民公敌》，里面写的就是这个道理。这本戏的主人翁斯铎曼医生从前发现本地的水可以造成几处卫生浴池。本地的人听了他的话，觉得有利可图，便集了资本造了几处卫生浴池。后来四方的人闻了这浴池的名，纷纷来这里避暑养病。来的人多了，本地的商业市面便渐渐发达兴旺。斯铎曼医生便

殉道者布鲁诺

布鲁诺（1548～1600），意大利哲学家和思想家。因反对亚里士多德·托勒密的地心说，宣传哥白尼的日心说，被宗教裁判所判为『异端』，最后竟被烧死在罗马的鲜花广场。

做了浴池的官医。后来洗浴的人之中，忽然发生一种流行病症；经这位医生仔细考察，知道这病症是从浴池的水里来的，他便装了一瓶水寄与大学的化学师请他化验。化验出来，才知道浴池的水管安得太低了，上流的污秽停积在浴池里，发生一种传染病的微生物，极有害于公众卫生。斯铎曼医生得了这种科学证据便做了一篇切切实实的报告书，请浴池的董事会把浴池的水管重行改造，以免妨碍卫生。不料改造浴池须要花费许多钱，又要把浴池闭歇一两年；浴池一闭歇，本地的商务便要受许多损失。所以本地的人全体用死力反对斯铎曼医生的提议。他们宁可听任那些来避暑养病的人受毒病死，却不情愿受这种金钱的损失，所以他们用大多数的专制威权压制这位说老实话的医生，不许他开口。他做了报告，本地的报馆都不肯登载。他要自己印刷，印刷局也不肯替他印。他要开会演说，全城的人都不把空屋借他做会场。后来好容易找到了一所会场，开了一个公民会议，会场上的人不但不听他的老实话，还把他赶下台去，由全体一致表决，宣告斯铎曼医生从此是国民的公敌。他逃出会场，把裤子都撕破了，还被众人赶到他家，用石头掷他，把窗户都打碎了。到了明天，本地政府革了他的官医；本地商民发了传单不许人请他看病；他的房东请他赶快搬出屋去；他的女儿在学堂教书，也被校长辞退了。这就是"特立独行"的好结果！这就是大多数惩罚少数"捣乱分子"的辣手段！

五

其次，我们且说易卜生的正义。易卜生的戏剧不大讨论政治问题，所以我们须要用他的《尺牍》（Letters）做参考的材料。

易卜生起初完全是一个主张无政府主义的人。当普法之战

（1870～1871）时，他的无政府主义最为激烈。1871年，他有信与一个朋友道：

> ……个人绝无做国民的需要。不但如此，国家简直是个人的大害。请看普鲁士的国力，不是牺牲了个人的个性去买来的吗？国民都成了酒馆里跑堂的了，自然个个是好兵了。再看犹太民族：岂不是最高贵的人类吗？无论受了何种野蛮的待遇，那犹太民族还能保存本来的面目。这都因为他们没有国家的原故。国家总得毁去。这种毁除国家的革命，我也情愿加入。毁去国家观念，单靠个人的情愿和精神上的团结做人类社会的基本，——若能做到这步田地，这可算得有价值的自由起点。那些国体的变迁，换来换去，都不过是弄把戏，——都不过是全无道理的胡闹。（《尺牍》第79号）

易卜生的纯粹无政府主义，后来渐渐地改变了。他亲自看见巴黎"市民政府"（Commune）的完全失败（1871），便把他主张无政府主义的热心灭了许多（《尺牍》第81号）。到了1884年，他写信给他的朋友说，他在本国若有机会，定要把国中无权的人民联合成一个大政党，主张极力推广选举权，提高妇女的地位，改良国家教育，要使脱除一切中古陋习（《尺牍》第178号）。这就不是无政府的口气了。但是他自己到底不曾加入政党。他以为加入政党是很下流的事（《尺牍》第158号）。他最恨那班政客，他以为"那班政客所力争的，全是表面上的权利，全是胡闹。最要紧的是人心的大革命。"（《尺牍》第77号）

易卜生从来不主张狭义的国家主义，从来不是狭义的爱国
者。1888年，他写信给一个朋友说道：

> 知识思想略为发达的人，对于旧式的国家观念，总不满
> 意。我们不能以为有了我们所属的政治团体便足够了。据我看
> 来，国家观念不久就要消灭了，将来定有一种观念起来代他。
> 即以我个人而论，我已经过这种变化，我起初觉得我是那威[1]
> 国人，后来变成斯堪丁纳维亚[2]人（那威与瑞典总名斯堪丁纳
> 维亚），我现在已成了条顿人了。（《尺牍》第206号）

这是1888年的话。我想易卜生晚年临死的时候（1906），一
定已进到世界主义的地步了。

六

我开篇便说过易卜生的人生观只是一个写实主义。易卜生把
家庭社会的实在情形都写了出来，叫人看了动心，叫人看了觉得我
们的家庭社会原来是如此黑暗腐败，叫人看了晓得家庭社会真正不
得不维新革命——这就是"易卜生主义"。表面上看去，像是破坏
的，其实完全是建设的。譬如医生诊了病，开的一个脉案，把病状
详细写出，这难道是消极的破坏的手续吗？但是易卜生虽开了许多
脉案，却不肯轻易开药方。他知道人类社会是极复杂的组织，有种
种绝不相同的境地，有种种绝不相同的情形。社会的病，种类纷
繁，决不是什么"包医百病"的药方所能治得好的。因此他只好开

1　那威：挪威。

2　斯堪丁纳维亚：斯堪的纳维亚。

胡适一九一四年照片 老友 Fred Robinson 照.

胡适

1914 年的胡适

图为 1914 年就读于美国康乃尔大学的胡适。《易卜生主义》一文的英文稿曾于 1914 年在康乃尔大学哲学会宣读。中文稿作于 1918 年。

了脉案，说出病情，让病人各人自己去寻医病的药方。

虽然如此，但是易卜生生平却也有一种完全积极的主张。他主张个人须要充分发达自己的天才性；须要充分发展自己的个性，他有一封信给他的朋友白兰戴（George Brandes）说道：

> 我所最期望于你的是一种真实纯粹的为我主义。要使你有时觉得天下只有关于我的事最要紧，其余的都算不得什么。……你要想有益于社会，最好的法子莫如把你自己这块材料铸造成器。……有的时候我真觉得全世界都像海上撞沉了船，最要紧的还是救出自己。（《尺牍》第84号）

最可笑的是有些人明知世界"陆沉"，却要跟着"陆沉"，跟着堕落，不肯"救出自己"！却不知道社会是个人组成的，多救出一个人便是多备下一个再造新社会的分子。所以孟轲说"穷则独善其身"，这便是易卜生所说"救出自己"的意思。这种"为我主义"，其实是最有价值的利人主义。所以易卜生说："你要想有益于社会，最好的法子莫如把你自己这块材料铸造成器。"《娜拉》戏里，写娜拉抛弃了丈夫儿女飘然而去，也只为要"救出自己"。那戏中说：

> （郝尔茂）……你就是这样抛弃你的最神圣的责任吗？
>
> （娜拉）还等我说吗？可不是你对于你的丈夫和你的儿女的责任吗？
>
> （娜）我还有别的责任同这些一样的神圣。
>
> （郝）没有的。你且说，那些责任是什么。

（娜）是我对于我自己的责任。

（郝）最要紧的，你是一个妻子，又是一个母亲。

（娜）这种话我现在不相信了。我相信第一我是一个人正同你一样。——无论如何，我务必努力做一个人。（三幕）

1882年，易卜生有信给朋友道：

这样生活须使各人自己充分发展：——这是人类功业顶高的一层；这是我们大家都应该做的事。（《尺牍》第164号。）

社会最大的罪恶莫过于摧折个人的个性，不使他自由发展。那本《雁》戏所写的只是一件摧残个人才性的惨剧。那戏写一个人少年时本极有高尚的志气，后来被一个恶人害得破家荡产，不能度日；那恶人又把他自己通奸有孕的下等女子配给他做妻子，从此家累日重一日，他的志气便日低一日。到了后来，他堕落深了，竟变成了一个懒人懦夫，天天受那下贱妇人和两个无赖的恭维，他洋洋得意地觉得这种生活很可以终身的。所以那本戏借一个雁做比喻，那雁在半阁上关得久了，他从前那种高飞远举的志气全消灭了。居然把人家的半阁做他的极乐国了！

发展个人的个性须要有两个条件。第一，须使个人有自由意志。第二，须使个人担干系，负责任。娜拉戏中写郝尔茂的最大错处只在他把娜拉当做"玩意儿"看待，既不许她有自由意志，又不许她担负家庭的责任，所以娜拉竟没有发展她自己个性的机会。所以娜拉一旦觉悟，恨极她的丈夫，决意弃家远去，也正为这个原故。易卜生又有一本戏，叫作《海上夫人》（*The Lady from the Sea*），里面写一个女子哀梨妲少年时嫁给人家做后母，她丈夫和前妻的两个女儿看她年轻，不让她管家务，只叫她过安闲日子。哀梨妲在家觉得这种不自由的妻子，不负责任的后母，是极没趣的事。因此她天天想跟人到海外去过那海阔天空的生活。她丈夫越不许她自由，她偏越想自由。后来她丈夫知道留她不住，只得许她自由出去，她丈夫说道：

（丈夫）……我现在立刻和你毁约，现在你可以有完全自由拣定你自己的路子。……现在你可以自己决定，你有完全的自由，你自己担干系。

（哀梨妲）完全自由！还要自己担干系！还担干系咧！有这么一来，样样事都不同了。

哀梨妲有了自由又自己负责任了，忽然大变了，也不想那海上的生活了，决意不跟人走了（《海上夫人》第五幕）。这是为什么呢？因为世间只有奴隶的生活是不能自由选择的，是不用担干系的。个人若没有自由权，又不负责任，便和做奴隶一样，所以无论怎样好玩，无论怎样高兴，到底没有真正乐趣，到底不能发展个人的人格。所以哀梨妲说，有了完全自由，还要自己担干系，有这么一来，样样事都不同了。家庭是如此，社会国家也是如此。自治的社会，共和的国家，只是要个人有自由选择之权，还要个人对于自己所行所为都负责任。若不如此，决不能造出自己独立的人格。社会国家没有自由独立的人格如同酒里少了酒曲，面包里少了酵，人身上少了脑筋，那种社会国家决没有改良进步的希望。

所以易卜生的一生目的只是要社会极力容忍，极力鼓励斯铎曼医生一流的人物（斯铎曼事见上文四节）。要想社会上生出无数永不知足，永不满意，敢说老实话攻击社会腐败情形的"国民公敌"；要想社会上有许多人都能像斯铎曼医生那样宣言道："世上最强有力的人就是那个孤立的人！"

社会国家是时刻变迁的，所以不能指定那一种方法是救世的良药：十年前用补药，十年后或者须用泄药了；十年前用凉药，十年后或者须用热药了。况且各地的社会国家都不相同，适用于日本的药，未必完全适用于中国；适用于德国的药，未必适用于美国。只有康有为那种"圣人"，还想用他们的"戊戌政策"来救戊午的中国；只有辜鸿铭那班怪物，还想用二千年前的"尊王大义"来施行于二十世纪的中国。易卜生是聪明的人，他知道世上没有"包医百病"的仙方，也没有"施诸四海而皆准，推之百世而不悖"的真理。因此他对于社会的种种罪恶污秽，只开脉案，只说病状，却不肯下药。但他虽不肯下药，却到处告诉我们一个保卫社会健康的卫生良法。他仿佛说道："人的身体全靠血里面有无量数的白血轮时时刻刻与人身的病菌开战，把一切病菌扑灭干净，方才可使身体健全，精神充足。社会国家的健康也全靠社会中有许多永不知足，永不满意，时刻与罪恶分子宣战的白血轮，方才有改良进步的希望。我们若要保卫社会的健康，须要使社会里时时刻刻有斯铎曼医生一般的白血轮分子。但使社会常有这种白血轮精神，社会决没有不改良进步的道理。"1883年，易卜生写信给朋友道：

十年之后，社会的多数人大概也会到了斯铎曼医生开公

辜鸿铭

辜鸿铭是我国清末民国初的一位奇人。他精通多国语言，学贯中西。他曾大力宣扬中国传统文化，向西方译介了《论语》《中庸》和《大学》等书。他的英文著作有《中国的牛津运动》《中国人的精神》等。他的保守思想和古怪言行，曾引发不少争议。

民大会时的见地了。但是这十年之中，斯铎曼自己也刻刻向前进；所以到了十年之后，他的见地仍旧比社会的多数人还高十年。即以我个人而论，我觉得时时刻刻总有进境。我从前每作一本戏时的主张，如今都已渐渐变成了很多数人的主张。但是等到他们赶到那里时，我久已不在那里了。我又到别处去了。我希望我总是向前去了。（《尺牍》第172号。）

民国七年五月十六日作于北京

民国十年四月二十六日改稿

（原载于1918年6月《新青年》第4卷第6号）

我们对于西洋近代文明的态度

今日最没有根据而又最有毒害的妖言是讥贬西洋文明为唯物的（Materialistic），而尊崇东方文明为精神的（Spiritual）。这本是很老的见解，在今日却有新兴的气象。从前东方民族受了西洋民族的压迫，往往用这种见解来解嘲，来安慰自己。近几年来，欧洲大战的影响使一部分的西洋人对于近世科学的文化起一种厌倦的反感，所以我们时时听见西洋学者有崇拜东方的精神文明的议论。这种议论，本来只是一时的病态的心理，却正投合了东方民族的夸大狂；东方的旧势力就因此增加了不少的气焰。

我们不愿"开倒车"的少年人，对于这个问题不能没有一种彻底的见解，不能没有一种鲜明的表示。

现在高谈"精神文明""物质文明"的人，往往没有共同的标准做讨论的基础，故只能做文字上或表面上的争论，而不能有根本的了解。我想提出几个基本观念来做讨论的标准。

第一，文明（Civilization）是一个民族应付他的环境的总成绩。

第二，文化（Culture）是一种文明所形成的生活的方式。

第三，凡一种文明的造成，必有两个因子：一是物质的（Material），包括种种自然界的势力与质料；一是精神的

（Spiritual），包括一个民族的聪明才智，感情和理想。凡文明都是人的心思智力运用自然界的质与力的作品；没有一种文明是精神的，也没有一种文明单是物质的。

我想这三个观念是不须详细说明的，是研究这个问题的人都可以承认的。一只瓦盆和一只铁铸的大蒸汽炉，一只舢板船和一只大汽船，一部单轮小车和一辆电力街车，都是人的智慧利用自然界的质力制造出来的文明，同有物质的基础，同有人类的心思才智。这里面只有个精粗巧拙的程度上的差异，却没有根本上的不同。蒸汽铁炉固然不必笑瓦盆的幼稚，单轮小车上的人也更不配自夸他的精神的文明，而轻视电车上人的物质的文明。

因为一切文明都少不了物质的表现，所以"物质的文明"（Material Civilization）是一个名词不应该有什么讥贬的涵义。我们说一部摩托车是一种物质的文明，不过单指他的物质的形体；其实一部摩托车所代表的人类的心思智慧决不亚于一首诗所代表的心思智慧。所以"物质的文明"不是和"精神的文明"反对的一个贬词，我们可以不讨论。

我们现在要讨论的是：一，什么叫作"唯物的文明"（Materialistic Civilization），二，西洋现代文明是不是唯物的文明。

蒸汽带来的梦想

崇拜所谓东方精神文明的人说，西洋近代文明偏重物质上和肉体上的享受，而略视心灵上与精神上的要求，所以是唯物的文明。

我们先要指出这种议论含有灵肉冲突的成见，我们认为错误的成见。我们深信，精神的文明必须建筑在物质的基础之上。提高人类物质上的享受，增加人类物质上的便利与安逸，这都是朝着解放人类的能力的方向走，使人们不至于把精力心思全抛在仅仅生存之上，使他们可以有余力去满足他们的精神上的要求。东方的哲人曾说：

衣食足而后知荣辱，仓廪实而后知礼节。

这不是什么舶来的"经济史观"；这是平恕的常识。人世的大悲剧是无数的人们终身做血汗的生活，而不能得着最低限度的人生幸福，不能避免冻与饿。人世的更大悲剧是人类的先知先觉者眼看无数人们的冻饿，不能设法增进他们的幸福，却把"乐天"、"安命"、"知足"、"安贫"种种催眠药给他们吃，叫他们自己欺骗自己，安慰自己。西方古代有一则寓言说，狐狸想吃葡萄，葡萄太高了，他吃不着，只好说"我本不爱吃这酸葡萄！"狐狸吃不着甜葡萄，只好说葡萄是酸的；人们享不着物质上的快乐，只好说物质上的享受是不足羡慕的，而贫贱是可以骄人的。这样自欺自慰成了懒惰的风气，又不足为奇了。于是有狂病的人又进一步，索性回过头去，戕贼身体，断臂，绝食，焚身，以求那幻想的精神的安慰。从自欺自慰以至于自残自杀，人生观变成了人死观，都是从一条路上来的：这条路就是轻蔑人类的基本的欲望。朝这条路上走，逆天而拂性，必至于养成懒惰的社会，多数人不肯努力以求人生基本欲望的满足，也就不肯进一步以求心灵上与精神上的发展了。

西洋近代文明的特色便是充分承认这个物质的享受的重要。西洋近代文明，依我的鄙见看来，是建筑在三个基本观念之上：

第一，人生的目的是求幸福。

第二，所以贫穷是一桩罪恶。

第三，所以衰病是一桩罪恶。

借用一句东方古话，这就是一种"利用厚生"的文明。因为贫穷是一桩罪恶，所以要开发富源，奖励生产，改良制造，扩张商业。因为衰病是一桩罪恶，所以要研究医药，提倡卫生，讲求体育，防止传染的疾病，改善人种的遗传。因为人生的目的是求幸福，所以要经营安适的起居，便利的交通，洁净的城市，优美的艺术，安全的社会，清明的政治。纵观西洋近代的一切工艺，科学，法制，固然其中也不少杀人的利器与侵略掠夺的制度，我们终不能不承认那利用厚生的基本精神。

这个利用厚生的文明，当真忽略了人类心灵上与精神上的要求吗？当真是一种唯物的文明吗？

我们可以大胆地宣言：西洋近代文明绝不轻视人类的精神上的要求。我们还可以大胆地进一步说：西洋近代文明能够满足人类心灵上的要求的程度，远非东洋旧文明所能梦见。在这一方面看来，西洋近代文明绝非唯物的，乃是理想主义的（Idealistic），乃是精神的（Spiritual）。

我们先从理智的方面说起。

西洋近代文明的精神方面的第一特色是科学。科学的根本精神在于求真理。人生世间，受环境的逼迫，受习惯的支配，受迷信与成见的拘束。只有真理可以使你自由，使你强有力，使你聪明圣智；只有真理可以使你打破你的环境里的一切束缚，使你戳天，使你缩地，使你天不怕，地不怕，堂堂地做一个人。

求知是人类天生的一种精神上的最大要求。东方的旧文明对于这个要求，不但不想满足他，并且常想裁制他，断绝他。所以东方古圣人劝人要"无知"，要"绝圣弃智"，要"断思惟"，要"不识不知，顺帝之则"。这是畏难，这是懒惰。这种文明，还能自夸可以满足心灵上的要求吗？

东方的懒惰圣人说，"吾生也有涯，而知也无涯，以有涯逐无涯，殆已。"所以他们要人静坐澄心，不思不虑，而物来顺应。这是自欺欺人的诳语，这是人类的夸大狂。真理是深藏在事物之中的；你不去寻求探讨，他决不会露面。科学的文明教人训练我们的官能智慧，一点一滴地去寻求真理，一丝一毫不放过，一铢一两地积起来。这是求真理的唯一法门。自然（Nature）是一个最狡猾的妖魔，只有敲打可以逼她吐露真情。不思不虑的懒人只好永远做愚昧的人，永远走不进真理之门。

东方的懒人又说："真理是无穷尽的，人的求知的欲望如何能满足呢？"诚然，真理是发现不完的。但科学决不因此而退缩。科学家明知真理无穷，知识无穷，但他们仍然有他们的满足：进一寸有一寸的愉快，进一尺有一尺的满足。二千多年前，一个希腊哲人思索一个难题，想不出道理来；有一天，他跳进浴盆去洗澡，水涨起来，他忽然明白了，他高兴极了，赤裸裸地跑出门去，在街上乱嚷道，"我寻着了！我寻着了！"（Eureka! Eureka! ）这是科学家的满足。牛顿、巴斯德以至于爱迪生时时有这样的愉快。一点一滴都是进步，一步一步可以踌躇满志。这种心灵上的快乐是东方的懒圣人所梦想不到的。

这里正是东西文化的一个根本不同之点。一边是自暴自弃的不思不虑，一边是继续不断的寻求真理。

朋友们，究竟是那一种文化能满足你们的心灵上的要求呢？

其次，我们且看看人类的情感与想象力上的要求。

文艺，美术，我们可以不谈，因为东方的人，凡是能睁开眼睛看世界的，至少还都能承认西洋人并不曾轻蔑了这两个重要的方面。

我们来谈谈道德与宗教罢。

近世文明在表面上还不曾和旧宗教脱离关系，所以近世文化还不曾明白建立他的新宗教新道德。但我们研究历史的人不能不指出近世文明自有他的新宗教与新道德。科学的发达提高了人类的知识，使人们求知的方法更精密了，评判的能力也更进步了，所以旧宗教的迷信部分渐渐被淘汰到最低限度，渐渐地连那最低限度的信仰——上帝的存在与灵魂的不灭——也发生疑问了。所以这个新宗教的第一特色是他的理智化。近世文明仗着科学的武器，开辟了许多新世界，发现了无数新真理，征服了自然界的无数势力，叫电气赶车，叫"以太"送信，真个作出种种动地掀天的大事业来。人类的能力的发展使他渐渐增加对于自己的信仰心，渐渐把向来信天安命的心理变成信任人类自己的心理。所以这个新宗教的第二特色是他的人化。智识的发达不但抬高了人的能力，并且扩大了他的眼界，使他胸襟阔大，想象力高远，同情心浓挚。同时，物质享受的增加使人有余力可以顾到别人的需要与痛苦。扩大了的同情心加上扩大了的能力，遂产生了一个空前的社会化的新道德，所以这个新宗教的第三特色就是他的社会化的道德。

古代的人因为想求得感情上的安慰，不惜牺牲理智上的要求，专靠信心（Faith），不问证据，于是信鬼，信神，信上帝，信天堂，信净土，信地狱。近世科学便不能这样专靠信心了。科学并不菲薄感情上的安慰；科学只要求一切信仰须要经得起理智的评判，须要有充分的证据，凡没有充分证据的，只可存疑，不足信仰。赫胥黎（Huxley）说得最好：

> 如果我对于解剖学上或生理学上的一个小小困难，必须要严格地不信任一切没有充分证据的东西，方才可望有成绩，那么，我对于人生的奇秘的解决，难道就可以不用这样严格的条件吗？

这正是十分尊重我们的精神上的要求。我们买一亩田，卖二间屋，尚且要一张契据；关于人生的最高希望的根据，岂可没有证据就胡乱信仰吗？

这种"拿证据来"的态度，可以称为近世宗教的"理智化"。

从前人类受自然的支配，不能探讨自然界的秘密，没有能力抵抗自然的残酷，所以对于自然常怀着畏惧之心。拜物，拜畜生，怕鬼，敬神，"小心翼翼，昭事上帝"，都是因为人类不信任自己的能力，不能不依靠一种超自然的势力。现代的人便不同了。人的智力居然征服了自然界的无数质力，上可以飞行无碍，下可以潜行海底，远可以窥算星辰，近可以观察极微。这个两只手一个大脑的动物——人——已成了世界的主人翁，他不能不尊重自己了。一个少年的革命诗人曾这样的歌唱·

> 我独自奋斗，胜败我独自承当，
>
> 我用不着谁来放我自由，
>
> 我用不着什么耶稣基督

妄想他能替我赎罪替我死。

I fight alone and,win or sink,

I need no one to make me free,

I want no Jesus Christ to think

That he could ever die for me。

这是现代人化的宗教。信任天不如信任人，靠上帝不如靠自己。我们现在不妄想什么天堂天国了，我们要在这个世界上建造"人的乐国"。我们不妄想做不死的神仙了，我们要在这个世界上做个活泼健全的人。我们不妄想什么四禅定六神通了，我们要在这个世界上做个有聪明智慧可以戡天缩地的人。我们也许不轻易信仰上帝的万能了，我们却信仰科学的方法是万能的，人的将来是不可限量的。我们也许不信灵魂的不灭了，我们却信人格是神圣的，人权是神圣的。

这是近世宗教的"人化"。

但最重要的要算近世道德宗教的"社会化"。

古代的宗教大抵注重个人的拯救；古代的道德也大抵注重个人的修养。虽然也有自命普渡众生的宗教，虽然也有自命兼济天下的道德，然而终苦于无法下手，无力实行，只好仍旧回到个人的身心上用功夫，做那向内的修养。越向内做功夫，越看不见外面的现实世界；越在那不可捉摸的心性上玩把戏，越没有能力应付外面的实际问题。即如中国八百年的理学功夫居然看不见二万万妇女缠足的惨无人道！明心见性，何补于人道的苦痛困穷！坐排主敬，不过造成许多"四体不勤，五谷不分"的废物！

近世文明不从宗教下手，而结果自成一个新宗教；不从道德入门，而结果自成一派新道德。十五十六世纪的欧洲国家简直都是几个海盗的国家，哥仑布（Columbus）、马汲伦（Magellan）¹、都芮克（Drake）²一班探险家都只是一些大海盗。他们的目的只是寻求黄金、白银、香料、象牙、黑奴。然而这班海盗和海盗带来的商人开辟了无数新地，开拓了人的眼界，抬高了人的想象力，同时又增加了欧洲的富力。工业革命接着起来，生产的方法根本改变了，生产的能力更发达了。二三百年间，物质上的享受逐渐增加，人类的同情心也逐渐扩大。这种扩大的同情心便是新宗教新道德的基础。自己要争自由，同时便想到别人的自由，所以不但自由须以不侵犯他人的自由为界限，并且还进一步要求绝大多数人的自由。自己要享受幸福，同时便想到人的幸福，所以乐利主义（Utilitarianism）的哲学家便提出"最大多数的最大幸福"的标准来做人类社会的目的。这都是"社会化"的趋势。

十八世纪的新宗教信条是自由、平等、博爱。十九世纪中叶以后的新宗教信条是社会主义。这是西洋近代的精神文明，这是东方民族不曾有过的精神文明。

固然东方也曾有主张博爱的宗教，也曾有公田均产的思想。但这些不过是纸上的文章，不曾实地变成社会生活的重要部分，不曾变成范围人生的势力，不曾在东方文化上发生多大的影响。在西方便不然了。"自由，平等，博爱"成了十八世纪的革命口号。美国的革命、法国的革命、1848年全欧洲的革命运动、1862年的南北美战争，都是在这三大主义的旗帜之下的大革命。美国的宪法，法

1　马汲伦：麦哲伦。

2　都芮克：德雷克。

哥伦布像 | 意大利 | 吉尔兰代奥

哥伦布（1451～1506），中世纪欧洲航海家，美洲大陆的发现者。他的这一发现是历史上一个重大转折点，开创了在新大陆开发和殖民的新纪元。本图刻画的是失意的哥伦布。由于多年焦虑与操劳，他头发都白了。

国的宪法，以至于南美洲诸国的宪法，都是受了这三大主义的绝大影响的。旧阶级的打倒，专制政体的推翻，法律之下人人平等的观念的普遍，"信仰，思想，言论，出版"几大自由的保障的实行，普及教育的实施，妇女的解放，女权的运动，妇女参政的实现，……都是这个新宗教新道德的实际的表现。这不仅仅是三五个哲学家书本子里的空谈；这都是西洋近代社会政治制度的重要部分，这都已成了范围人生，影响实际生活的绝大势力。

十九世纪以来，个人主义的趋势的流弊渐渐暴白于世了，资本主义之下的苦痛也渐渐明了了。远识的人知道自由竞争的经济制度不能达到真正"自由，平等，博爱"的目的。向资本家手里要求公道的待遇，等于"与虎谋皮"。救济的方法只有两条大路：一是国家利用其权力，实行裁制资本家，保障被压迫的阶级；一是被压迫的阶级团结起来，直接抵抗资本阶级的压迫与掠夺。于是各种社会主义的理论与运动不断地发生。西洋近代文明本建筑在个人求幸福的基础之上，所以向来承认"财产"为神圣的人权之一。但十九世纪中叶以后，这个观念根本动摇了；有的人竟说"财产是贼赃"，有的人竟说"财产是掠夺"。现在私有财产制虽然还存在，然而国家可以征收极重的所得税和遗产税，"财产久已不许完全私有了。劳动是向来受贱视的；但资本集中的制度使劳工有大组织的可能，社会主义的宣传与阶级的自觉又使劳工觉悟团结的必要，于是几十年之中有组织的劳动阶级遂成了社会上最有势力的分子。十年以来，工党领袖可以执掌世界强国的政权，同盟总罢工可以服最有势力的政府，俄国的劳农阶级竟做了全国的专政阶级。这个社会主义的大运动现在还正在进行的时期。但他的成绩已很可观了。各国的"社会立法"的发达，工厂的视察，工厂卫生的改良，儿童工作与妇女工作的救济，红利分配制度的推行，缩短工作时间的实行，工人的保险，合作制之推行，最低工资（Minimum Wage）的运动，失业的救济，级进制的（Progressive）所得税与遗产税的实行，——这都是这个大运动已经做到的成绩，这也不仅仅是纸上的文章，这也都已成了近代文明的重要部分。

这是"社会化"的新宗教与新道德。

东方的旧脑筋也许要说："这是争权夺利，算不得宗教与道德。"这里又正是东西文化的一个根本不同之点。一边是安分，安命，安贫，乐天，不争，认吃亏；一边是不安分，不安贫，不肯吃亏，努力奋斗，继续改善现成的境地。东方人见人富贵，说他是"前世修来的"；自己贫，也说是"前世不曾修"，说是"命该如此"。西方人便不然，他说，"贫富的不平等，痛苦的待遇，都是制度的不良的结果，制度是可以改良的。"他们不是争权夺利，他们是争自由、争平等、争公道，他们争的不仅仅是个人的私利，他们奋斗的结果是人类绝大多数人的福利。最大多数人的最大幸福，不是袖手念佛号可以得来的，是必须奋斗力争的。

朋友们，究竟是哪一种文化能满足你们的心灵上的要求呢？

我们现在可综合评判西洋近代的文明了，这一系的文明建筑在"求人生幸福"的基础之上，确然替人类增进了不少的物质上的享受；然而他也确然很能满足人类的精神上的要求。他在理智的方面，用精密的方法，继续不绝地寻求真理，探索自然界无穷的秘密。他在宗教道德的方面，推翻了迷信的宗教，建立合理的信仰；打倒了神权，建立人化的宗教；抛弃了那不可知的天堂净土，努力建设"人的乐国"、"人世的天堂"；丢开了那自称的个人灵魂的超拔，尽量用人的新想象力和新智力去推行那充分社会化了的新宗教与新道德，努力谋人类最大多数的最大幸福。

东方的文明的最大特色是知足。西洋的近代文明的最大特色是不知足。

知足的东方人自安于简陋的生活，故不求物质享受的提高；自安于愚昧，自安于"不识不知"，故不注意真理的发现与技艺器械的发明；自安于现成的环境与命运，故不想征服自然，只求乐天安命；不想改革制度，只图安分守己；不想革命，只做顺民。

这样受物质环境的拘束与支配，不能跳出来，不能运用人的心思智力来改造环境改良现状的文明，是懒惰不长进的民族的文明，是真正唯物的文明。这种文明只可以遏抑而决不能满足人类精神上的要求。

西方人大不然。他们说"不知足是神圣的"（Divine Discontent）。物质上的不知足产生了今日钢铁世界、蒸汽机世界、电力世界。理智上的不知足产生了今日的科学世界。社会政治制度上的不知足产生了今日的民权世界，自由政体，男女平权的社会，劳工神圣的喊声，社会主义的运动。神圣的不知足是一切革新一切进化的动力。

这样充分运用人的聪明智慧来寻求真理以解放人的心灵，来制服天行以供人用，来改造物质的环境，来改革社会政治的制度，来谋人类最大多数的最大幸福，——这样的文明应该能满足人类精神上的要求，这样的文明是精神的文明，是真正理想主义的（Idealistic）文明，决不是唯物的文明。

固然，真理是无穷的，物质上的享受是无穷的，新器械的发明是无穷的，社会制度的改善是无穷的。但格一物有一物的愉快，革新一器有一器的满足，改良一种制度有一种制度的满意。今日不能成功的，明日明年可以成功；前人失败的，后人可以继续助成。尽一分力便有一分的满意；无穷的进境上，步步都可以给努力的人充分的愉快。所以大诗人邓内孙[1]（Tennyson）借古英雄的尤利西斯的口气歌唱道：

> 然而人的阅历就像一座穹门，
>
> 从那里露出那不曾走过的世界。
>
> 越走越远，永远望不到他的尽头。
>
> 半路上不干了，多么沉闷呵！
>
> 明晃晃的快刀为什么甘心上锈？
>
> 难道留得一口气就算得生活了？
>
> ……
>
> 朋友们，来罢！
>
> 去寻一个更新的世界是不会太晚的。
>
> ……
>
> 用掉的精力固然不回来了，剩下的还不少呢。
>
> 现在虽然不是从前那样掀天动地的身手了，
>
> 然而我们毕竟还是我们，——
>
> 光阴与命运颓唐了几分壮志！
>
> 终止不住那不老的雄心，
>
> 去努力，去探寻，去发现，
>
> 永不退让，不屈伏。

1926年6月6日

（原载于1926年7月《现代评论》第4卷第83期）

1　邓内孙：丁尼生。

充分世界化与全盘西化

二十年前，美国《展望周报》（The Outlook）总编辑阿博特（Lyman Abbott）发表了一部自传，其第一篇里记他的父亲的谈话，说："自古以来，凡哲学上和神学上的争论，十分之九都只是名词上的争论。"阿博特在这句话的后面加上了一句评论，他说："我父亲的话是不错的。但我年纪越大，越感觉到他老人家的算术还有点小错。其实剩下的那十分之一，也还只是名词上的争论。"

这几个月里，我读了各地杂志报章上讨论"中国本位文化"、"全盘西化"的争论，我常常想起阿博特父子的议论。因此我又联想到五六年前我最初讨论这个文化问题时，因为用字不小心，引起的一点批评。那一年（1929）《中国基督教年鉴》（Christian Year-book）请我做一篇文字，我的题目是《中国今日的文化冲突》。我指出，中国人对于这个问题，曾有三派的主张：一是抵抗西洋文化；二是选择折衷；三是充分西化。我说抵抗拒西化在今日已成过去，没有人主张了。但所谓"选择折衷"的议论，看去非常有理，其实骨子里只是一种变相的保守论。所以我主张全盘的西化，一心一意的走上世界化的路。

那部年鉴出版后，潘光旦先生在《中国评论周报》里写了一篇英文书评，差不多全文是讨论我那篇短文的。他指出我在那短文里用了两个意义不全同的字，一个是wholesale westernization，可译为"全盘西化"；一个是wholehearted modernization，可译为"一心一意的现代化"，或"全力的现代化"，或"充分的现代化"。潘先生说，他可以完全赞成后面那个字，而不能接受前面那个字。这就是说，他可以赞成"全力现代化"，而不能赞成"全盘西化"。

陈序经、吴景超诸位先生大概不曾注意到我们在五六年前的英文讨论。"全盘西化"一个口号所以受了不少的批评，引起了不少的辩论，恐怕还是因为这个名词的确不免有一点语病。这点语病是因为严格说来，"全盘"含有百分之一百的意义，而百分之九十九还算不得"全盘"。其实陈序经先生的原意并不这样，至少我可以说我自己的原意并不是这样。我赞成"全盘西化"，原意只是因为这个口号最近于我十几年来"充分"世界化的主张；我一时忘了潘光旦先生在几年前指出我用字的疏忽，所以我不曾特别声明"全盘"的意义不过是"充分"而已，不应该拘泥作百分之百的数量的解释。

所以我现在很诚恳的向各位文化讨论者提议：为免除许多无谓的文字上或名词上的争论起见，与其说"全盘西化"，不如说"充分世界化"。"充分"在数量上即是"尽量"的意思，在精神上即是"用全力"的意思。

我的提议的理由是这样的：

第一，避免了"全盘"字样，可以免除一切琐碎的争论。例如我此刻穿着长袍，踏着中国缎鞋子，用的是钢笔，写的是中国字，谈的是"西化"。究竟我有"全盘西化"的百分之几，本来可以不生问题。这里面本来没有"折衷调和"的存心，只不过是为了应用上的便利而已。我自信我的长袍和缎鞋和中国字，并没有违反我主张"充分世界化"的原则。我看了近日各位朋友的讨论，颇有太琐碎的争论，如"见女人脱帽子"，是否"见男人也应该脱帽子"；如我们"能吃番菜"，是不是我们的饮食也应该全盘西化。这些事我看都不应该成问题。人与人交际，应该"充分"学点礼貌；饮食起居，应该"充分"注意卫生与滋养：这就够了。

第二，避免了"全盘"字样，可以容易得着同情的赞助。例如陈序经先生说："吴景超先生既能承认了西方文化十二分之十以上，那么吴先生之所以异于全盘西文化论者，恐怕是毫厘之间罢。"我却以为，与其希望别人牺牲那"毫厘之间"来迁就我们的"全盘"，不如我们自己抛弃那文字上的"全盘"来包罗一切在精神上或原则上赞成"充分西化"或"根本西化"的人们。依我看来，"充分世界化"的原则之下，吴景超、潘光旦、张佛泉、梁实秋、沈昌晔……诸先生当然都是我们的同志，而不是论敌了。就是那发表"总答复"的十教授，他们既然提出了"充实人民的生活，发展国民的生计，争取民族的生存"的三个标准，而这三件事又恰恰都是必须充分采用世界文化的最新工具和方法的，那么，我们在这三点上边可以欢迎"总答复"以后的十教授做我们的同志了。

第三，我们不能不承认，数量上的严格"全盘西化"是不容易成立的。文化只是人民生活的方式，处处都不能不受人民的经济状况和历史习惯的限制，这就是我从前说过的文化惰性。你尽管相信"西菜较合卫生"，但事实上决不能期望人人都吃西菜，都改用刀叉。况且西洋文化确有不少历史的因袭的成分，我们不但理智上不愿采取，事实上也决不会全盘采取。你尽管说基督教比我们的道、佛教高明得多多，但事实上基督教有一两百个宗派，他们自己就互相诋毁，我们要的是哪一派？若说："我们不妨采取其宗教的精神"，那也就不是"全盘"了。这些问题，说"全盘西化"则都成争论的问题，说"充分世界化"则都可以不成问题了。

　　鄙见如此，不知各位文化讨论者以为如何？

二十四，六，二十二

（原载于天津《大公报》1935年6月21日）

眼前世界文化的趋向

今天我讲的题目，发表出来是"眼前文化的趋向"，后来我想了想恐怕要把题目修改几个字，这题目叫作"眼前世界文化的趋向"。"眼前世界文化的趋向"，有他自然的趋向，也有他理想的方向。依着自然的趋向，世界文化，在我们看起来，渐渐朝混合统一的方向，但这统一趋合自然的趋向中，也可以看出共同理想的目标。现在我先谈谈自然的统一趋向。

自从轮船与火车出来之后，世界上的距离一天天地缩短，地球一天天接近，人类一天天接近。七十年前，有一部小说叫作《八十天环游全世界》，这是一种理想，诸位还记得，今年6月里，十九位美国报界领袖，坐了一只新造的飞机，6月17日从纽约起飞，绕了全球一周，6月30日飞回纽约，在路共计十三天，飞二万一千四百二十四英里，而在飞行的时间不过一百钟点，等于四天零几点种。更重要的是，传播消息、传播新闻、传播语言文字、传播思想的工具，电报的发明是第一步，海底电线的成功是第二步，电话的发明是第三步，无线电报与无线电话的成功是第四步。

有了无线电报无线电话，高山也挡不住消息，大海也隔不断新闻，战争炮火也截不断消息的流通。我们从前看过《封神榜》小说，诸位总记得"千里眼，顺风耳"的故事。现在北平可以和南京通电话，上海可以同纽约通电话。人同人可以隔着太平洋谈话，可以和六大洲通电报，人类的交通已远超过小说里面的"千里眼、顺风耳"的神话世界了！人类进步到了这个地步，文化的接触，文化的交换，文化的打通混合，就更有机会了，就更有可能了。

所以我们说，一百四十年的轮船，一百二十年的火车，一百年的电报，五十年的汽车，四十年的飞机，三十年的无线电报这些重要的交通工具，在区区一百年之内，把地面更缩小，把种种自然的阻隔物都打破了，使各地的货物可以流通，使东西南北的人可以往来交通，使各色各样的风俗习惯，信仰思想，都可以彼此接触，彼此了解，彼此交换。这一百多年，民族交通，文化交流的结果，已经渐渐的造成了一种混同的世界文化。

以我们中国来说：无论在都市、在乡村，都免不了这个世界文化的影响。电灯、电话、自来水、公路上的汽车、铁路上的火车、电报、无线电广播、电影、空中飞来飞去的飞机，这都是世界文化的一部份。不用说了，纸烟卷里的烟草，机器织的布，机器织的毛巾，计算时间的钟表，也都是世界文化的一部分，甚至于我们人人家里自己园地的大豆、老玉米，也都是世界文化的一部分。大豆是中国的土产，现在已成为世界上最有用的一种植物了。老玉米是美洲的土产，在四五百年当中，传遍了全世界，久已成为世界公用品，很少人知道他是从北美来的。

反过来看，在世界别的角落里，在欧洲、美洲的都市与乡村里，我们也可以随地看见许多中国的东西变成了世界文化的一部分。中国的磁器，中国的铜器，中国画，中国雕刻，中国蚕丝，中国刺绣，是随地可以看见的。茶叶是中国去的，橘子、菊花是中国去的，桐油是全世界工业必不可少的。中国春天最早开的迎春花，

八十天环绕地球 ｜ 老电影海报

《八十天环绕地球》是法国著名作家凡尔纳的科幻小说代表作之一。

现在已成了西方都市与乡村最常见的花了。西方女人最喜欢的白菊花、栀子花，都是中国去的。西方家园里，公园里，我们常看见的藤萝花、芍药花、丁香花、玉兰花，也都是中国去的。

文化的交流，文化的交通，都是自由挑选的，这里面有一个大原则，就是"以其所有，易其所无，交易而退，各得其所"。翻成白话是"我要什么，我挑什么来；他要什么，他挑什么去。"老玉米现在传遍世界，难道是洋枪大炮逼我们种的么？桐油、茶叶传遍了世界，也不是洋枪大炮来抢去的。小的小到一朵花、一个豆，大的大到经济政治、学术思想都逃不了这个文化自由选择，自由流通的大趋向。三四百年的世界交通，使各色各样的文化有个互相接近的机会。互相接近了，才可以自由挑选，自由采用。

今日的世界文化就是这样自然的形成，这是我要说的第一句话。我要说的第二句话是"眼前的世界文化"在刚才说过的自然挑选的自然趋向之下，还可以看出几个共同的大趋向，有几个共同的理想目标，这几个理想的目标是世界上许多圣人提倡的、鼓吹的，几个改造世界的大方向，经过了几百年的努力，几百年的宣传，现在差不多成了文明国家共同努力的目标了。到现在是有哪些世界文化共同的理想目标呢？总括起来共有三个：

第一、用科学的成绩解除人类的痛苦，增进人生的幸福。

第二、用社会化的经济制度来提高人类的生活，提高人类的生活程度。

第三、用民主的政治制度来解放人类的思想，发展人类的才能，造成自由的独立的人格。

先说第一个理想，用科学的成果来增进人生的幸福，减除人生的痛苦。这个世界文化的最重要成分是三四百年的科学成绩。

有些悲观的人，看了两次世界大战，尤其是看了最近几年的第二次世界大战，他们常常说，科学是杀人的利器，是毁灭世界文化的大魔王。他们听了两个原子弹毁灭了日本两个大都市，杀了几十万人，他们就想象将来的世界大战一定要把整个世界文明都毁灭完了，所以他们害怕科学，咒骂科学，这种议论是错误的。在一个大战争的时期，为了国家的生存，为了保持人类文明，为了缩短战争，科学不能不尽他的最大努力，发明有力量的武器，如第二次大战争里双方发明的种种可怕武器。但这种战时工作不是科学的经常工作，更不是科学的本意。科学的正常使命是充分运用人的聪明才智来求真理，求自然界的定律，要使人类能够利用这种真理这种定律来管理自然界种种事务力量，譬如叫电气给我们赶车，叫电波给我们送信，这才是科学的本分，这才是利用科学的成果来增进人生的幸福。

这几百年来的科学成绩，都是朝着这个方向做去的。无数聪明才智的人，抱着求真理的大决心，终身埋头在科学实验室里，一点一滴地研究，一步一步地进步，几百年继续不断地努力，发明了无数新事业、新理论、新定律，造成了人类历史上空前的一个科学新世界。在这个新世界里，人类的病痛减少了！人类的传染病在文明国家里差不多没有了，平均寿命延长了几十年，科学文明的结果应用到工业技术上造出了种种替代人工的机器，使人们可以减轻工作的劳力，增加工作的效能，使人们可以享受无数机械的奴隶服侍。总而言之，科学文明的结果使人类痛苦减除，寿命延长，增加生产，提高生活。

因为科学可以减除人类的痛苦，提高人生的幸福，所以现代世界文化的第一个理想目标是充分发展科学，充分利用科学，充分利用科学的成果来改善人们的生活。近世科学虽然是欧洲产生的，但在最近的三十年中，科学的领导地位，已经渐渐地从欧洲转到美国了。科学是没有国界的，科学是世界公有的。只要有人努力，总可以有成绩，所以新起来的国家如日本，如苏俄，如印度，如中国，有一分的努力，总可以有一分科学成绩，我希望我们在世界文化上有这种成分。

其次谈到第二个理想标准，用社会化的经济制度来提高生活程度。我特别用"社会化的经济制度"一个名词，因为我要避掉"社会主义"一类名词。"社会化的经济制度"就是要顾到社会大多数人民的利益的经济制度。最近几十年的世界历史其一个很明显的方向，就是无论在社会主义的国家，或者在资本主义的国家，财产权已经不是私人的一种神圣不可侵犯的人权了。社会大多数的利益是一切经济制度的基本条件。美国英国号称资本主义国家，但他们都有级进的所得税和遗产税。前四年的英国所得税，每年收入一万镑的人，要抽百分之八十，而每年收入在二百五十镑以下的人，只抽百分之三的所得税。同年美国所得税率，单身人（没有结婚的），每年收入一千元的，只抽一百零七元，每年收入一百万元的要抽八十九万九千五百元，等于百分之九十的所得税。这样的经济制度，一方面并不废除私有财产和自由企业，一方面节制资本，征收级进的所得税，供给全国的用度，同时还可以缩短贫富的距离，这样的经济制度可以称为"社会化的"。此外如以保障劳工组织，规定最低工资，限制工作时间！用国家收入来救济失业者，这都是"社会化"的方法。英国民族在各地建立的自治新国家，如澳洲，如纽西兰，近年来都是工党当国，都倾向于社会主义的经济方法。英国本身最近在工党执政之下，也是更明显的推行经济制度社会化。美国在罗斯福总统的十三年的"新法"政治之下，也推行了许多"社会化"的经济政策。至于北欧西欧的许多民主国家，如瑞典、丹麦、挪威，都是很早就实行各种社会化的立法的国家。

这种很明显的经济制度的社会化，是世界文化的第二个共同的理想目标。我们中国本来有"不患贫而患不均"的传统思想，我们更应该朝这个方面多多的努力，才可以在世界文化上占一个地位。

最后，世界文化还有第三个共同的理想目标，就是民主的政治制度。有些人听了我这句话，也许要笑我说错了。他们说最近三十年，民主政治已不时髦了，时髦的政治制度是一个代表劳农阶级的少数党专政，铲除一切反对党，用强力来统治大多数的人民。个人的自由是资本主义的遗产，是用不着的。阶级应该有自由，个人应该牺牲自由，以谋阶级的自由。这一派的理论在眼前的世界里，代表一个很有力量的大集团。而胡适之偏要说民主政治是文化的一个共同的理想目标，这不是大错了吗？

我不承认这种批评是对的。我是学历史的人，从历史上来看世界文化上的趋向，都是民主自由的趋向，是三四百年来的一个最大目标，一个明白的方向。最近三十年的反自由、反民主的集体专制的潮流，在我们个人看来，不过是一个小小的波折，一个小小的逆流。我们可以不必因为中间起了这一个三十年的逆流，抹煞那三百年的民主大潮流、大方向。

俄国大革命，在经济方面要争取劳农大众的利益，那是我们同情的。可是阶级斗争的方法，造成了一种不容忍、反自由的政治制度，我认为那是历史上的一件大不幸的事。这种反自由、不民主

我是神圣的民主，我在等待我的情人 ┃ 法国 ┃ 维莱特 ┃1887 年

的政治制度站不住，所以必须依靠暴力强力来维持他，结果是三十年很残忍的压迫与消灭反对党。终于从一党专制走上一个人的专制。三十年的苦斗，人民所得的经济利益，还不如民主国家从自由企业与社会立法得来的经济利益那么多，这是很可惋惜的。

我们纵观这三十年的世界历史，只看见那些模仿这种反自由、不容忍的专制制度，一个一个的都被打倒了，毁灭了。今日的世界，无论是在老文明的欧洲，或是在新起的亚洲，都还是朝着争民主、争自由的方向走。印度的独立，中国结束一党专政，都是显明的例子。

所以我毫不迟疑地说：世界文化的第三个目标，是争取民主，争取更多更合理的民主。

有些人看见现在世上两个大集团的对立，"两个世界"的明朗化，就以为第三次世界大战祸，不久即将来临了，将来胜败不知如何，我们不要压错宝，以致后悔无及！这是很可怜的败北主义。所谓"两个世界"的对垒，其实不过是那个反自由不容忍的专制集团自己害怕、自己气馁的表现。这个集团至今不敢和世界别的国家自由交通，这就是害怕的铁证！这就是气馁。我们认清了世界文化的方向，尽可以不必担忧，尽可以放大胆子，放开脚步，努力建立我们自己的民主自由政治制度。我们要解放我们自己，我们要造成自由独立的国民人格，只有民主的政治，可以满足我们的要求。

（原载于《独立时论》1948年北平出版）

我们走哪条路

缘起

我们几个朋友在这一两年之中常常聚谈中国的问题，各人随他的专门研究，选定一个问题，提出论文，供大家的讨论。去年我们讨论的总题是"中国的现状"，讨论的文字也有在《新月》上发表的。如潘光旦先生的《论才丁两旺》（《新月》2卷4号），如罗隆基先生的《论人权》（《新月》2卷5号），都是用讨论的文字改作的。

今年我们讨论的总题是"我们怎样解决中国的问题？"分了许多子目，如政治、经济、教育等等，由各人分任。但在分配题目的时候，就有人提议说："在讨论分题之前，我们应该先想想我们对于这些各个问题有没有一个根本的态度。究竟我们用什么态度来看中国的问题？"几位朋友都赞成有这一篇概括的引论，并且推我提出这篇引论。

这篇文字是4月12夜提出讨论的。当晚讨论的兴趣的浓厚鼓励我把这篇文字发表出来，供全国人的讨论批评。以后别位朋友讨论政治、经济等等各个问题的文字也会陆续发表。

十九，四，十三，胡适

我们今日要想研究怎样解决中国的许多问题，不可不先审查我们对于这些问题根本上抱着什么态度。这个根本态度的决定，便是我们走的方向的决定。古人说得好：

> 今夫盲者行于道，人谓之左则左，谓之右则右。遇君子则得其平易，遇小人则蹈于沟壑。（《淮南·汜论训》，文字依《意林》引。）

这正是我们中国人今日的状态。我们平日都不肯彻底想想究竟我们要一个怎样的社会国家，也不肯彻底想想究竟我们应该走哪一条路才能达到我们的目的地。事到临头，人家叫我们向左走，我们便撑着旗，喊着向左走；人家叫我们向右走，我们也便撑着旗，喊着向右走。如果我们的领导者是真真睁开眼睛看过世界的人，如果他们确是睁着眼睛领导我们，那么，我们也许可以跟着他们走上平阳大路上去。但是，万一我们的领导者也都是瞎子，也在那儿被别人牵着鼻子走，那么，我们真有"盲人骑瞎马，夜半临深池"的大危险了。

我们不愿意被一群瞎子牵着鼻子走的人，在这个时候应该睁开眼睛看看面前有几个岔路，看看那一条路引我们到哪儿去，看看我们自己可以并且应该走哪一条路。

盲人瞎马

我们的观察和判断自然难保没有错误，但我们深信自觉的探路总胜于闭了眼睛让人牵着鼻子走。我们并且希望公开地讨论我们自己探路的结果可以使我们得着更正确的途径。

在我们探路之前，应该先决定我们要到什么地方去，——我们的目的地。这个问题是我们的先决问题，因为如果我们不想到那儿去，又何必探路呢？

现时对于这个目的地，至少有这三种说法：

一，中国国民党的总理孙中山说，国民革命的"目的在于求中国之自由平等"。

二，中国青年党（国家主义者）说，国家主义的运动"就是要国家能够独立，人民能够自由，而在国际上能够站得住的种种运动"。

三，中国共产党现在分化之后，理论颇不一致；但我们除去他们内部的所谓史大林——托洛斯基之争，可以说他们还有一个共同目的地，就是"巩固苏联无产阶级专政，拥护中国无产阶级革命"。

我们现在的任务不在讨论这三个目的地，因为这种讨论徒然引起无益的意气，而且不是一千零一夜打得了的笔墨官司。

我们的任务只在于充分用我们的知识，客观地观察中国今日的实际需要，决定我们的目标。我们第一要问，我们要铲除的是什么？这是消极的目标。第二要问，我们要建立的是什么？这是积极的目标。

我们要铲除打倒的是什么？我们的答案是：

我们要打倒五个大仇敌：

第一大敌是贫穷。

第二大敌是疾病。

第三大敌是愚昧。

第四大敌是贪污。

第五大敌是扰乱。

这五大仇敌之中，资本主义不在内，因为我们还没有资格谈资本主义。资产阶级也不在内，因为我们至多有几个小富人，哪有资产阶级？封建势力也不在内，因为封建制度早已在二千年前崩壤了。帝国主义也不在内，因为帝国主义不能侵害那五鬼不入之国。帝国主义为什么不能侵害美国和日本？为什么偏爱光顾我们的国家？岂不是因为我们受了这五大恶魔的毁坏，遂没有抵抗的能力了吗？故即为抵抗帝国主义起见，也应该先铲除这五大敌人。

这五大敌人是不用我们详细证明的。余天休先生曾说中国人口百分之九十五在贫穷线以下。张振之先生（《目前中国社会的病态》）估计贫民数目占全国人口三分之一以上。张先生引四川李敬穆先生的活，说：依据甘布尔、狄麦尔，以及北京的成府、安徽的湖边村的调查，中国穷人总数当占全国人口百分之五十（李先生假定一家最低生活费为103元至160元，凡一家庭每年收入在这数目以下，便是穷人）。近来所得社会调查的结果，如李景汉先生《北平郊外之乡村家庭》等书所报告，都可以证明李敬穆先生的估计是大体不错的。有些地方的穷人竟在百分之七十三以上（李景汉调查北平郊外挂甲屯的结果），或竟至百分之八十二以上（民十一华洋义赈会调查结果）。这就离余天休先生的估计不远了。这是我们的第一大敌。

疾病是我们种弱的大原因。瘟疫的杀人，肺结核花柳病的杀人灭族，这都是看得见的。还有许多不明白杀人而势力可以毁灭全村，可以衰弱全种的疾病，如疟疾便是最危险又最普遍的一种。近年有科学家说希腊之亡是由于疟疾，罗马的衰亡也由于疟疾。这话我们听了也许不相信。但我们在中国内地眼见整个的村庄渐渐被疟疾毁为荆棘地，眼见害疟疾的人家一两代之后人丁绝灭，眼见有些地方竟认疟疾为与生俱来不可避免的病痛，（我们徽州人叫他作"胎疟"，说人人都得害一次的！）我们不得不承认疟疾的可怕甚于肺结核，甚于花柳，甚于鸦片。在别的国家，疟疾是可以致死的，故人人知道它可怕。中国人受疟疾的侵害太久了，养成了一点抵抗力，可以苟延生命，不致于立死，故人都不觉其可怕。其实正因为它杀人不见血，灭族不留痕，故格外可怕。我们没有人口统计，但世界学者近年都主张中国人口减少而不见增加。我们稍稍观察内地的人口减少的状态，不能不承认此说的真确。张振之先生在他的《中国社会的病态》里，引了一些最近的各地统计，无一处不是死亡率超过出生率的。例如：

广州市十七年五月到八月，每周死亡超过出生平均为六十人；广州市十七年八月到十一月，每周死亡超过出生平均六十七人；南京市十七年一月到十一月，平均每月多死二百七十一人，每周平均多死六十二人。

不但城市如此，内地人口减少的速度也很可怕。我在三十年之中就亲见家乡许多人家绝嗣衰灭。疾病瘟疫横行无忌，医药不讲究，公共卫生不讲究，哪有死亡不超过出生的道理？这是我们的第二大敌。

愚昧是更不须我们证明的了。我们号称五千年的文明古国，而没有一个三十年的大学（北京大学去年12月满三十一年，圣约翰去年12月满五十年，都是连初期幼稚时代计算在内）。在今日的世界，哪有一个没有大学的国家可以竞争生存的？至于每日费一百万元养兵的国家，而没有钱办普及教育，这更是国家的自杀了。因为愚昧，故生产力低微，故政治力薄弱，故知识不够救贫救灾救荒救病，故缺乏专家，故至今日国家的统治还在没有知识学问的军人政客手里。这是我们的第三大敌。

贪污是我们这个民族的最大特色。不但国家公开"捐官"曾成为制度，不但二十五年没有考试任官制度之下的贪污风气更盛行，这个恶习惯其实已成了各种社会的普遍习惯，正如亨丁顿[1]说的：

> 中国人生活里有一件最惹厌的事，就是有一种特殊的贪小利行为，文言叫作"染指"，俗语叫作"揩油"。上而至于军官的克扣军粮，地方官吏的刮地皮，庶务买办的赚钱，下而至于家里老妈子的"揩油"，都是同性质的行为。

这是我们的第四大敌。

扰乱也是最大的仇敌。太平天国之乱毁坏了南方的精华区域，六七十年不能恢复。近二十年中，纷乱不绝，整个的西北是差不多完全毁了，东南西南的各省也都成了残破之区，土匪世界。美国生物学者卓尔登（DavidStarrJordan）曾说，日本所以能革新强盛，全靠维新以前有了二百五十年不断的和平，积养了民族的精力，才能够发愤振作。我们眼见这二十年内战的结果，贫穷是更甚

1　亨丁顿：亨廷顿。

了，疾病死亡是更多了，教育是更破产了，——避兵避匪逃荒逃死还来不及，哪能办教育？——租税是有些省份预征到民国一百多年的了，贪污是更明目张胆的了（《中国评论周报》本年一月三十日社论说，民国成立以来，官吏贪污更甚于从前）。然而还有无数人天天努力制造内乱！这是我们的第五个大仇敌。

以上略述我们认为应该打倒的五大仇敌。毁灭这五鬼，便是同时建立我们的新国家。我们要建立的是什么？

我们要建立一个治安的、普遍繁荣的、文明的、现代的统一国家。

"治安的"包括良好的法律政治、长期的和平、最低限度的卫生行政。"普遍繁荣的"包括安定的生活、发达的工商业、便利安全的交通、公道的经济制度、公共的救济事业。"文明的"包括普遍的义务教育、健全的中等教育、高深的大学教育，以及文化各方面的提高与普及。"现代的"总括一切适应现代环境需要的政治制度、司法制度、经济制度、教育制度、卫生行政、学术研究、文化设备等等。

这是我们的目的地。我们深信：决没有一个"治安的、普遍繁荣的、文明的、现代的统一国家"而不能在国际上享受独立、自由、平等的地位的。我们不看见那大战后破产而完全解除军备的德国在战败后八年被世界列国恭迎入国际联盟，并且特别为她设一个长期理事名额吗？

目的地既定，我们才可以问：我们应该用什么法子，走哪一条路，才可以走到那目的地呢？

我们一开始便得解决一个歧路的问题：还是取革命的路呢？

还是走演进（evolution）的路呢？还是另有第三条路呢？——这是我们的根本态度和方法的问题。

革命和演进本是相对的、比较的，而不是绝对的、相反的。顺着自然变化的程序，如瓜熟蒂自落，如九月胎足而产婴儿，这是演进。在演进的某一阶段上，加上人功的促进，产生急骤的变化；因为变化来得急骤，表面上好像打断了历史上的连续性，故叫作革命。其实革命也都有历史演进的背景，都有历史的基础。如欧洲的"宗教革命"，其实已有了无数次的宗教革新运动作历史的前锋，如中古晚期的唯名论（Nominalism）的思想，如十三世纪以后的文艺复兴的潮流，如弗浪西斯派的和平的改革，如威克立夫和赫司等人的比较急进的改革，如各国的君主权力的扩大，这都是十六世纪的宗教革命的历史背景。火药都埋好了，路得[1]等人点着火线，于是革命爆发了。故路得等人的宗教革新运动可以叫作革命，也未尝不可以说是历史演进的一个阶段。

又如所谓"工业革命"，更显出历史逐渐演进的痕迹，而不是急骤地革命。基本的机械知识，在十六世纪已渐渐发明了；十六世纪已有专讲机器的书了，十七世纪已是物理的科学很发达的时代了，故十八世纪后半的机器生产方法，其实只是几百年逐渐积聚的知识与经验的结果。不过瓦特的蒸汽机出世以后，机器的动力根本不同了，表面上便呈现一个骤变的现象，故我们叫这个时代做工业革命时代。其实生产方法的革新，前面可以数到十五六世纪，后面一直到我们今日还在不断地演进。

政治史上所谓"革命"，也都是不断的历史演进的结果。美

1　路得：马丁·路德。

胡斯被判处火刑 | "胡斯"是今日的译名，即文中的"赫司 Huss"

约翰·胡斯（1369～1415年），是一位波西米亚宗教改革家和殉道士。胡斯是马丁·路德（即文中的"路得"）和新教改革的先驱者。1415年，他被烧死在火刑柱上。

国的独立，法国的大革命，俄国的1917的两次革命，都有很长的历史背景。莫斯科的"革命博物馆"把俄国大革命的历史一直追溯到三四百年前的农民暴动，便是这个道理，中国近年的革命至少也可以从明末叙起。

所以革命和演进只有一个程度上的差异，并不是绝对不相同的两件事。变化急进了，便叫作革命；变化渐进，而历史上的持续性不呈露中断的现状，便叫作演进。但在方法上，革命往往多含一点自觉的努力，而历史演进往往多是不知不觉的自然变化。因为这方法上的不同，在结果上也有两种不同：第一，无意的自然演变是很迟慢的，是很不经济的，而自觉的人功促进往往可以缩短改革的时间。第二，自然演进的结果往往留下许多久已失其功用的旧制度和旧势力，而自觉的革命往往能多铲除一些陈腐的东西。在这两点上，自觉的革命都优于不自觉的演进。

但革命的根本方法在于用人功促进一种变化，而所谓"人功"有和平与暴力的不同，宣传鼓吹，组织与运动，使少数人的主张逐渐成为多数人的主张，或由立法，或由选举竞争，使新的主张能替代旧的制度，这是和平的人功促进。而在未上政治轨道的国家，旧的势力滥用压力摧残新的势力，反对的意见没有法律的保障，故革新运动往往不能用和平的方法公开活动，往往不能不走上武力解决的路上去。武力斗争的风气既开，而人民的能力不够收拾已纷乱的局势，于是一乱再乱，能发而不能收，能破坏而不能建设，能扰乱而不能安宁，如中美洲的墨西哥，如今日的中国，皆是最明显的例子。

武力暴动不过是革命方法的一种，而在纷乱的中国却成了革命的唯一方法，于是你打我叫作革命，我打你也叫作革命。打败的人只图准备武力再来革命。打胜的人也只能时时准备武力防止别人用武力来革命。这一边刚打平，又得招兵购械，筹款设计，准备那一边来革命了。他们主持胜利的局面，最怕别人来革命，故自称为"革命的"，而反对的人都叫作"反革命"。然而孔夫子正名的方法终不能叫人不革命；而终日凭借武力提防革命也终不能消除革命。于是人人自居于革命，而革命永远是"尚未成功"，而一切兴利除弊的改革都搁起不做不办。于是"革命"便完全失掉用人功促进改革的原意了。

我们认为今日所谓"革命"，真所谓"天下多少罪恶假汝之名以行"。用武力来替代武力，用这一班军人来推倒那一班军人，用这一种盲目势力来替代那一种盲目势力，这算不得真革命。至少这种革命是没有多大意义的，没有多大价值的。结果只是兵化为匪，匪化为兵，兵又化为匪，造成一个兵匪世界而已。于国家有何利益？于人民有何利益？

就是那些号称有主张的革命者，喊来喊去，也只是抓住几个抽象名词在那里变戏法。有一班人天天对我们说："中国革命的对象是封建阶级。"又有一班人天天说："中国革命的对象是封建势力。"我们孤陋寡闻的人，就不知道今日中国有些什么封建阶级和封建势力。我们研究这些高喊打倒封建势力的先生们的著作言论，也寻不着一个明了清楚的指示。一位教育革命的鼓吹家在民国十八年二月二十日出版的《教育杂志》（211卷2号2页）上说：

> 中国秦以前，完全为一封建时代。自黄帝历尧、舜、禹、汤，以至周武王，为封建之完成期。自周平王东迁，历春秋战国以至秦始皇，为封建之破坏期。统一之中国，即于

此封建制度之成毁过程中完全产出。（原注：封建之形势早已破坏，而封建之势力至今犹存。）

但是隔了两个月，这位教育家把他所说的话完全忘记了，便又在4月20日出版的《教育杂志》（同卷4号2页）上说：

中国在秦以前，为统一的专制一尊的封建国家成长之时代。……到秦始皇时，……统一的专制一尊的封建国家才完全确立。（原注：列爵封土的制度，到这时候，当然改变了许多。然国家仍可以称为"封建的"者，因"封建的"三字并非单指列爵封土之制而言。凡一国由中央划分行政区域，设为种种制度，位置许多地方官吏；地方官吏更一方面负责维持地方次序，另一方面吸收地方一部分经济的利益，以维持中央之存在。平民于此，无说话之余地。凡此等等，都可以代表"封建的"三字之一部分的精神。）

两个月之前，封建制度到秦始皇时破坏了；两个月之后，封建国家又在秦始皇时才完全确立！然而《教育杂志》的编者与读者都毫不感觉矛盾。这位作者本人也毫不感觉矛盾。他把中央集权制度叫作封建国家，《教育杂志》的编者与读者也毫不觉得奇怪荒谬。为什么呢？因为这些名词本来只是口头笔下的玩意儿，爱变什么戏法就变什么戏法，本来大可不必认真，所以作者可以信口开河，读者也由他信口开河。

那么，这个革命的对象——封建势力——究竟是什么东西呢？去年《大公报》上登着一位天津市党部的某先生的演说，说封建势力是军阀、是官僚、是留学生。去年某省党部提出一个铲除封建势力的计划，里面所举的封建势力包括一切把持包办以及含有占有性的东西，故祠堂、同乡会、同学会都是封建势力。然而现代的把持包办最含有占有性的政党却不在内。所以我们直到今天还不明白，究竟什么东西是封建势力。前几天我们看见中国共产党中的"反对派"王阿荣、陈独秀等八十一人的《我们的政治意见书》，其中有这么一段：

> 我们以为：说中国现在还是封建社会和封建势力的统治，把资产阶级的反动性及一切反动行为都归到封建，这不但是说梦话，不但是对于资产阶级的幻想，简直是有意地为资产阶级当辩护士！其实在经济上，中国封建制度之崩坏，土地权归了自由地主与自由农民，政权归了国家，比欧洲任何国家都早。……土地早已是个人私有的资本而不是封建的领地，地主已资本家化，城市及乡村所遗留一些封建式的剥削，乃是资本主义袭用旧的剥削方法；至于城市乡村各种落后的现象，乃是生产停滞，农村人口过剩，资本主义落后国共有的现象，也并不是封建产物。（16—17页）

封建先生地下有知，应该叩头感谢陈独秀先生等八十一位裁判官宣告无罪的判决书。但独秀先生们一面判决了封建制度的无罪，一面又捉来了一个替死鬼，叫作资产阶级，硬定他为革命的对象。然而同时他们又告诉我们，中国"生产停滞，人口过剩，资本主义落后"，本国的银行资本不过在一万五千万元以上。在一个四万万人的国家里，只有一万五千万元的银行资本，资产阶级只好在显微镜底下去寻了，这个革命的对象也就够可怜了，不如索性开恩也宣告无罪，放他去罢。

以上所说，不过是要指出今日所谓有主义的革命，大都是向壁虚造一些革命的对象，然后高喊打倒那个自造的革命对象；好像捉妖的道士，先造出狐狸精山魈木怪等等名目，然后画符念咒用桃木宝剑去捉妖。妖怪是收进葫芦去了，然而床上的病人仍旧在那儿呻吟痛苦。

我们都是不满意于现状的人，我们都反对那懒惰的"听其自然"的心理。然而我们仔细观察中国的实际需要和中国在世界的地位，我们也不能不反对现在所谓"革命"的方法。我们很诚恳地宣言：中国今日需要的，不是那用暴力专制而制造革命的革命，也不是那用暴力推翻暴力的革命，也不是那悬空捏造革命对象因而用来鼓吹革命的革命。在这一点上，我们宁可不避"反革命"之名，而不能主张这种种革命。因为这种种革命都只能浪费精力，煽动盲动残忍的劣根性，扰乱社会国家的安宁，种下相残害相屠杀的根苗，而对于我们的真正敌人，反让他们逍遥自在，气势更凶，而对于我们所应该建立的国家，反越走越远。

我们的真正敌人是贫穷，是疾病，是愚昧，是贪污，是扰乱。这五大恶魔是我们革命的真正对象，而他们都不是用暴力的革命所能打倒的。打倒这五大敌人的真革命只有一条路，就是认清了我们的敌人，认清了我们的问题，集合全国的人才智力，充分采用世界的科学知识与方法，一步一步地作自觉的改革，在自觉的指导之下一点一滴地收不断的改革之全功。不断的改革收功之日，即是我们的目的地达到之时。

这个根本态度和方法，不是懒惰的自然演进，也不是盲目的

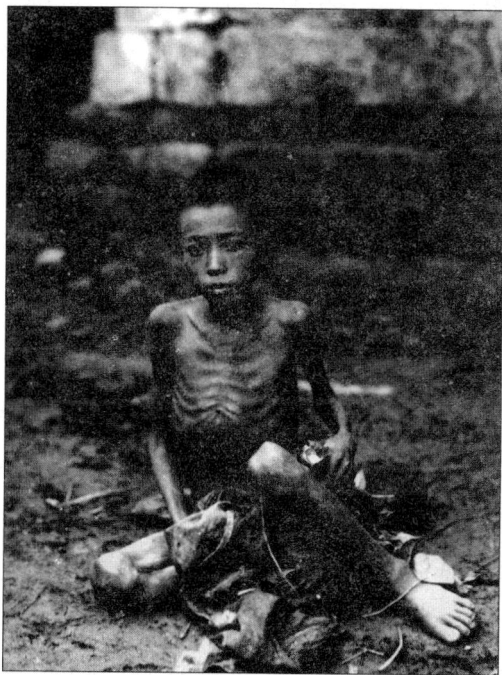

饥饿的男孩 | 1937 年四川灾民

暴力革命，也不是盲目的口号标语式的革命，只是用自觉的努力作不断的改革。

这个方法是很艰难的，但是我们不承认别有简单容易的方法。这个方法是很迂缓的，但是我们不知道有更快捷的路子。我们知道，喊口号贴标语不是更快捷的路子。我们知道，机关枪对打不是更快捷的路子。我们知道，暴动与屠杀不是更快捷的路子。然而我们又知道，用自觉的努力来指导改革，来促进变化，也许是最快捷的路子，也许人家需要几百年逐渐演进的改革，我们能在几十年中完全实现。

最要紧的一点是我们要用自觉的改革来替代盲动的所谓"革命"。怎么叫作盲动的行为呢？不认清目的，是盲动；不顾手段的结果，是盲动；不分别大小轻重的先后程序，也是盲动。我们随便举几个例：如组织工人，不为他们谋利益，却用他们作扰乱的器具，便是盲动。又如人力车夫的生计改善，似乎应该从管理车厂车行，减低每日的车租入手；车租减两角三角，车夫便每日实收两角三角的利益。然而今日办工运的人却去组织人力车夫工会，煽动他们去打毁汽车电车，如去年杭州、北平的惨剧，这便是盲动。又如一个号称革命的政府，成立了两三年，不肯建立监察制度，不肯施行考试制度，不肯实行预算审计制度，却想用政府党部的力量去禁止人民过旧历年，这也是盲动。至于悬想一个意义不曾弄明白的封建阶级作革命对象，或把一切我们自己不能脱卸的罪过却归到洋鬼子身上，这也都是盲动。

怎么叫作自觉的改革呢？认清问题，认清问题里面的疑难所在，这是自觉。立说必有事实的根据；创议必先细细想出这个提议应该发生什么结果，而我们必须对于这些结果负责任：这是自觉。替社会国家想出路，这是何等重大的责任！这不是我们个人出风头的事，也不是我们个人发牢骚的事，这是"一言可以兴邦，一言可以丧邦"的事，我们岂可不兢兢业业地去思想？怀着这重大的责任心，必须竭力排除我们的成见和私意，必须充分尊重事实和证据，必须充分虚怀采纳一切可以供参考比较暗示的材料，必须时时刻刻提醒自己说我们的任务是要为社会国家寻一条最可行而又最完美的办法：这叫作自觉。

十九，四，十

（原载于1933年12月10日《新月》第2卷第10号）

爱国运动与求学

当5月7日北京学生包围章士钊宅，警察拘捕学生的事件发生以后，北京各学校的学生团体即有罢课的提议。有些学校的学生因为北大学生会不曾参加五七的事，竟在北大第一院前辱骂北大学生不爱国。北大学生也有很愤激的，有些人竟贴出布告攻击北大代理校长蒋梦麟媚章媚外。然而几日之内，北大学生会举行总投票表决罢课问题，共投一千一百多票。反对罢课者八百余票，这件事真使一班留心教育问题的人心里欢喜。可喜的不在罢课案的被否决，而在一、投票之多，二、手续的有秩序，三、学生态度的镇静。我的朋友高梦旦在上海读了这段新闻，写了一封长信给我，讨论此事，说，这样做去，便是在求学的范围以内做救国的事业，可算是在近年学生运动史上开一个新纪元。——只可惜我还没有回高先生的信，上海五卅的事件已发生了，前二十天的秩序与镇静都无法维持了。于是6月3日以后，全国学校遂都罢课了。

这也是很自然的。在这个时候，国事糟到这步田地，外间的刺激这么强：上海的事件未了，汉口的事件又来了，接着广州、南京的事件又来了。在这个时候，许多中年以上的人尚且忍耐不住，许多六十老翁尚且要出来慷慨激昂地主张宣战，何况这无数的少年男女学生呢？

我们观察这七年来的"学潮"，不能不算民国八年的五四事件与今年的五卅事件为最有价值。这两次都不是有什么作用，事前预备好了然后发动的；这两次都只是一般青年学生的爱国血诚，遇着国家的大耻辱，自然爆发，纯然是烂漫的天真，不顾利害地干将去，这种"无所为而为"的表示是真实的、可敬爱的。许多学生都是不愿意牺牲求学的时间的；只因为临时发生的问题太大了，刺激太强烈了，爱国的感情一时迸发，所以什么都顾不得了：功课也不顾了，秩序也不顾了，辛苦也不顾了。所以北大学生总投票表决不罢课之后，不到二十天，也就不能不罢课了。二十日前不罢课的表决可以表示学生不愿意牺牲功课的诚意；二十日后毫无勉强地罢课参加救国运动，可以证明此次学生运动的牺牲的精神。这并非前后矛盾：有了前回的不愿牺牲，方才更显出后来的牺牲之难能而可贵。岂但北大一校如此？国中无数学校都有这样的情形。

但群众的运动总是不能持久的。这并非中国人的"虎头蛇尾"、"五分钟的热度"。这是世界人类的通病。所谓"民气"，所谓"群众运动"，都只是一时的大问题刺激起来的一种感情上的反应。感情的冲动是没有持久性的；无组织又无领袖的群众行动是最容易松散的。我们不看见北京大街的墙上大书着"打倒英日"、"不要五分钟的热度"吗？其实写那些大字的人，写成之后，自己看着很满意，他的"热度"早已消除大半了；他回到家里，坐也坐得下了，睡也睡得着了。所谓"民气"，无论在中国在欧美，都是这样：突然而来，倏然而去。几天一次的公民大会，几天一次的示威游行，虽然可以勉强多维持一会儿，然而那回天安门打架之后，国民大会也就不容易召集了。

我们要知道，凡关于外交的问题，民气可以督促政府，政府可以利用民气：民气与政府相为声援方才可以收效。没有一个像样的政府，虽有民气，终不能单独成功。因为外国政府决不能直接和我们的群众办交涉；民众运动的影响（无论是一时的示威或是较有组织的经济抵制）终是间接的。一个健全的政府可以利用民气作后盾，在外交上可以多得胜利，至少也可以少吃点亏。若没有一个能运用民气的政府，我们可以断定民众运动的牺牲的大部分是白白地糟蹋了的。

倘使外交部于6月24日同时送出沪案及修改条约两照会之后即行负责交涉，那时民气最盛，海员罢工的声势正大，沪案的交涉至少可以得一个比较满人意的结果。但这个政府太不像样了：外交部不敢自当交涉之冲，却要三个委员来代捎末梢；三个委员都是很聪明的人，也就乐得三揖三让，延搁下去。他们不但不能用民气，反惧怕民气了！况且某方面的官僚想借这风潮延长现政府的寿命；某方面的政客也想借这问题延缓东北势力的侵逼。他们不运用民气来对付外人，只会利用民气来便利他们自己的志气！于是一误、再误，至于今日，沪案及其它关连之各案丝毫不曾解决，而民气却早已成了强弩之末了！

上海的罢工本是对英日的，现在却是对邮政当局、商务印书馆、中华书局了。北京的学生运动一变而为对付杨荫榆，又变而为对付章士钊了。广州对英的事件全未了结，而广州城却早已成为共产与反共产的血战场了。三个月的"爱国运动"的变相竟致如此！

这时候有一件差强人意的事，就是全国学生总会议决秋季开学后各地学生应一律到校上课，上课后应努力于巩固学生会的组织，为民众运动的中心。北京学联会也决议北京各校同学于开学前务必到校，一面上课，一面仍继续进行。

这是很可喜的消息。全国学生总会的通告里并且有"五卅运动并非短时间所可解决"的话。我们要为全国学生下一转语：救国事业更非短时间所能解决：帝国主义不是赤手空拳打得倒的；"英日强盗"也不是几千万人的喊声咒得死的。救国是一件顶大的事业：排队游街，高喊着"打倒英日强盗"，算不得救国事业；甚至于砍下手指写血书，甚至于蹈海投江，杀身殉国，都算不得救国的事业。救国的事业须要有各色各样的人才；真正的救国的预备在于把自己造成一个有用的人才。

易卜生说得好：

真正的个人主义在于把你自己这块材料铸造成个东西。

他又说：

有时候我觉得这个世界就好像大海上翻了船，最要紧的是救出我自己。

在这个高唱国家主义的时期，我们要很诚恳地指出：易卜生说的"真正的个人主义"正是到国家主义的唯一大路。救国须从救出你自己下手!

学校固然不是造人才的唯一地方，但在学生时代的青年却应该充分地利用学校的环境与设备来把自己铸造成个东西。我们须要明白了解：

> 救国千万事，何一不当为？
>
> 而吾性所适，仅有一二宜。

认清了你"性之所近，而力之所能勉"的方向，努力求发展，这便是你对国家应尽的责任，这便是你的救国事业的预备工夫。国家的纷扰，外间的刺激，只应该增加你求学的热心与兴趣，而不应该引诱你跟着大家去呐喊，呐喊救不了国家。即使呐喊也算是救国运动的一部分，你也不可忘记你的事业有比呐喊重要十倍百倍的。你的事业是要把你自己造成一个有眼光有能力的人才。

你忍不住吗？你受不住外面的刺激吗？你的同学都出去呐喊了，你受不了他们的引诱与讥笑吗？你独坐在图书馆里觉得难为情吗？你心里不安吗？——这也是人情之常，我们不怪你：我们都有忍不住的时候。但我们可以告诉你一两个故事，也许可以给你一点鼓舞：——德国大文豪哥德在他的年谱里（英译本189页）曾说，他每遇着国家政治上有大纷扰的时候，他便用心去研究一种绝不关系时局的学问，使他的心思不致受外界的扰乱。所以拿破仑的兵威逼迫德国最厉害的时期里，哥德天天用功研究中国的文物。又当利俾瑟之战的那一天哥德正关着门，做他的名著Essex的"尾声"。

德国大哲学家费希特是近代国家主义的一个创始者。然而他当普鲁士被拿破仑践破之后的第二年（1807）回到柏林，便着手计划一个新的大学——即今日之柏林大学。那时候，柏林还在敌国驻兵的掌握里。费希特在柏林继续讲学，在很危险的环境里发表他的《告德意志民族》（*Reden an die deutsche nation*）。往往在他讲学的堂上听得见敌人驻兵操演回来的笳声。他这一套讲演——"告德意志民族"——忠告德国人不要灰心丧志，不要惊慌失措；他说，德意志民族是不会亡国的；这个民族有一种天赋的使命，就是要在世间建立一个精神的文明，——德意志的文明，他说：这个民族的国家是不会亡的。

后来费希特计划的柏林大学变成了世界的一个最有名的学府；他那部《告德意志民族》不但变成了德意志帝国建国的一个动力，并且成了十九世纪全世界的国家主义的一种经典。

上边的两段故事是我愿意介绍给全国的青年男女学生的。我们不期望人人都做哥德与费希特。我们只希望大家知道：在一个扰攘纷乱的时期里跟着人家乱跑乱喊，不能就算是尽了爱国的责任，此外还有更难更可贵的任务：在纷乱的喊声里，能立定脚跟，打定主意，救出你自己，努力把你这块材料铸造成个有用的东西！

十四，八，三十一夜在天津脱稿

十九世纪的火刑

五、容忍比自由更重要

胡适致陈独秀

独秀兄:

前几天我们谈到北京群众烧毁《晨报》馆的事,我对你表示我的意见,你问我说:"你以为《晨报》不该烧吗?"

五六天以来,这一句话常常往来于我脑中。我们做了十年的朋友,同做过不少的事,而见解主张上常有不同的地方。但最大的不同莫过于这一点了。我忍不住要对你说几句话。

几十个暴动分子围烧一个报馆,这并不奇怪。但你是一个政党的负责的领袖,对于此事不以为非,而以为"该",这是使我很诧怪的态度。

你我不是曾同发表过一个"争自由"的宣言吗?那天北京的群众不是宣言"人民有集会结社言论出版的自由"吗?《晨报》近年的主张,无论在你我眼睛里为是为非,决没有"该"被自命争自由的民众烧毁的罪状;因为"争自由"的唯一原理是:"异乎我者未必即非,而同乎我者未必即是;今日众人之所是未必即是,而众人之所非未必真非。"争自由的唯一理由,换句话说,就是期望大家能容忍异己的意见与信仰。凡不肯承认异己者的自由的人,就不配争自由,就不配谈自由。

我也知道你们主张一阶级专制的人已不信仰"自由"这个字了。我也知道我今天向你讨论自由,也许为你所笑。但我要你知独秀兄：

前几天我们谈到北京《晨报》被烧毁的事。

我对你表示我的意思，你问我说："你以为《晨报》不该烧吗？"

五六天以来，这一问话常在我脑中。我们做了十年的朋友，同做过不少的事，而见解主张上，尽有不同的地方。但最大的不同莫过于近一点了。我忍不住要对你说几句话。

胡适致陈独秀函 ┃ 手迹

道，这一点在我要算一个根本的信仰。我们两个老朋友，政治主张上尽管不同，事业上尽管不同，所以仍不失其为老朋友者，正因为你我脑子背后多少总还同有一点容忍异己的态度。至少我可以说，我的根本信仰是承认别人有尝试的自由。如果连这一点最低限度的相同点都扫除了，我们不但不能做朋友，简直要做仇敌了。你说是吗？

我记得民国八年你被拘在警察厅的时候，署名营救你的人之中有桐城派古文家马通伯与姚叔节。我记得那晚在桃李园请客的时候，我心中感觉一种高兴，我觉得这个黑暗社会里还有一线光明：在那个反对白话文学最激烈的空气里，居然有几个古文老辈肯出名保你，这个社会还勉强够得上一个"人的社会"，还有一点人味儿。

但这几年以来，却很不同了。不容忍的空气充满了国中。并不是旧势力的不容忍，他们早已没有摧残异己的能力了。最不容忍的乃是一班自命为最新人物的人。我个人这几年就身受了不少的攻击和诬蔑。我这回出京两个多月，一路上饱读你的同党少年丑诋我的言论，真开了不小的眼界。我是不会怕惧这种诋骂的，但我实在有点悲观。我怕的是这种不容忍的风气造成之后，这个社会要变成一个更残忍更惨酷的社会，我们爱自由争自由的人怕没有立足容身之地了。

（1925年12月）

（选自合肥黄山书社1994版《胡适遗稿及秘藏书信》第20册）

容忍与自由

十七八年前，我最后一次会见我的母校康耐儿大学的史学大师布尔先生（George Lincoln Burr）。我们谈到英国文学大师阿克顿一生准备要著作一部"自由之史"，没有完成他就死了。布尔先生那天谈话很多，有一句话我至今没有忘记。他说，"我年纪越大，越感觉到容忍（tolerance）比自由更重要"。

布尔先生死了十多年了，他这句话我越想越觉得是一句不可磨灭的格言。我自己也有"年纪越大，越觉得容忍比自由还更重要"的感想。有时我竟觉得容忍是一切自由的根本：没有容忍，就没有自由。

我十七岁的时候（1908）曾在《竞业旬报》上发表几条《无鬼丛话》，其中有一条是痛骂小说《西游记》和《封神榜》的，我说：

> 《王制》有之："假于鬼神时日卜筮以疑众，杀。"吾独怪夫数千年来之掌治权者，之以济世明道自期者，乃惜然不之注意，惑世诬民之学说得以大行，遂举我神州民族投诸极黑暗之世界！……

这是一个小孩子很不容忍的"卫道"态度。我在那时候已是一个无鬼论者、无神论者，所以发出那种摧除迷信的狂论，要实行《王制》（《礼让》的一篇）的"假于鬼神时日卜筮以疑众，杀"的一条经典！

我在那时候当然没有梦想到说这话的小孩子在十五年后（1923）会很热心的给《西游记》作两万字的考证！我在那时候当然更没有想到那个小孩子在二三十年后还时时留心搜求可以考证《封神榜》的作者的材料！我在那时候也完全没有想想《王制》那句话的历史意义。那一段《王制》的全文是这样的：

> 析言破律，乱名改作，执左道以乱政，杀。作淫声异服奇技奇器以疑众，杀。行伪而坚，言伪而辩，学非而博，顺非而泽以疑众，杀。假于鬼神时日卜筮以疑众，杀。此四诛者，不以听。

我在五十年前，完全没有懂得这一段话的"诛"正是中国专制政体之下禁止新思想、新学术、新信仰、新艺术的经典的根据。我在那时候抱着"破除迷信"的热心，所以拥护那"四诛"之中的第四诛："假于鬼神时日卜筮以疑众，杀。"我当时完全没有梦到第四诛的"假于鬼神……以疑众"和第一诛的"执左道以乱政"的两条罪名都可以用来摧残宗教信仰的自由。我当时也完全没有注意到郑玄注里用了公输般作"奇技异器"的例子；更没有注意到孔颖达《正义》里举了"孔子为鲁司寇七日而诛少正卯"的例子来解释"行伪而坚，言伪而辩，学非而博，顺非而泽以疑众，杀"。故第二诛可以用来禁绝艺术创作的自由，也可以用来"杀"许多发明"奇技异器"的科学家。故第三诛可以用来摧残思想的自由，言论的自由，著作出版的自由。

　　我在五十年前引用《王制》第四诛，要"杀"《西游记》、《封神榜》的作者。那时候我当然没有想到十年之后我在北京大学教书时就有一些同样"卫道"的正人君子也想引用《王制》的第三诛，要"杀"我和我的朋友们。当年我要"杀"人，后来人要"杀"我，动机是一样的：都只因为动了一点正义的火气，就都失掉容忍的度量了。

　　我自己叙述五十年前主张"假于鬼神时日卜筮以疑众，杀"的故事，为的是要说明我年纪越大，越觉得"容忍"比"自由"还更重要。

　　我到今天还是一个无神论者，我不信有一个有意志的神，我也不信灵魂不朽的说法。但我的无神论与共产党的无神论有一点根本的不同。我能够容忍一切信仰有神的宗教，也能够容忍一切诚心信仰宗教的人。共产党自己信仰无神论，就要消灭一切有神的信仰，要禁绝一切信仰有神的宗教，——这就是我五十年前幼稚而又狂妄的不容忍的态度了。

　　我自己总觉得，这个国家，这个社会，这个世界，绝大多数人是信神的，居然能有这雅量，能容忍我的无神论，能容忍我这个不信神也不信灵魂不灭的人，能容忍我在国内和国外自由发表我的无神论的思想，从没有人因此用石头掷我，把我关在监狱里，或把我捆在柴堆上用火烧死。我在这个世界里居然享受了四十多年的容忍与自由。我觉得这个国家，这个社会，这个世界对我的容忍度量是可爱的，是可以感激的。

　　所以我自己总觉得我应该用容忍的态度来报答社会对我的容忍。所以我自己不信神，但我能诚心地谅解一切信神的人，也能诚心地容忍并且敬重一切信仰有神的宗教。

我要用容忍的态度来报答社会对我的容忍，因为我年纪越大，我越觉得容忍的重要意义。若社会没有这点容忍的气度，我决不能享受四十多年大胆怀疑的自由，公开主张无神论的自由。

在宗教自由史上，在思想自由史上，在政治自由史上，我们都可以看见容忍的态度是最难得，最稀有的态度。人类的习惯总是喜同而恶异的，总不喜欢和自己不同的信仰、思想、行为。这就是不容忍的根源。不容忍只是不能容忍和我自己不同的新思想和新信仰。一个宗教团体总相信自己的宗教信仰是对的。是不会错的，所以它总相信那些和自己不同的宗教信仰必定是错的，必定是异端、邪教。一个政治团体总相信自己的政治主张是对的，是不会错的，所以它总相信那些和自己不同的政治见解必定是错的，必定是敌人。

一切对异端的迫害，一切对"异己"的摧残，一切宗教自由的禁止，一切思想言论的被压迫，都由于这一点深信自己是不会错的心理。因为深信自己是不会错的，所以不能容忍任何和自己不同的思想信仰了。

试看欧洲的宗教革新运动的历史。马丁·路德和约翰·高尔文等人起来革新宗教，本来是因为他们不满意于罗马旧教的种种不容忍，种种不自由。但是新教在中欧北欧胜利之后，新教的领袖们又都渐渐走上了不容忍的路上去，也不容许别人起来批评他们的新教条了。高尔文在日内瓦掌握了宗教大权，居然会把一个敢独立思想，敢批评高尔文的教条的学者塞维图斯定了"异端邪说"的罪名，把他用铁链镇在木桩上，堆起柴来，慢慢地活烧死。这是1553年10月23日的事。

这个殉道者塞维图斯的惨史，最值得人们的追念和反省。宗教

讽刺加尔文的漫画 ┃ "加尔文"是新译名，即文中的"高尔文"

革新运动原来的目标是要争取"基督教的人的自由"和"良心的自由"。何以高尔文和他的信徒们居然会把一位独立思想的新教徒用慢慢地火烧死呢？何以高尔文的门徒（后来继任高尔文为日内瓦的宗教独裁者）柏时竟会宣言"良心的自由是魔鬼的教条"呢？

基本的原因还是那一点深信我自己是"不会错的"的心理。像高尔文那样虔诚的宗教改革家，他自己深信他的良心确是代表上帝的命令，他的口和他的笔确是代表上帝的意志，那么他的意见还会错吗？他还有错误的可能吗？在塞维图斯被烧死之后，高尔文曾受到不少人的批评。1554年，高尔文发表一篇文字为他自己辩护，他毫不迟疑地说："严厉惩治邪说者的权威是无可疑的，因为这就是上帝自己说话。……这工作是为上帝的光荣战斗"。

上帝自己说话，还会错吗？为上帝的光荣作战，还会错吗？这一点"我不会错"的心理，就是一切不容忍的根苗。深信我自己的信念没有错误的可能（infallible），我的意见就是"正义"，反对我的人当然都是"邪说"了。我的意见代表上帝的意旨，反对我的人的意见当然都是"魔鬼的教条"了。

这是宗教自由史给我们的教训：容忍是一切自由的根本；没有容忍"异己"的雅量，就不会承认"异己"的宗教信仰可以享受自由。但因为不容忍的态度是基于"我的信念不会错"的心理习惯，所以容忍"异己"是最难得，最不容易养成的雅量。

在政治思想上，在社会问题的讨论上，我们同样的感觉到不容忍是常见的，而容忍总是很稀有的。我试举一个死了的老朋友的故事作例子。四十多年前，我们在《新青年》杂志上开始提倡白话文学的运动，我曾从美国寄信给陈独秀，我说：

此事之是非，非一朝一夕所能定，亦非一二人所能定。甚愿国中人士能平心静气与吾辈同力研究此问题。讨论既熟，是非自明。吾辈已张革命之旗，虽不容退缩，然亦决不敢以吾辈所主张为必是而不容他人之匡正也。

独秀在《新青年》上答我道：

鄙意容纳异议，自由讨论，固为学术发达之原则，独于改良中国文学当以白话为正宗之说，其是非甚明，必不容反对者有讨论之余地；必以吾辈所主张者为绝对之是，而不容他人之匡正也。

我当时看了就觉得这是很武断的态度。现在在四十多年之后，我还忘不了独秀这一句话，我还觉得这种"必以吾辈所主张者为绝对之是"的态度是很不容忍的态度，是最容易引起别人的恶感，是最容易引起反对的。

我曾说过，我应该用容忍的态度来报答社会对我的容忍。我现在常常想，我们还得戒律自己：我们若想别人容忍谅解我们的见解，我们必须先养成能够容忍谅解别人的见解的度量。至少至少我们应该戒约自己决不可"以吾辈所主张者为绝对之是"。我们受过实验主义的训练的人，本来就不承认有"绝对之是"，更不可以"以吾辈所主张者为绝对之是"。

四八、三、十二晨

自由主义

孙中山先生曾引一句外国成语："社会主义有五十七种，不知哪一种是真的。"其实"自由主义"也可以有种种说法，人人都可以说他的说法是真的，今天我说的"自由主义"，当然只是我的看法，请大家指教。

自由主义最浅显的意思是强调的尊重自由，现在有些人否认自由的价值，同时又自称是自由主义者。自由主义里没有自由，那就好像长坂坡里没有赵子龙，空城计里没有诸葛亮，总有点叫不顺口罢！据我的拙见，自由主义就是人类历史上那个提倡自由、崇拜自由、争取自由、充实并推广自由的大运动。"自由"在中国古文里的意思是："由于自己"，就是不由于外力，是从外力裁制之下解放出来，才能"自己作主"。在中国古代思想里，"自由"就等于自然，"自然"是"自己如此"，"自由"是"由于自己"，都有不由于外力拘束的意思，陶渊明的诗"久在樊笼里，复得返自然"，这里"自然"二字可以说是完全同"自由"一样。王安石的诗："风吹瓦堕屋，正打破我头……我终不嗔渠，此瓦不自由。"这就是说，这片瓦的行动是被风吹动的，不是由于自己的力量，中国古人太看重"自己"、"自然"的"自"字，所以往往看轻外面的拘束力量，故意回向自己内心去求安慰，求自由。这种回向自己求内心的自由，有几种方式，一种是隐遁的生活——逃避外力的压迫，一种是梦想神仙的生活——行动自由，变化自由——正如庄子说，列子御风而行，还是"有待"，"有待"还不是真自由，最高的生活是事人无待于外，道教的神仙，佛教的西天净土，都含有由自己内心去寻求最高的自由的意义。我们现在讲的"自由"，不是那种内心境界，我们现在说的"自由"，是不受外力拘束压迫的权利，是在某一方面的生活不受外力限制束缚的权利。

在宗教信仰方面不受外力限制，就是宗教信仰自由。在思想方面就是思想自由，在著作出版方面，就是言论自由、出版自由。这些自由都不是天生的，不是上帝赐给我们的。是一些先进民族用长期的奋斗努力争出来的。

人类历史上那个自由主义大运动实在是一大串解放的努力。宗教信仰自由只是解除某个宗教威权的束缚，思想自由只是解除某派某派思想威权的束缚。在这些方面……在信仰与思想的方面，东方历史上也有很大胆的批评者与反抗者。从墨翟、杨朱，到桓谭、王充；从范缜、傅奕、韩愈，到李贽、颜元、李塨，都可以说是为信仰思想自由奋斗的东方豪杰之士，很可以同他们的西方同志齐名媲美，我们中国历史上虽然没有抬出"争自由"的大旗子来做宗教运动、思想运动，或政治运动，但中国思想史与社会政治史的每一个时代都可以说含有争取某种解放的意义。

我们的思想史的第一个开山时代，就是春秋战国时代——就有争取思想自由的意义。

古代思想的第一位大师老子。就是一位大胆批评政府的人。他说：

> 天下多忌讳，而民弥贫。
>
> 法令滋彰，盗贼多有。
>
> 民之饥，以其上食税之多，是以饥。
>
> 民之难治，以其上之有为，是以难治。
>
> 民之轻死，以其求生之厚，是以轻死。
>
> 天之道损有余，而补不足。
>
> 人之道则不然，损不足以奉有余。

老子同时的邓析是批评政府而被杀的。另一位更伟大的人就是孔子，他也是一位偏向左的"中间派"，他对于当时的宗教与政治，都有大胆的批评，他的最大胆的思想是在教育方面：

有教无类，"类"是门类，是阶级民族，"有教无类"，是说："有了教育，就没有阶级民族了。"

从老子、孔子打开了自由思想的风气，两千多年的中国思想史、宗教史，时时有争自由的急先锋，有时还有牺牲生命的殉道者。孟子的政治思想可以说是全世界的自由主义的最早的一个倡导者。孟子提出的"大丈夫"是"贫贱不能移，富贵不能淫，威武不能屈"。这是中国经典里自由主义的理想人物。在两千多年历史上，每到了宗教与思想走进了太黑暗的时代，总有大思想家

老君骑牛图

起来奋斗、批评、改革。

汉朝的儒教太黑暗了，就有桓谭、王充、张衡起来，作大胆的批评。后来佛教势力太大了，就有齐梁之间的范缜，唐朝初年的傅奕，唐朝后期的韩愈出来，大胆地批评佛教，攻击那在当时气焰熏天的佛教。大家都还记得韩愈攻击佛教的结果是："一封朝奏九重天，夕贬潮阳路八千"。佛教衰落之后，在理学极盛时代，也曾有多少次批评正统思想或反抗正统思想的运动。王阳明的运动就是反抗朱子的正统思想的。李卓吾是为了反抗一切正宗而被拘捕下狱，他在监狱里自杀的，他死在北京，葬在通州，这个七十六岁的殉道者的坟墓，至今存在，他的书经过多少次禁止，但至今还是很流行的。北方的颜李学派，也是反对正统的程朱思想的。当时，这个了不得的学派很受正统思想的压迫，甚至于不能公开地传授。这三百年的汉学运动，也是一种争取宗教自由思想自由的运动。汉学是抬出汉朝的书作招牌，来掩护一个批评宋学的大运动。这就等于欧洲人抬出《圣经》来反对教会的权威。

但是东方自由主义运动始终没有抓住政治自由的特殊重要性，所以始终没有走上建设民主政治的路子。西方的自由主义绝大贡献正在这一点，他们觉悟到只有民主的政治方才能够保障人民的基本自由，所有自由主义的政治意义是强调的拥护民主。一个国家的统治权必须放在多数人民手里，近代民主政治制度是安格罗撒克逊民族的贡献居多，代议制度是英国人的贡献，成文而可以修改的宪法是英美人的创制，无记名投票是澳洲人的发明，这就是政治的自由主义应该包含的意义。我们古代也曾有"天视自我民视，天听自我民听"，"民为邦本"、"民为贵，社稷次之，君为轻"的民主思想。我们曾在两千年前就废除了封建制度，做到了大一统的国家，在这个大一统的国家里，我们曾建立了一种全世界最久的文官考试制度，使全国才智之士有参加政府的平等制度。但，我们始终没有法可以解决君主专制的问题，始终没有建立一个制度来限制君主的专制大权，世界只有安格罗撒克逊民族在七百年中逐渐发展出好几种民主政治的方式与制度，这些制度可以用在小国，也可以用在大国。（1）代议制度，起源很早，但史家指1295年为正式起始。（2）成文宪法，最早的1215年的《大宪章》，近代的是《美国宪法》（1789年）。（3）无记名投票（政府预备选举票，票上印各党候选人的姓名，选民秘密填记）是1856年南澳大利亚（SouthAustralia）最早采用的。自由主义在这两百年的演进史上，还有一个特殊的、空前的政治意义，就是容忍反对党，保障少数人的自由权利。向来政治斗争不是东风压了西风，就是西风压了东风，被压的人是没有好日子过的，但近代西方的民主政治却渐渐养成了一种容忍异己的度量与风气。因为政权是多数人民授予的，在朝执政权的党一旦失去了多数人民的支持，就成了在野党了，所以执政权的人都得准备下台时坐冷板凳的生活，而个个少数党有逐渐变成多数党的可能。甚至于极少数人的信仰与主张，

> 好像一粒芥子，在各种种子里是顶小的，等到他生长起来，却比各种菜蔬都大，竟成了小树，空中的飞鸟可以来停在他的枝上。（《新约马太福音》十四章，圣地的芥菜可以高到十英尺。）

人们能这样想，就不能不存容忍别人的态度了，就不能不

尊重少数人的基本自由了。在近代民主国家里，容忍反对党，保障少数人的权利，久已成了当然的政治作风，这是近代自由主义里最可爱慕而又最基本的一个方面。我做驻美大使的时期，有一天我到费城去看我的一个史学老师布尔教授，他平生最注意人类争取自由的历史，这时候他已八十岁了。他对我说："我年纪越大，越觉得容忍比自由还要重要。"这句话我至今不忘记。为什么容忍比自由还要要紧呢？因为容忍就是自由的根源，没有容忍，就没有自由可说了。至少在现代，自由的保障全靠一种互相容忍的精神，无论是东风压了西风，还是西风压了东风，都是不容忍，都是摧残自由。多数人若不能容忍少数人的思想信仰，少数人当然不会有思想信仰的自由。反过来说，少数人也得容忍多数人的思想信仰，因为少数人要是时常怀着"有朝一日权在手，杀尽异教方罢休"的心理，多数人也就不能不行"斩草除根"的算计了。

最后我要指出，现代的自由主义，还含有"和平改革"的意思。

和平改革有两个意义，第一就是和平地转移政权，第二就是用立法的方法，一步步地做具体改革，一点一滴地求进步。容忍反对党，尊重少数人权利，正是和平的社会政治改革的唯一基础。反对党的对立，第一是为政府树立最严格的批评监督机关，第二是使人民可以有选择的机会，使国家可以用法定的和平方式来转移政权，严格地批评监督，和平地改换政权，都是现代民主国家做到和平革新的大路。近代最重大的政治变迁，莫过于英国工党的执掌政权。英国工党在五十多年前，只能选择出十几个议员，三十年后，工党两次执政，但还站不长久，到了战争胜利之年（1945），工党得到了绝对多数的选举票，故这次工党的政权，是巩固的，在五年之内，谁都不能推翻他们，他们可以放手改革英国的工商业，可以放手改革英国的经济制度，这样重大的变化，从资本主义的英国变到社会主义的英国，不用流一滴血，不用武装革命，只靠一张无记名的选举票，这种和平的革命基础，只是那容忍反对党的雅量，只是那保障少数人自由权利的政治制度，顶顶小的芥子不曾受摧残，在五十年后居然变成大树了。自由主义在历史上有解除束缚的作用，故有时不能避免流血的革命，但自由主义的运动，在最近百年中最大成绩，例如英国自从1832年以来的政治革新，直到今日的工党政府，都是不流血的和平革新，所以在许多人的心目中自由主义竟成了"和平改革主义"的别名，有些人反对自由主义，说它是"不革命主义"，也正是如此。我们承认现代的自由主义正应该有"和平改革"的含义，因为在民主政治已上了轨道的国家里，自由与容忍铺下了和平改革的大路，自由主义者也就不觉得有暴力革命的必要了。

这最后一点，有许多没有忍耐心的年轻人也许听了不满意，他们要"彻底改革"，不要那一点一滴的立法，他们要暴力革命，不要和平演进。我很诚恳地指出，近代一百六七十年的历史，很清楚地指示我们，凡主张彻底改革的人，在政治上没有一个不走上绝对专制的路，这是很自然的，只有绝对的专制政权可以铲除一切反对党、消灭一切阻力，也只有绝对的专制政治可以不择手段、不惜代价，用最残酷的方法做到他们认为根本改革的目的。他们不承认他们的见解会有错误，他们也不能承认反对他们的人也会有值得考虑的理由，所以他们绝对不能容忍异己，也绝对不能容许自由的思想与言论。所以我很坦白地说，自由主义

中国自由之前途 ┃ 选自 1908 年《神州五日画报》

为了尊重自由与容忍，当然反对暴力革命，与暴力革命必然引起来的暴力专制政治。

　　总结起来，自由主义的第一个意义是自由，第二个意义是民主，第三个意义是容忍——容忍反对党，第四个意义是和平的渐进的改革。

（原载于1948年9月5日北平《世界日报》）

"宁鸣而死，不默而生"

——九百年前范仲淹争自由的名言

几年前，有人问我，美国开国前期争自由的名言"不自由，毋宁死"（原文是Patrick Henry在1775年的"给我自由，否则给我死"Give me liberty, or give me death），在中国有没有相似的话。我说，我记得是有的，但一时记不清是谁说的了。

我记得是在王应麟的《困学纪闻》里见过有这样一句话，但这几年我总没有机会去翻查《困学纪闻》。今年偶然买得一部影印元本的《困学纪闻》，昨天检得卷十七有这一条：

范文正《灵乌赋》曰："宁鸣而死，不默而生。"其言可以立懦。

"宁鸣而死，不默而生"，当时往往专指谏诤的自由，我们现在叫作言论自由。

范仲淹生在西历989，死在1052，他死了903年了。他作《灵乌赋》答梅圣俞的《灵乌赋》，大概是在景祐三年（1036）他同欧阳修、余靖、尹洙诸人因言事被贬谪的时期。这比亨利柏得烈的"不自由，毋宁死"的话要早740年。这也可以特别记出，作为中国争自由史上的一段佳话。

梅圣俞名尧臣，生在西历1003，死在1061。他的集中有《灵乌赋》。原是寄给范仲淹的，大意是劝他的朋友们不要多说话。赋中有这句子：

凤不时而鸣，

乌哑哑兮招唾骂于里闾。

乌兮，事将乖而献忠，

人反谓尔多凶。……

胡不若凤之时鸣，

人不怪兮不惊！……

乌兮，尔可，

吾今语汝，庶或我（原作汝，似误）听。

结尔舌兮铃尔喙，

尔饮啄兮尔自遂，

同翱翔兮八九子，

勿噪啼兮勿睥睨，

往来城头无尔累。

这篇赋的见解，文辞都不高明。（圣俞后来不知因何事很怨恨范文正，又有《灵乌后赋》，说他"憎鸿鹄之不亲，爱燕雀之来附。既不我德，又反我怒。……远己不称，昵己则誉"。集中又有《谕乌诗》，说，"乌时来佐凤，署置且非良，咸用所附己，欲同助翱翔"。此下有一长段丑诋的话，好像也是骂范文正的。这似是圣俞传记里一件疑案，前人似没有注意到。）

范仲淹作《灵乌赋》，有自序说：

> 梅君圣俞作是赋，曾不我鄙，而寄以为好。因勉而和之，庶几感物之意同归而殊途矣。

因为这篇赋是中国古代哲人争取自由的重要文献，所以我多摘抄几句：

> 灵乌，灵乌，
> 尔之为禽兮何不高飞而远翥？
> 何为号呼于人兮告吉凶而逢怒！
> 方将折尔翅而烹尔躯，
> 徒悔焉而亡路。
> 彼哑哑兮如愬，
> 请臆对而忍谕：
> 我有生兮累阴阳之含育，
> 我有质兮虑天地之覆露。
> 长慈母之危巢，
> 托主人之佳树。……

母之鞠兮孔艰，

主之仁兮则安。

度春风兮既成我以羽翰，

眷高柯兮欲去君而盘桓。

思报之意，厥声或异：

忧于未形，恐于未炽。

知我者谓吉之先，

不知我者谓凶之类。

故告之则反灾于身，

不告之则稔祸于人。

主恩或忘，我怀靡臧。

虽死而告，为凶之防。

亦由桑妖于庭，惧而修德，俾王之兴；

雉怪于鼎，惧而修德，俾王之盛。

天听甚迩，人言曷病！

被希声之凤皇，

亦见讥于楚狂。

彼不世之麒麟，

亦见伤于鲁人。

凤岂以讥而不灵？

麟岂以伤而不仁？

故割而可卷，孰为神兵？

焚而可变，孰为英琼？

宁鸣而死，不默而生！

胡不学太仓之鼠兮！

何必仁为，丰食而肥？

仓苟竭兮，吾将安归！

又不学荒城之狐兮，

何必义为，深穴而威？

城苟圮兮，吾将畴依！

……

我乌也勤于母兮自天，

爱于主兮自天，

人有言兮是然。

人无言兮是然。

这是九百多年前一个中国政治家争取言论自由的宣言。

赋中"忧于未形，恐于未炽"两句，范公在十年后（1046），在他最后被贬谪之后一年，作《岳阳楼记》，充分发挥成他最有名的一段文字：

嗟夫，予尝求古仁人之心，……不以物喜，不以己悲，居庙堂之高则忧其民，处江湖之远则忧其君，是进亦忧，退亦忧。然则何时而乐耶？其必曰"先天下之忧而忧，后天下之乐而乐"乎？噫，微斯人。吾谁与归？

当前此三年（1043）他同韩琦、富弼同在政府的时期，宋仁宗有手诏，要他们"尽心为国家诸事建明，不得顾忌"。范仲淹有《答手诏条陈十事》，引论里说：

报律 | 选自 1907 年《申报》

> 我国家革五代之乱，富有四海，垂八十年。纲纪制度，日削月侵，官壅于下，民困于外，夷狄骄盛，寇盗横炽，不可不更张以救之。

这是他在那所谓"庆历盛世"的警告。那十事之中，有"精贡举"一事。他说：

> 国家乃专以辞赋取进士，以墨义取诸科。士皆舍大方而趋小道。虽济济盈庭，求有才有识者，十无一二。况天下危困，乏人如此，将何以救？在乎教以经济之才，庶可以救其不逮。或谓救弊之术无乃后时？臣谓四海尚完，朝谋而夕行，庶乎可济。安得晏然不救，坐俟其乱哉？……

这是在中原沦陷之前八十三年提出的警告。这就是范仲淹说的"忧于未形，恐于未炽"；这就是他说的"先天下之忧而忧"。

从中国向来知识分子的最开明的传统看，言论的自由，谏诤的自由，是一种"自天"的责任，所以说，"宁鸣而死，不默而生"。

从国家与政府的立场看，言论的自由可以鼓励人人肯说"忧于未形，恐于未炽"的正论危言，来替代小人们天天歌功颂德、鼓吹升平的滥调。

1954年9月3日

（原载于1955年4月1日台北《自由中国》第12卷第7期）

个人自由与社会进步
——再谈"五四"运动

5月5日《大公报》的星期论文是张熙若先生的《国民人格之修养》。这篇文字也是纪念"五四"的,我读了很受感动,所以转载在这一期。我读了张先生的文章,也有一些感想,写在这里作今年五四纪念的尾声。

这年头是"五四运动"最不时髦的年头。前天五四,除了北京大学依惯例还承认这个北大纪念日之外,全国的人都不注意这个日子了。张熙若先生"雪中送炭"的文章使人颇吃一惊。他是政治哲学的教授,说话不离本行,他指出五四运动的意义是思想解放,思想解放使得个人解放,个人解放产出的政治哲学是所谓个人主义的政治哲学。他充分承认个人主义在理论上和事实上都有缺点和流弊,尤其在经济方面。但他指出个人主义自有它的优点:最基本的是它承认个人是一切社会组织的来源。他又指出个人主义的政治理论的神髓是承认个人的思想自由和言论自由。他说:

> 个人主义在理论上及事实上都有许多缺陷和流弊,但以个人的良心为判断政治上是非之最终标准,却毫无疑义是它的最大优点,是它的最高价值。……至少,它还有养成忠诚勇敢的人格的用处。此种人格在任何政制下(除过与此种人格根本

冲突的政制）都是有无上价值的，都应该大量的培养的。……
今日若能多多培养此种人材，国事不怕没有人担负。救国是一
种伟大的事业，伟大的事业惟有伟大人格者才能胜任。

张先生的这段议论，我大致赞同。他把"五四运动"一个名
词包括"五四"（民国八年）前后的新思潮运动，所以他的文章里
有"民国六七年的五四运动"一句话。这是五四运动的广义，我们
也不妨沿用这个广义的说法。张先生所谓"个人主义"，其实就是
"自由主义"（Liberalism）。我们在民国八九年之间，就感觉到
当时的"新思潮"、"新文化"、"新生活"有仔细说明意义的必
要。无疑的，民国六七年北京大学所提倡的新运动，无论形式上如
何五花八门，意义上只是思想的解放与个人的解放。蔡元培先生在
民国元年就提出"循思想自由言论自由之公例，不以一流派之哲学
一宗门之教义梏其心"的原则了。他后来办北京大学，主张思想自
由、学术独立、百家平等。在北京大学里，辜鸿铭、刘师培、黄
侃、陈独秀和钱玄同等同时教书讲学。别人颇以为奇怪。蔡先生只
说："此思想自由之通则，而大学之所以为大也"（《言行录》页
二二九）。这样的百家平等，最可以引起青年人的思想解放。我们
在当时提倡的思想，当然很显出个人主义的色彩。但我们当时曾引
杜威先生的话，指出个人主义有两种：

（1）假的个人主义就是为我主义（Egoism），他的性质
是只顾自己的利益，不管群众的利益。

（2）真的个人主义就是个性主义（Individuality），他的
特性有两种：一是独立思想，不肯把别人的耳朵当耳朵，不

任北京大学校长时的蔡元培博士

蔡元培（1868～1940），我国近现代民主革命家、教育家、政治家，中华民国首任教育总长，1916年至1927年任北京大学校长，主张『思想自由，兼容并包』，对近现代中国的变革产生过深远的影响。

肯把别人的眼睛当眼睛，不肯把别人的脑力当自己的脑力。二是个人对于自己思想信仰的结果要负完全责任，不怕权威，不怕监禁杀身，只认得真理，不认得个人的利害。

这后一种就是我们当时提倡的"健全的个人主义"。我们当日介绍易卜生（Ibsen）的著作，也正是因为易卜生的思想最可以代表那种健全的个人主义。这种思想有两个中心见解：第一是充分发展个人的才能，就是易卜生说的"你要想有益于社会，最好的法子莫如把你自己这块材料铸造成器。"第二是要造成自由独立的人格，像易卜生的《国民公敌》戏剧里的斯铎曼医生那样"贫贱不能移，富贵不能淫，威武不能屈"。这就是张熙若先生说的"养成忠诚勇敢的人格"。

近几年来，五四运动颇受一班论者的批评，也正是为了这种个人主义的人生观。平心说来，这种批评是不公道的，是根据于一种误解的。他们说个人主义的人生观是资本主义社会的人生观。这是滥用名词的大笑话。难道在社会主义的国家里就可以不用充分发展个人的才能了吗？难道社会主义的国家里就用不着有独立自由思想的个人了吗？难道当时辛苦奋斗创立社会主义共产主义志士仁人都是资本主义社会的奴才吗？我们试看苏俄现在怎样用种种方法来提倡个人的努力（参看《独立》第129号西滢的《苏俄的青年》，和蒋廷黻的《苏俄的英雄》），就可以明白这种人生观不是资本主义社会所独有的了。

还有一些人嘲笑这种个人主义，笑它是十九世纪维多利亚时代的过时思想。这种人根本就不懂得维多利亚时代是多么光华灿烂的一个伟大时代。马克思、恩格斯都生死在这个时代里，都是这个时代的自由思想独立精神的产儿。他们都是终身为自由奋斗的人。我们去维多利亚时代还老远哩。我们如何配嘲笑维多利亚时代呢！

所以我完全赞同张熙若先生说的"这种忠诚勇敢的人格在任何政治下都是有无上价值的，都应该大量的培养的。"因为这种人格是社会进步的最大动力。欧洲十八九世纪的个人主义造出了无数爱自由过于面包，爱真理过于生命的特立独行之士，方才有今日的文明世界。我们现在看见苏俄的压迫个人自由思想，但我们应该想想，当日在西伯利亚冰天雪地里受监禁拘囚的十万革命志士，是不是新俄国的先锋？我们到莫斯科去看了那个很感动人的"革命博物馆"，尤其是其中展览列宁一生革命历史的部分，我们不能不深信：一个新社会、新国家，总是一些爱自由爱真理的人造成的，决不是一班奴才造成的。

张熙若先生很大胆地把五四运动和民国十五六年的国民革命运动相提并论，并且很大胆地说这两个运动走的方向是相同的。这种议论在今日必定要受到不少批评，因为有许多人决不肯承认这个看法。平心说来，张先生的看法也不能说是完全正确。民国十五六年的国民革命运动至少有两点是和民国六七八年的新运动不同的：一是苏俄输入的党纪律，一是那几年的极端民族主义。苏俄输入的铁纪律含有绝大的"不容忍"（Intoleration）的态度，不容允异己的思想，这种态度是和我们在五四前后提倡的自由主义很相反的。民国十六年的国共分离，在历史上看来，可以说是国民党对于这种不容异己的专制态度的反抗。可惜清党以来，六七年中，这种不容忍的态度养成的专制习惯还存在不少人的身上。刚推翻了布尔什维克的不容异己，又学会了法西斯蒂的不容异己，这是很不幸的事。

五四运动虽然是一个很纯粹的爱国运动，但当时的文艺思想运动却不是狭义的民族主义运动。蔡元培先生的教育主张是显然带有"世界观"的色彩的（《言行录》页197）。《新青年》的同人也都很严厉的批评指斥中国旧文化。其实孙中山先生也是抱着大同主义的，他是信仰"天下为公"的理想的。但中山先生晚年屡次说起鲍洛庭[1]同志劝他特别注重民族主义的策略，而民国十四五年的远东局势又逼我们中国人不得不走上民族主义的路。十四年到十六年的国民革命的大胜利，不能不说是民族主义的旗帜的大成功。可是民族主义有三个方面：最浅的是排外，其次是拥护本国固有的文化，最高又最艰难的是努力建立一个民族的国家。因为最后一步是最艰难的，所以一切民族主义运动往往最容易先走上前面的两步。济南惨案以后，九一八以后，极端的叫嚣的排外主义稍稍减低了，然而拥护旧文化的喊声又四面八方地热闹起来了。这里面容易包藏守旧开倒车的趋势，所以也是很不幸的。

1　鲍洛庭：鲍罗廷。

　　在这两点上，我们可以说，民国十五六年的国民革命运动是不完全和五四运动同一方向的。但就大体上说，张熙若先生的看法也有不小的正确性。孙中山先生是受了很深的安格鲁撒克逊民族的自由主义的影响的，他无疑的是民治主义的信徒，又是大同主义的信徒。他一生奋斗的历史都可以证明他是一个爱自由，爱独立的理想主义者。我们看他在民国九年一月《与海外同志书》（引见上期《独立》）里那样赞扬五四运动，那样承认"思想之转变"为革命成功的条件；我们更看他在民国十三年改组国民党时那样容纳异己思想的宽大精神——我们不能不承认，至少孙中山先生理想中的国民革命是和五四运动走同一方向的。因为中山先生相信"革命之成功必有赖于思想之转变"，所以他能承认五四运动前后的"新文化运动实为最有价值的事"。思想的转变是在思想自由言论自由的条件之下个人不断努力的产儿。个人没有自由，思想又何从转变，社会又何从进步，革命又何从成功呢？

二十四，五，六

（原载于1935年5月12日《独立评论》第150号）

人权与约法

4月20日国民政府下了一道保障人权的命令，全文是：

> 世界各国人权均受法律之保障。当此训政开始，法治基础亟宜确立。凡在中华民国法权管辖之内，无论个人或团体均不得以非法行为侵害他人身体、自由，及财产。违者即依法严行惩办不贷。着行政司法各院通饬一体遵照。此令。

在这个人人权被剥夺几乎没有丝毫余剩的时候，忽然有明令保障人权的盛举，我们老百姓自然是喜出望外。但我们欢喜一阵之后，揩揩眼镜，仔细重读这道命令，便不能不感觉大失望。失望之点是：

第一，这道命令认"人权"为"身体、自由、财产"三项，但这三项都没有明确规定。就如"自由"究竟是那几种自由？又如"财产"究竟受怎样的保障？这都是很重要的缺点。

第二，命令所禁止的只是"个人或团体"，而并不曾提及政府机关。个人或团体固然不得以非法行为侵害他人身体自由及财产，但今日我们最感觉痛苦的是种种政府机关或假借政府与党部的机关侵害人民的身体自由及财产。如今日言论、出版自由之受干涉，如各地私人财产之被没收，如近日各地电气工业之被没收，都是以政府机关的名义执行的。4月20日的命令对于这一方面完全没有给人民什么保障。这岂不是"只许州官放火，不许百姓点灯"吗？

第三，命令中说："违者即依法严行惩办不贷"，所谓"依法"是依什么法？我们就不知道今日有何种法律可以保障人民的人权。中华民国刑法固然有"妨害自由罪"等章，但种种妨害若以政府或党部名义行之，人民便完全没有保障了。

果然，这道命令颁布不久，上海各报上便发现"反日会的活动是否在此命令范围之内"的讨论。日本文的报纸以为这命令可以包括反日会（改名救国会）的行动；而中文报纸如《时事新报》畏垒先生的社论则以为反日会的行动不受此命令的制裁。

岂但反日会的问题吗？无论什么人，只须贴上"反动分子"、"土豪劣绅"、"反革命"、"共党嫌疑"等等招牌，便都没有人权的保障。身体可以受侮辱，自由可以完全被剥夺，财产可以任意宰制，都不是"非法行为"了。无论什么书报，只须贴上"反动刊物"的字样，都在禁止之列，都不算侵害自由了。无论什么学校，外国人办的只须贴上"文化侵略"字样，中国人办的只须贴上"学阀"、"反动势力"等等字样，也就都可以封禁没收，都不算非法侵害了。

我们在这种种方面，有什么保障呢？

我且说一件最近的小事，事体虽小，其中含着的意义却很重要。

三月廿六日上海各报注销一个专电，说上海特别市党部代表陈德征先生在三全大会提出了一个"严厉处置反革命分子案"。此案的大意是责备现有的法院太拘泥证据了，往往使反革命分子容易漏网。陈德征先生提案的办法是：

> 凡经省党部及特别市党部书面证明为反革命分子者，法院或其他法定之受理机关应以反革命罪处分之。如不服，得上诉。惟上级法院或其他上级法定之受理机关，如得中央党部之书面证明，即当驳斥之。

这就是说，法院对于这种案子，不须审问，只凭党部的一纸证明，便须定罪处刑。这岂不是根本否认法治了吗？

我那天看了这个提案，有点忍不住，便写了一封信给司法院长王宠惠博士，大意是问他"对于此种提议作何感想"，并且问他"在世界法制史上，不知在哪一世纪哪一个文明民族曾经有这样一种办法，笔之于书，立为制度的吗"？

我认为这个问题是值得大家注意的，故把信稿送给国闻通信社发表。过了几天，我们接得国闻通信社的来信，说：

> 昨稿已为转送各报，未见刊出，闻已被检查者扣去。兹将原稿奉还。

我不知道我这封信有什么军事上的重要而竟被检查新闻的人扣去。这封信是我亲自负责署名的。我不知道一个公民为什么不可以负责发表对于国家问题的讨论。

但我们对于这种无理的干涉，有什么保障呢？

又如安徽大学的一个校长，因为语言上顶撞了蒋主席，遂被拘禁了多少天。他的家人朋友只能到处奔走求情，决不能到任何法院去控告蒋主席。只能求情而不能控诉，这是人治，不是法治。

又如最近唐山罢市的案子，其起原是因为两益成商号的经理杨润普被当地驻军指为收买枪枝，拘去拷打监禁。据4月28日《大公报》的电讯，唐山总商会的代表十二人到一百五十二旅去请求释放，军法官不肯释放。代表等辞出时，正遇兵士提杨润普入内，"时杨之两腿已甚臃肿，并有血迹，周身动转不灵，见代表等则欲哭无泪，语不成声，其凄惨情形，实难尽述"。但总商会及唐山商店八十八家打电报给唐生智，也只能求情而已；求情而无效，也只能相率罢市而已。人权在哪里？法治在哪里？

我写到这里，又看见5月2日的《大公报》，唐山全市罢市的结果，杨润普被释放了。"但因受刑过重，已不能行走，遂以门板抬出，未回两益成，直赴中华医院医治。"《大公报》记者亲自去访问，他的记载中说：

> ……见杨润普前后身衣短褂，血迹模糊。衣服均粘于身上，经医生施以手术，始脱下。记者当问被捕后情形，杨答，苦不堪言，曾用旧时惩法盗匪之压杠子，余实不堪其苦。正在疼痛难忍时，压于腿上之木杠忽然折断。旋又易以竹板，周身抽打，移时亦断。时刘连长在旁，主以铁棍代木

棍。郑法官恐生意外，未果。此后每讯必打，至今周身是
伤。据医生言，杨伤过重，非调养三个月不能复原。

这是人权保障的命令公布后十一日的实事。国民政府诸公对
于此事不知作何感想？

我在上文随便举的几件实事，都可以指出人权的保障和法治
的确定决不是一纸模糊命令所能办到的。

法治只是要政府官吏的一切行为都不得逾越法律规定的权
限。法治只认得法律，不认得人。在法治之下，国民政府的主席
与唐山一百五十二旅的军官都同样的不得逾越法律规定的权限，
国民政府主席可以随意拘禁公民，一百五十二旅的军官自然也可
以随意拘禁拷打商人了。

但是现在中国的政治行为根本上从没有法律规定的权限，人
民的权利自由也从没有法律规定的保障。在这种状态之下，说什
么保障人权！说什么确立法治基础！

※　※　※

在今日如果真要保障人权，如果真要确立法治基础，第一件
应该制定一个中华民国的宪法。至少，至少，也应该制定所谓训
政府时期的约法。

孙中山先生当日制定《革命方略》时，他把革命建国事业的
措施程序分作三个时期；

第一期为军法之治（三年）。

第二期为约法之治（六年）。……"凡军政府对于人

民之权利义务，及人民对于军政府之权利义务，悉规定于约法。军政府与地方议会及人民各循守之。有法者，负其责任……"

第三期为宪法之治。

《革命方略》成于丙午年（1906），其后续有修订。至民国八年中山先生作《孙文学说》时，他在第六章里再三申说"过渡时期"的重要，很明白地说"在此时期，行约法之治，以训导人民，实行地方自治"。至民国十二年一月，中山先生作《中国革命史》时，第二时期仍名为"过渡时期"，他对于这个时期特别注意。他说：

第二为过渡时期。在此时期内，施行约法（非现行者），建设地方自治，促进民权发达。以一县为自治单位，每县于散兵驱除战事停止之日，立颁约法，以规定人民之权利义务，与革命政府之统治权。以三年为限，三年期满。则由人民选举其县官。……革命政府之对于此自治团体只能照约法所规定而行其训政之权。

又过了一年之后，当民国十三年四月中山先生起草《建国大纲》时，建设的程序也分作三个时期，第二期为"训政时期"。但他在《建国大纲》里不曾提起训政时期的"约法"，又不曾提起训政府时期的年限，不幸一年之后他就死了，后来的人只读他的《建国大纲》，而不研究这"三期"说的历史，遂以为训政时期可以无限地延长，又可以不用约法之治，这是大错的。

孙中山先生在上海著《建国方略》 ▏1918 年

中山先生的《建国大纲》虽没有明说"约法"，但我们研究他民国十三年以前的言论，可以知道他决不会相信统治这样一个大国可以不用一个根本大法的。况且《建国大纲》里遗漏的东西多着哩。如廿一条说"宪法未颁布以前，各院长皆归总统任免"，是训政时期有"总统"，而全篇中不说总统如何产生。又如民国十三年一月国民党第一次代表大会宣言已有"以党为掌握政权之中枢"的话，而是年4月12日中山先生草定《建国大纲》全文廿五条中没有一句话提到一党专政的。这都可见《建国大纲》不过是中山先生一时想到的一个方案，并不是应有尽有的，也不是应无尽无的。《大纲》所有，早已因时势而改动了（如十九条五院之设立在宪政开始时期，而去年已设立五院了）；《大纲》所无，又何妨因时势的需要而设立呢？

我们今日需要一个约法，需要中山先生说的"规定人民之权利义务与革命政府之统治权"的一个约法。我们要一个约法来规定政府的权限：过此权限，便是"非法行为"。我们要一个约法来规定人民的"身体、自由，及财产"的保障：有侵犯这法定的人权的，无论是一百五十二旅的连长或国民政府的主席，人民都可以控告，都得受法律的制裁。

我们的口号是：

> 快快制定约法以确定法治基础！
> 快快制定约法以保障人权！

十八，五，六

《新月》，第2卷第2号，1929年4月10日（实际出版日衍期）

从民主与独裁的讨论里
求得一个共同政治信仰

出游了五个星期，回家又得了流行感冒，在床上睡了五六天。在病榻上得着《大公报》催促星期论文的通告，只好把这一个多月的报纸杂志寻出来翻看一遍，看看有什么材料和"灵感"。一大堆旧报里，最使感觉兴趣的是一班朋友在三四十天里发表的讨论"民主与独裁"的许多文章。其中我读到的有吴景超先生的《中国的政制问题》（12月30日《大公报》星期论文，《独立评论》134号转载）。张奚若先生的《独裁与国难》（1月13日《大公报》星期论文）。陶孟和先生的《民治与独裁》（《国闻周报》新年号）；陈之迈先生和陶希圣先生的两篇《民主与独裁》（《独立评论》136号）；丁文江先生的《再论民治与独裁》（1月20日《大公报》星期论文，《独立评论》137号转载）。我现在把我读了这些文字以后的几点感想写出来，虽然是旧事重提，但在我个人看来，这个讨论了一年多的老题目，这回经过了这几位学者的分析，——尤其是吴景超陈之迈两先生的清楚明锐的分析，——已可算是得着了一点新的意义了。

吴景超先生把这个问题分成三方面：（一）中国现在行的是什么政制？这是一个事实问题。（二）我们愿意要有一种什么政制？这是一个价值问题。（三）怎样可以做到我们愿望的政制？

这是一个技术问题。他的结论是：在事实上，"中国现在的政治是一党独裁的政治，而在这一党独裁的政治中，少数的领袖占有很大的势力"。在价值问题上，"中国的智识阶级多数是偏向民主政治的，就是国民党在理论上，也是赞成民主政治的"。在技术问题上，他以为实行民主政治的条件还未完备，但"大部分是可以教育的方式完成的"。

陈之迈先生的六千多字的长文，他的主要论点是："被治者有和平的方法来产生及推倒（更换）统治者，这是民主政治的神髓，抓住了这层便有了民主政治。"所以他指出汪、蒋感电说的"国内问题取决于政治，不取决于武力"正是民主政治的根本。所以他的结论是：

> 我个人则以为中国目前的现状，理论上、实际上都应该把"国内问题取决于政治而不取决于武力"，因此绝对没有瞎着眼去学人家独裁的道理。……同时我们对于民主政治，不可陈义太高，太重理想，而着眼于把它的根本一把抓住；对于现存的带民主色彩的制度，如目前的国民党全代会，能代表一部分应有选权的人民，并能产生稍为类似内阁制的政

府，应认为是一种进步。对……宪草里规定的国民大会，则应努力使它成功。

我对于陈之迈先生的主张，可以说是完全同意。他颇嫌我把民主政治看得太容易，太幼稚。其实我的本意正是和他一样，要人"对于民主政治不可陈义太高，太重理想"，所以我说民主宪政只是一种幼稚的政治，最适宜于训练一个缺乏政治经验的民族。许多太崇高民主政治的人，只因为把民主宪政看作太高不可攀的"理智的政治"了，所以不承认我们能试行民治，所以主张必须有一个过渡的时期，或是训政，或是开明专制，或是独裁，这真是王荆公的诗说的"扰扰堕轮回，只缘疑这个"了！

陈之迈先生劝我们对于现有的一切稍带民主色彩的制度应该认为一种进步，都应该努力使它成功。这个意见最可以补充吴景超先生所谓"技术问题"一项。民主政治的好处正在于教人人都进幼儿园，从幼儿园里淘练到进中学大学。陈之迈先生虽然不赞成我的民治幼稚观，他的劝告却正是劝人进幼儿园的办法。这个看法是富有历史眼光的，是很正确的历史看法。陶希圣先生也说："现行的党治，在党外的人已经看着是独裁，在党内还有人以为算不得独裁。"陈之迈先生从历史演变的立场去看，老实承认国民党的现行制度还是一种"带民主色彩的制度"；固然（如陶希圣先生说的）"即令按照《建国大纲》召开国民大会，那个誓行三民主义的县民代表会议也与多党议会不同"，虽然如此，陈之迈先生也愿意承认这是一种进步，一种收获，我们应该努力使它成功，为什么呢？因为这都是走民主政治的路线：这都是"国内问题取决于政治而不取决于武力"的途径。

陶希圣先生说："胡适之先生主张的民主政治，很显然的是议会政治。"关于这一点，我在这里要声明：我所主张的议会是很有伸缩的余地的：从民元的临时参议院，到将来普选产生的国会，——凡是代表全国的各个区域，象征一个统一国家，做全国的各个部分与中央政府的合法维系，而有权可以用和平的方法来转移政权的，都不违反我想象中的议会。我们有历史眼光的人，当然不妄想"把在英美实行而有成效的民主政治硬搬到中国来"，但是我们当然也不轻视一切逐渐走向民主政治的尝试与练习。

陶希圣先生又说："如果以议会政治论和国民党相争，国民党内没有人能够同意。"我们现在也可以很明白地告诉陶先生和国民党的朋友：我们现在并不愿意"以议会政治论和国民党相争"，因为依我们的看法，国民党的"法源"，《建国大纲》的第十四条和二十四条都是一种议会政治论。所以新宪草规定的国民大会、立法院、监察院、省参议会、县议会等，都是议会政治的几种方式。国民党如果不推翻孙中山先生的遗教，迟早总得走上民主宪政的路。而在这样走上民主宪政的过程上，国民党是可以得着党外关心国事的人的好意的赞助的。

反过来说，我们恐怕，今日有许多求治过急的人的梦想领袖独裁，是不但不能得着党外的同情，还可以引起党内的破裂与内讧的。宪政有中山先生的遗教作根据，是无法隐讳的；独裁的政制如果实现，将来必有人抬出中山遗教来做"护法""救党"的运动。求统一而反致分裂，求救国难而反增加国家的危机，古人说的"欲速则不达"的名言是不可不使我们三思熟虑的。

所以我们为国家民族的前途计，无论党内或党外的人，都应该平心静气考虑一条最低限度的共同信仰，大略如陈之迈先生指

三民主义

民族主义　民生主义

三民主义　三

民权主义　建国方略

五权宪法　五

孙中山先生遗墨

出的路线，即是汪蒋两先生感电提出的"国内问题取决于政治而不取决于武力"的坦坦大路。党内的人应该尊重孙中山先生的遗教，尊重党内重要领袖的公开宣言，大家努力促进宪政的成功；党外的人也应该明白中山先生手创的政党是以民主宪政为最高理想的，大家都应该承认眼前一切"带民主色彩的制度"（如新宪法草案之类），都是实现民主宪政的历史步骤，都是一种进步的努力，都值得我们的诚意的赞助使它早日实现的。

我们深信，只有这样的一个最低限度的共同信仰可以号召全国人民的感情与理智，使这个飘摇的国家散漫的民族联合起来做一致向上的努力！

（转载2月17日《大公报》星期论文）

——《独立评论》，第141号，1935年3月10日

陈独秀最后对于民主政治的见解序

陈独秀是1937年8月出狱的，他死在1942年5月27日。最近我才得读他的朋友们印行的《陈独秀的最后论文和书信》一小册，我觉得他的最后思想——特别是他对于民主自由的见解，是他"沉思熟虑了六七年"的结论，很值得我们大家仔细想想。

独秀在1937年11月写信给他的朋友们，说：

> "我只注重我自己独立的思想，不牵就任何人的意见。我在此所发表的言论，已向人广泛的声明过，只是我一个人的意见，不代表任何人。我已不隶属任何党派，不受任何人的命令指使，自作主张，自负责任。将来谁是朋友，现在完全不知道。我绝对不怕孤立。"(给陈其昌等的信)

在那时候，人们往往还把他看作一个托洛斯基派的共产党，但他自己在这信里已明白宣告他"已不隶属任何党派，不受任何人的命令指使"了。

1939年9月欧洲战事爆发之后，中国共产党在重庆出版的《新华日报》特别译登列宁反对1914大战的论文，天天宣传此次战争是上次大战的重演，同是帝国主义者的战争。中国托派的《动向》月刊也响应这种看法。独秀很反对这样抄袭老文章的论调，他坚决的主张：

　　"赞助希特勒，或反对希特勒，事实上，理论上，都不能含糊两可。反对希特勒，便不应同时打倒希特勒的敌人。否则所谓反对希特勒和阻止法西斯胜利，都是一句空话。"(1940年3月2日给西流等的信)

他更明白地说：

　　"现在德俄两国的国社主义(纳粹主义)及格别乌(G. P. U. 按即秘密政治警察)政治，是现代的宗教法庭。此时人类若要前进，必须首先打倒这个比中世纪的宗教法庭还要黑暗的国社主义与格别乌政治。"（同年4月24日给西流等的信）

这时候美国还没有卷入大战争，但罗斯福对于英法两国的同情与援助已很明显了。独秀在这时候毫不迟疑的宣布他盼望世界大战的胜利属于英法美。他说：

　　"此次若是德俄胜利了，人类将更加黑暗至少半个世纪。

若胜利属于英法美，保持了资产阶级民主，然后才有道路走向
大众的民主。"（同年给西流等的信，约在五、六月之间）

他在这里提出了一个理论："保持了资产阶级民主，才有道
路走向大众的民主"，——这个理论在一切共产党的眼里真是大逆
不道的谬论。因为自从1917年俄国十月革命以来，共产党为了拥护
"无产阶级独裁"的事实，造成了一套理论，说英美西欧的民主政
治是"资产阶级的民主"，是资本主义的副产品，不是大众无产阶
级需要的民主。他们要打倒"资产阶级的民主"，要重新建立"无
产阶级的民主"。这是一切共产党在那二十多年中记得烂熟的口头
禅。托洛斯基失败之后虽然高喊着党要民主，工会要民主，各级苏
维埃要民主，但他实在没有彻底想过整个政治民主自由的问题，所
以"托派"的共产党也都承袭了二十年来共产党攻击"资产阶级民
主"的烂调。在这一个重要问题上，列宁与托洛斯基与史大林，希
特勒与墨索里尼，是完全一致的，因为法西斯党徒与纳粹党徒都抄
袭了国际共产主义攻击"资产阶级民主"的老文章。

因此，独秀要从资产阶级民主"走向大众的民主"的一句
话，当时引起了他的朋友们"一致"的怀疑与抗议。这时候(1940
年7月)独秀在病中，只能简单地答复他们。他说：

"你们错误的根由，第一是不懂得资产阶级民主政治之
真实价值，(自列宁、托洛斯基以下均如此。)把民主政治当着
这是资产阶级的统治方式，是伪善、欺骗，而不懂得民主政治
的真实内容是：

法院以外机关无捕人权：

无参政权不纳税；

图中左上角是列宁，他正在发表演说。图右下角蓄八字胡者是托洛茨基。

列宁与托洛茨基（托洛斯基）

非议会通过，政府无征税权；

政府之反对党有组织，言论，出版之自由；

工人有罢工权；

农民有耕种土地权；

思想，宗教自由，等等……

这都是大众所需要，也是十三世纪以来大众以鲜血斗争七百余年，才得到今天的所谓'资产阶级的民主政治'。这正是俄，意，德所要推翻的。

所谓'无产阶级的民主政治'，和资产阶级的民主只是实施的范围广狭不同，并不是在内容上另有一套无产阶级的民主。

十月(革命)以来，拿'无产阶级的民主'这一个空洞的抽象名词做武器，来打毁资产阶级的实际民主，才至有今天的史大林统治的苏联。意、德还是跟着学话。现在你们又拿这一个空洞的名词做武器，来为希特勒攻打资产阶级民主的英美。——"(1940年7月31日给连根的信。分段分行是我分的，为的是要醒目。)

这个简单的答复，是独秀自己独立思想的结论，实在是他大觉大悟的见解。只有他能大胆地指摘"自列宁，托洛斯基以下"均不曾懂得"资产阶级民主政治之真实价值"。只有他敢指出二十年(现在三十年了)来共产党用来打击民主政治的武器——"无产阶级的民主"原来只是一个空洞的抽象名词！

独秀的最大觉悟是他承认"民主政治的真实内容"有一套最基本的条款——一套最基本的自由权利，——都是大众所需要的，并不是资产阶级所独霸而大众所不需要的。这个"民主政治的真实内容"，独秀在这信里列举了七项。在同年9月给西流的长信里，他两次讨论到这个问题：在第一处他列举"民主之基本内容，无级和资级是一样"的：

> 法院外无捕人杀人权，
>
> 政府反对党派公开存在，
>
> 思想，出版，罢工，选举之自由权利等。

在同一信的后文，他做了一张对照表，如下：

> (甲)英美及战败前法国的民主制
>
> (一)议会选举由各党(政府反对党也在内)……发布竞选的政纲及演说以迎合选民的要求，因选民毕竟最后还有投票权。开会时有相当的讨论争辩。
>
> (二)无法院命令不得捕人杀人。
>
> (三)政府的反对党甚至共产党公开存在。
>
> (四)思想，言论，出版，相当自由。
>
> (五)罢工本身非犯罪行为。
>
> (乙)俄德意的法西斯制(原注：苏俄的政制是德意的老师，故可为一类。)
>
> (一)苏维埃或国会选举均由政府党指定。开会时只有举手，没有争辩。
>
> (二)秘密政治警察可以任意捕人杀人。
>
> (三)一国一党，不容许别党存在。
>
> (四)思想，言论，出版，绝对不自由。
>
> (五)绝对不许罢工，罢工即是犯罪。

在这张表之后，独秀说：

> "每个康民尼斯特(适按：独秀似不愿用'共产党'的名词，故此处用译音)看了这张表，还有脸儿骂资产阶级的民主吗？ 宗教式的迷信时代，应当早点过去，大家醒醒罢！ 今后的革命若仍旧认为'民主已经过时，无级政权只有独裁，没有民主'，那只有听格别乌蹦蹂全人类！……"

这封给西流的长信是独秀在病中"陆续写了廿余日才写好"的，全文有五千字，其中有三千多字是讨论"民主政治"的。我觉得这封信是中国现代政治思想史上希有的重要文献，所以我要多介绍几段。

独秀说：

> "关于第二个问题(即民主政治制度问题)，我根据苏俄二十年来的经验，沉思熟虑了六七年，始决定了今天的意见。"

这是他自己的引论，下文他的意见共分六段，我现在摘引我认为最精彩的几段。他在这几段里，反复陈说民主政治的重要，往往用俄国革命以来的政制历史做例子。他说：

> "如果不实现大众民主，则所谓'大众政权'或'无产阶级独裁'必然流为史大林式的极少数人的格别乌制。这是势所必然，并非史大林个人的心术特别坏些。"

这是很忠厚的评论。向来"托派"共产党总要把苏俄的一切罪恶都归咎于史大林一个人。独秀这时候"已不隶属任何党派"了，所以他能透过党派的成见，指出苏俄的独裁政制是一切黑暗与罪恶的原因。独秀说：

> "史大林的一切罪恶，乃是无产阶级独裁制之逻辑的发达。试问史大林一切的罪恶，哪一样不是凭借着苏联自[1917年]10月以来秘密的政治警察大权，党外无党，党内无派，不容许思想出版罢工选举之自由，这一大串反民主的独裁制而发生的呢？"

独秀自己加注释道：

> "这些违反民主的制度，都非创自史大林。"

他又说：

> "若不恢复这些民主制，继史大林而起的，谁也不免还是一个'专制魔王'。所以把苏联的一切坏事都归罪于史大林，而不推源于苏联独裁制之不良，仿佛只要去掉史大林，苏联样样都是好的，——这种迷信个人轻视制度的偏见，公平的政治家是不应该有的。苏联二十年的经验，尤其是后十年的苦经验，应该使我们反省；我们若不从制度上寻出缺点，得到教训，只是闭起眼睛反对史大林，将永远没有觉悟。一个史大林倒了，会有无数史大林在俄国及别国产生出来。在十月（革命）后的苏俄，明明是独裁制产生了史大林，而不是有了史大林才产生独裁制。"

独秀所主张应该恢复的民主制度，即是他屡次列举的"民主政治之基本内容"。他在1940年11月写成《我的根本意见》一篇论文，又给这个基本内容作一个更简括的叙述：

> "民主主义是自从人类发生政治组织，以至政治消灭之间，各时代(希腊，罗马，近代以至将来)多数阶级的人民反抗少数特权之旗帜。'无产阶级民主'，不是一个空洞名词，其具体内容也和资产阶级民主同样要求一切公民都有集会、结社、言论、出版、罢工之自由。特别重要的是反对党派之自由。没有这些，议会与苏维埃同样一文不值。"（《根本意见》第八条）

独秀在这一年之内，前后四次列举"民主政治的真实内容"，这是最后一次，他看得更透彻了，所以能用一句话综括起来：民主政治只是一切公民(有产的与无产的，政府党与反对党)都有集会、结社、言论、出版、罢工之自由。他更申说一句：

> 特别重要的是反对党派之自由。

在这十三个字的短短一句话里，独秀抓住了近代民主政治制度的生死关头。近代民主政治与独裁政制的基本区别就在这里。承认反对党派之自由，才有近代民主政治。独裁制度就是不容许反对党派的自由。

因为独秀"沉思熟虑了六七年"，认识了近代民主政治的基本内容，所以他能抛弃二十多年来共产党诋毁民主政治的烂调，大胆地指出：

> "民主主义并非和资本主义及资产阶级是不可分离的。"（《根本意见》第九条)

他又指出：

> "近代民主制的内容，比希腊罗马要丰富得多，实施的范围也广大得多。因为近代是资产阶级当权时代，我们便称之为资产阶级的民主制，其实此制不尽为资产阶级所欢迎，而是几千万民众流血斗争了五六百年才实现的。"（1940年9月给西流的信)

他很感慨地指出，俄国十月革命以后"轻率的把民主制和资产阶级统治一同推翻，以独裁代替了民主"，是历史上最可惋惜的一件大不幸。他说：

> "科学，近代民主制，社会主义，乃是近代人类社会三大发明，至可宝贵。不幸十月'革命'以来，轻率地把民主制和资产阶级统治一同推翻，以独裁代替了民主，民主的基本内容被推翻了，所谓'无产阶级民主''大众民主'只是一些无实际内容的空洞名词，一种门面语而已。无产阶级取得政权后，有国有大工业，军队，警察，法院，苏维埃选举法，这些利器在手，足够镇压资产阶级的反革命，用不着拿独裁来代替民主。独裁制如一把利刃，今天用之杀别人，明天便会用之杀自己。列宁当时也曾警觉到'民主是对于官僚制的抗毒素'，

而亦未曾认真采用民主制，如取消秘密警察，容许反对党派公开存在，思想出版罢工选举自由等。托洛斯基直至独裁这把利刃伤害到他自己，才想到党与工会和各级苏维埃要民主，要选举自由，然而太晚了！其余一班无知的布尔雪维克[1]党人，更加把独裁制抬到天上，把民主骂得比狗屎不如。这种荒谬的观点，随着十月革命的权威，征服了全世界。第一个采用这个观点的便是墨索里尼，第二个便是希特勒，首倡独裁制的本土——苏联，更是变本加厉，无恶不为。从此崇拜独裁的徒子徒孙普遍了全世界。……"(同上)

所以独秀"根据苏俄二十年来的经验，沉思熟虑了六七年"的主要结论是：

"应该毫无成见地领悟苏俄二十年来的教训，科学地而非宗教的重新估计布尔雪维克的理论及其领袖之价值，不能一切归罪于史大林，例如无产阶级政权之下民主制的问题。……'无产阶级民主'的具体内容也和资产阶级民主同样要求一切公民都有集会，结社、言论、出版、罢工之自由。特别重要的是反对党派之自由。……无产政党若因反对资产阶级及资本主义，遂并民主主义而亦反对之，即令各国所谓'无产阶级革命'出现了，而没有民主制做官僚制之消毒素，也只是世界上出现了一些史大林式的官僚政权。……所谓'无产阶级独裁'，根本没有这样东西。即党的独裁，结果也只能是领袖独裁。任何独裁制都和残暴、蒙蔽、欺骗、贪污、腐化的官僚政

1　布尔雪维克：布尔什维克。

治是不能分离的。"(《我的根本意见》第七、八、九条)

以上是我摘抄的我的死友陈独秀最后对于民主政制的见解。他在1941年1月19日有给S和H的一封信,我引几句作这篇介绍文字的结束:

> "弟自来立论,喜根据历史及现时之事变发展,而不喜空谈主义,更不喜引用前人之言为立论之前提。……近作《根本意见》,亦未涉及何种主义。第七条主张从新估计布尔雪维克的理论及其领袖(列宁、托洛斯基都包括在内)之价值,乃根据苏俄二十余年之教训,非拟以马克思主义为尺度也。倘苏俄立国的道理不差,(成败不必计)即不合乎马克思主义,又谁得而非之?'圈子'即是教派,'正统'等于中国宋儒所谓'道统',此等素与弟口胃不合,故而见得孔教道理有不对处,便反对孔教;见得第三国际有不对处,便反对他;对第四国际,第五国际,第……国际,亦然。适之兄说弟是一个'终身反对派',实是如此。然非弟故意如此,乃事实迫我不得不如此也。……"

因为他是一个"终身反对派",所以他不能不反对独裁政治,所以他从苦痛的经验中悟得近代民主政治的基本内容,"特别重要的是反对党派之自由"。

一九四九,四,十四夜,在太平洋船上

(本文选自北京法律出版社2011年6月版《容忍与自由》。《陈独秀的最后见解》1949年由自由中国社在台北出版)

1935 年胡适接受香港大学名誉博士学位

六、难以忘怀的人与事

追悼志摩

悄悄的我走了，

　　正如我悄悄的来；

我挥一挥衣袖，

　　不带走一片云彩。

　　　　　　　　　　　　——《再别康桥》

　　志摩这一回真走了！可不是悄悄的走。在那淋漓的大雨里，在那迷蒙的大雾里。一个猛烈的大震动，三百匹马力的飞机碰在一座终古不动的山上，我们的朋友额上受了一下致命的撞伤，大概立刻失去了知觉。半空中起了一团大火，像天上陨了一颗大星似的直掉下地去。我们的志摩和他的两个同伴就死在那烈焰里了！

　　我们初得着他的死讯，都不肯相信，都不信志摩这样一个可爱的人会死得这么惨酷。但在那几天的精神大震撼稍稍过去之后，我们忍不住要想，那样的死法也许只有志摩最配。我们不相信志摩会"悄悄的走了"，也不忍想志摩会死一个"平凡的死"，死在天空之中，大雨淋着，大雾笼罩着，大火焚烧着，那撞不倒的山头在旁边冷眼瞧着，我们新时代的新诗人，就是要自己挑一种死法，也挑不出更合式、更悲壮的了。

　　志摩走了，我们这个世界里被他带走了不少的云彩。他在我

们这些朋友之中，真是一片最可爱的云彩，永远是温暖的颜色，永远是美的花样，永远是可爱。他常说，

> 我不知道风
>
> 是在哪一个方向吹——

我们也不知道是在哪一个方向吹，可是狂风过去之后，我们的天空变惨淡了，变寂寞了，我们才感觉我们的天上的一片最可爱的云彩被狂风卷去了，永远不回来了！

这十几天里，常有朋友到家里来谈志摩，谈起来常常有人痛哭。在别处痛哭他的，一定还不少。志摩所以能使朋友这样哀念他，只是因为他的为人整个的只是一团同情心，只是一团爱。叶公超先生说：

> 他对于任何人，任何事，从未有过绝对的怨恨，甚至于无意中都没有表示过一些憎嫉的神气。

陈通伯先生说：

尤其朋友里缺不了他。他是我们的连索，他是粘着性的，发酵性的。在这七八年中，国内文艺界里起了不少的风波，吵了不少的架，许多很熟的朋友往往弄得不能见面。但我没有听见有人怨恨过志摩，谁也不能抵抗志摩的同情心，谁也不能避开他的粘着性。他才是和事的无穷的同情，在我们老友中，他总是朋友中间的"连索"，他从没有疑心，他从不曾妒忌。他使这些多疑善妒的人们十分惭愧，又十分羡慕。

他的一生真是爱的象征。爱是他的宗教，他的上帝。

> 我攀登了万仞的高冈，
>
> 荆棘扎烂了我的衣裳，
>
> 我向飘渺的云天外望——
>
> 上帝，我望不见你！
>
> ……
>
> 我在道旁见一个小孩，
>
> 活泼，秀丽，褴褛的衣衫，
>
> 他叫声"妈"，眼里亮着爱——
>
> 上帝，他眼里有你！

（《他眼里有你》）

志摩今年在他的《猛虎集·自序》里曾说他的心境是"一个曾经有单纯信仰的流入怀疑的颓废"。这句话是他最好的自述。他的人生观真是一种"单纯信仰"，这里面只有三个大字：一个是爱，一个是自由，一个是美。他梦想这三个理想的条件能够会

徐志摩像

合在一个人生里，这是他的"单纯信仰"。他的一生的历史，只是他追求这个单纯信仰的实现的历史。

社会上对于他的行为，往往有不能谅解的地方，都只因为社会上批评他的人不曾懂得志摩的"单纯信仰"的人生观。他的离婚和他的第二次结婚，是他一生最受社会严厉批评的两件事。现在志摩的棺已盖了，而社会上的议论还未定。但我们知道这两件事的人，都能明白，至少在志摩的方面。这两件事最可以代表志摩的单纯理想的追求。他万分诚恳的相信那两件事都是他实现他那"美与爱与自由"的人生的正当步骤。两件事的结果，在别人看来，似乎都不曾能够实现志摩的理想生活。但到了今日，我们还忍用成败来议论他吗？

我忍不住我的历史癖，今天我要引用一点神圣的历史材料，来说明志摩决心离婚时的心理。民国十一年三月，他正式向他的夫人提议离婚，他告诉她，他们不应该继续他们的没有爱情没有自由的结婚生活了，他提议"自由之偿还自由"，他认为这是"彼此重见生命之曙光，不世之荣业"。他说：

> 故转夜为日，转地狱为天堂，直指顾问事矣。……真生命必自奋斗自求得来，真幸福亦必自奋斗自求得来，真恋爱亦必自奋斗自求得来！彼此前途无限，……彼此有改良社会之心，彼此有造福人类之心，其先自作榜样，勇决智断，彼此尊重人格，自由离婚，止绝苦痛，始兆幸福，皆在此矣。

这信里完全是青年的志摩的单纯的理想主义，他觉得那没有爱又没有自由的家庭是可以摧毁他们的人格的，所以他下了决心，要把自由偿还自由，要从自由求得他们的真生命，真幸福，真恋爱。

后来他回国了，婚是离了，而家庭和社会都不能谅解他。最奇怪的是他和他已离婚的夫人通信更勤，感情更好。社会上的人更不明白了。志摩是梁任公先生最爱护的学生，所以民国十二年任公先生曾写一封很长很恳切的信去劝他。在这信里，任公提出两点：

其一，万不容以他人之苦痛，易自己之快乐。弟之此举，其于弟将来之快乐能得与否，殆茫如捕风，然先已予多数人以无量之苦痛。

其二，恋爱神圣为今之少年所乐道。……兹事尽可遇而不可求。……况多情多感之人，其幻想起落鹘突，而得满足得宁帖也极难。所梦想之神圣境界恐终不可得，徒以烦恼终其身已耳。

任公又说：

呜呼志摩！天下岂有圆满之宇宙？……尝知吾侪以不求圆满为生活态度，斯可以领略生活之妙味矣。……若沉迷于不可必得之梦境，挫折数次，生意尽矣，郁邑侘傺以死，死为无名。死犹可也，最可畏者，不死不生而堕落至不复能自拔。呜呼志摩，可无惧耶！可无惧耶！（12年1月2日信）

任公一眼看透了志摩的行为是追求一种"梦想的神圣境界"，他料到他必要失望，又怕他少年人受不起几次挫折，就会死，就会堕落。所以他以老师的资格警告他："天下岂有圆满之宇宙？"

但这种反理想主义是志摩所不能承认的。他答复任公的信，第一不承认他是把他人的苦痛来换自己的快乐。他说：

> 我之甘冒世之不韪，竭全力以斗者，非特求免凶惨之苦痛，实求良心之安顿，求人格之确立，求灵魂之救度耳。
>
> 人谁不求庸德？人谁不安现成？人谁不畏艰险？然且有突围而出者，夫岂得已而然哉？

第二，他也承认恋爱是可遇而不可求的，但他不能不去追求。他说：

> 我将于茫茫人海中访我唯一灵魂之伴侣；得之，我幸；不得，我命，如此而已。

他又相信他的理想是可以创造培养出来的。他对任公说：

> 嗟夫吾师！我尝奋我灵魂之精髓，以凝成一理想之明珠，涵之以热满之心血，朗照我深奥之灵府。而庸俗忌之嫉之，辄欲麻木其灵魂，捣碎其理想，杀灭其希望，污毁其纯洁！我之不流入堕落，流入庸懦，流入卑污，其几亦微矣！

我今天发表这三封不曾发表过的信，因为这几封信最能表现那个单纯的理想主义者徐志摩。他深信理想的人生必须有爱，必须有自由，必须有美；他深信这种三位一体的人生是可以追求的，至少是可以用纯洁的心血培养出来的。——我们若从这个观点来观察志摩的一生，他这十年中的一切行为就全可以了解了。我还可以说，只有从这个观点上才可以了解志摩的行为；我们必须先认清了他的单纯信仰的人生观，方才认得清志摩的为人。

志摩最近几年的生活，他承认是失败。他有一首《生活》的诗，诗是暗惨的可怕：

> 阴沉，黑暗，毒蛇似的蜿蜒，
>
> 生活逼成了一条甬道：
>
> 一度陷入，你只可向前，
>
> 手扪索着冷壁的粘潮，
>
> 在妖魔的脏腑内挣扎，
>
> 头顶不见一线的天光，
>
> 这魂魄，在恐怖的压迫下，
>
> 除了消灭更有什么愿望？

（十九年五月二十九日）

他的失败是一个单纯的理想主义者的失败。他的追求，使我们惭愧，因为我们的信心太小了，从不敢梦想他的梦想。他的失败，也应该使我们对他表示更深厚的恭敬与同情，因为偌大的世界之中，只有他有这信心，冒了绝大的危险，费了无数的麻烦，牺牲了一切平凡的安逸，牺牲了家庭的亲谊和人间的名誉，去追求，去试验一个"梦想之神圣境界"，而终于免不了惨酷的失败，也不完全是他的人生观的失败。他的失败是因为他的信仰太单纯了，而这个现实世界太复杂了，他的单纯的信仰禁不起这个现实世界的摧毁；正如易卜生的诗剧Brand里的那个理想主义者，抱着他的理想，在人间处处碰钉子，碰得焦头烂额，失败而死。

然而我们的志摩"在这恐怖的压迫下"，从不叫一声"我投降了"他从不曾完全绝望，他从不曾绝对怨恨谁。他对我们说：

> 你们不能更多的责备。我觉得我已是满头的血水，能不低头已算是好的。（《猛虎集·自序》）

是的，他不曾低头。他仍旧昂起头来做人；他仍旧是他那一团的同情心，一团的爱。我们看他替朋友做事，替团体做事，他总是仍旧那样热心，仍旧那样高兴。几年的挫折，失败，苦痛，似乎使他更成熟了，更可爱了。

他在苦痛之中，仍旧继续他的歌唱。他的诗作风也更成熟了。他所谓"初期的汹涌性"固然是没有了，作品也减少了；但是他的意境变深厚了，笔致变淡远了，技术和风格都更进步了。这是读《猛虎集》的人都能感觉到的。

志摩自己希望今年是他的"一个真正的复活的机会"。他说：

> 抬起头居然又见到天了。眼睛睁开了，心也跟着开始了跳动。

我们一班朋友都替他高兴。他这几年来想用心血浇灌的花树也许是枯萎的了；但他的同情，他的鼓舞，早又在别的园地里种出了无数的可爱的小树，开出了无数可爱的鲜花。他自己的歌唱有一个时代是几乎消沉了；但他的歌声引起了他的园地外无数的歌喉，嘹亮的唱，哀怨的唱，美丽的唱。这都是他的安慰，都使他高兴。

泰戈尔、徐志摩、林徽因 ▎1924 年泰戈尔访华，林徽因任翻译

谁也想不到在这个最有希望的复活时代，他竟丢了我们走了！他的《猛虎集》里有一首咏一只黄鹂的诗，现在重读了，好像他在那里描写他自己的死，和我们对他的死的悲哀：

等候他唱，我们静着望，
怕惊了他。但他一展翅，
冲破浓密，化一朵彩云：
他飞来了，不见了，没了——
像是春光，火焰，像是热情。

志摩这样一个可爱的人，真是一片春光，一团火焰，一腔热情。现在难道都完了？

决不！决不！志摩最爱他自己的一首小诗，题目叫作《偶然》，在他的《卞昆冈》剧本里，在那个可爱的孩子阿明临死时，那个瞎子弹着三弦，唱着这首诗：

我是天空里的一片云，

偶尔投影在你的波心——

你不必讶异，

更无须欢喜——

在转瞬间消灭了踪影。

你我相逢在黑夜的海上，

你有你的，我有我的，方向。

你记得也好，

最好你忘掉，

在这交会时互放的光亮！

朋友们，志摩是走了，但他投的影子会永远留在我们心里，他放的光亮也会永远留在人间，他不曾白来了一世。我们有了他做朋友，也可以安慰自己说不曾白来了一世。我们忘不了他和我们

在那交会时互放的光亮！

二十年，十二月，三夜

（原载于1932年8月《新月》第4卷第1期）

追想胡明复

宣统二年（1910）七月，我到北京考留美官费。那一天，有人来说，发榜了。我坐了人力车去看榜，到史家胡同时，天已黑了。我拿了车上的灯从榜尾倒看上去（因为我自信我考得很不好），看完了一张榜，没有我的名字，我很失望。看过头上，才知道那一张是"备取"的榜。我再拿灯照读那"正取"的榜，仍是倒读上去，看到我的名字了！仔细一看，却是"胡达"，不是"胡适"。我再看上去，相隔很近，便是我的姓名了。我抽了一口气，放下灯，仍坐原车回去了，心里却想着："那个胡达不知是谁，几乎害我空高兴一场！"

那个胡达便是胡明复。后来我和他和宪生都到康南耳大学，中国同学见了我们的姓名，总以为胡达、胡适是兄弟，却不知道宪生和他是堂兄弟，我和他却全无亲属的关系。

那年我们同时放洋的共有七十一人，此外还有胡敦复先生、唐孟伦先生、严约冲先生。船上十多天，大家都熟了。但在那时已可看出许多人的性情嗜好。我是一个爱玩的人，也吸纸烟，也爱喝柠檬水，也爱学打"五百"及"高、低、杰克"等等纸牌。在吸烟室里，我认得了宪生，常同他打Shuffle Board；我又常同严约冲、张彭春、王鸿卓打纸牌。明复从不同我们玩。他和赵元任、周仁总是同胡敦复在一块谈天；我们偶然听见他们谈话，知道他们谈的是算学问题，我们或是听不懂，或是感觉没有趣味，只好走开，心里都恭敬这一小群的学者。

到了绮色佳（Ithaca）之后，明复与元任所学相同，最亲热；我在农科，同他们见面时很少。到了1912年以后，我改入文科，方才和明复、元任同在克雷登先生的哲学班上。我们三个人同坐一排，从此我们便很相熟了。（Prof.J.E.Creighton）明复与元任的成绩相差最近，竞争最烈。他们每学期的总平均总都在九十分以上；大概总是元任多着一分或半分，有一年他们相差只有几厘。他们在康南耳四年，每年的总成绩都是全校最高的。1913年，我们三人同时被举为Phi Beta Kappa会员；因为我们同在克雷登先生班上，又同在一排，故同班的人都很欣羡；其实我的成绩远不如他们两位。1914年，他们二人又同时被举为Sigma Xi会员，这是理科的名誉学会，得之很难；他们两人同时已得Phi Beta Kappa的"会钥"，又得Sigma Xi的"会钥"，更是全校稀有的荣誉。（敦复先生也是Phi Beta Kappa的会员。）

明复是科学社的发起人，这是大家知道的。这件事的记载，我在我的《藏晖室札记》里居然留得一点材料，现在摘记在此，也许可供将来科学社修史的人参考。

科学社发起的人是赵元任、胡达（明复）、周仁、秉志、过探先、杨铨、任鸿隽、金邦正、章元善。他们有一天（1914）聚在世界会（Cosmopolitan Club）的一个房间里——似是过探先所住——商量要办一个月报，名为"科学"。后来他们公推明复与杨铨、任鸿隽等起草，拟定"科学社"的招股章程。最初的章程是杨铨手写付印的，其全文如下：

科学社招股章程

（一）定名　本社定名科学社（Science Society）

（二）宗旨　本社发起《科学》（Science）月刊，以提倡科学，鼓吹实业，审定名词，传播知识为宗旨。

（三）资本　本社暂时以美金四百元为资本。

（四）股份　本社发行股份票四十份，每份美金十元。其二十份由发起人担任，余二十份发售。

（五）交股法　购一股者，限三期交清，以一月为一期：第一期五元，第二期三元，第三期二元。购二股者，限五期交清：第一期六元，第二三期各四元，第四五期各三元。每股东以三股为限，购三股者其二股依上述二股例交付，余一股照单购法办理。凡股东入股，转股，均须先经本社认可。

（六）权利　股东有享受盈余及选举被选举权。

（七）总事务所　本社总事务所暂设美国以萨克（Ithaca）城。

（八）期限　营业期限无定。

（九）通信处　美国过探先（住址从略）。

当时的目的只想办一个《科学》月刊，资本只要美金四百元。后来才放手做去，变成今日的科学社，《科学》月刊的发行只成为社中的一件附属事业了。

当时大家决定，先须收齐三个月的稿子，然后敢送出付印。明复在编辑上的功劳最大；他不但自己撰译了不少稿子，还整理别人的稿件，统一行款，改换标点，故他最辛苦。他在社中后来的贡献与劳绩，是许多朋友都知道的，不用我说了。

明复学的是数学物理，但他颇注意于他所专习的科学以外的事情。我住在世界会，常见明复到会里来看杂志；别的科学学生很少来的。

有一件事可以作证。民国元年（1912）十一月里，明复和我发起一个政治研究会。那时在革命之后，大家都注意政治问题，故有这个会的组织。第一次组织会在我的房间里开会，会员共十人，议决：

（一）每两星期开会一次。

（二）每会讨论一个问题，由会员二人轮次预备论文宣读。论文完后，由会员讨论。

（三）每会由会员一个轮当主席。

（四）会期在星期六下午二时。

第一次讨论会的论题为"美国议会"，由过探先与我担任。第二次论题为"租税制度"，由胡明复与尤怀皋担任。我的日记有这一条：

12月21日，中国学会生政治研究会第二次会，论"租税"。胡明复、尤怀皋二君任讲演，甚有兴味。二君所预备演稿俱极精详，费时当不少，其热心可佩也。

明复与元任后来都到哈佛去了。那时杏佛（杨铨）编辑《科学》，常向他们催稿子。民国五年（1916）六月间，杏佛作了一首白话打油诗寄给明复：

　　寄胡明复

　　自从老胡去，这城天气凉。

　　新屋有风阁，清福过帝王。

　　境闲心不闲，手忙脚更忙。

　　为我告"夫子"，《科学》要文章。

元任见此诗，也和了一首：

　　寄杨杏佛

　　老胡来，此地暖如汤。

　　《科学》稿已去，"夫子"不敢当。

　　才完就要作，忙似阎罗王。

　　幸有"辟克匿"，那时波士顿肯白里奇的社友还可大大的乐一场！

这也可以表示当时的朋友之乐，与科学社编辑部工作的状况。

民国三年（1914），明复得盲肠炎，幸早去割了，才得无事。民国五年（1916），元任也得盲肠炎，也得割治。那时我在纽约，作了一首打油诗寄给元任，并寄给明复看：

> 闻道先生病了，叫我吓了一跳。
>
> "阿彭底赛梯斯"！这事有点不妙！
>
> 依我仔细看来，这病该怪胡达。
>
> 你和他两口儿，可算得亲热杀。
>
> 同学同住同事，今又同到哈袜，
>
> 同时"西葛玛鳃"，同时"斐贝卡拔"。
>
> 前年胡达破肚，今年"先生"该割。
>
> 莫怪胡适无礼，嘴里夹七带八。
>
> 要"先生"开口笑，病中快活快活。
>
> 更望病早早好，阿弥陀佛菩萨！

那时候我正开始作白话诗，常同一班朋友讨论文学的问题。明复有一天忽然寄了两首打油诗来，不但是白话的，竟是土白的。第一首是：

> 纽约城里，
>
> 有个胡适，
>
> 白话连篇，
>
> 成啥样式！

第二首是一首"宝塔诗"：

痴！

适之！

勿读书，

香烟一支！

单做白话诗！

说时快，做时迟，

一做就是三小时！

我也答他一首"宝塔诗"：

咦！

稀奇！

胡格哩，

绲我作诗！

这话不须提。

我作诗快得希,

从来不用三小时。

提起笔何用费心思,

笔尖儿嘶嘶嘶嘶地飞,

也不管宝塔诗有几层儿!

这种朋友游戏的乐处,可怜如今都成了永不回来的陈迹了!

去年5月底,我从外国回来,住在沧州旅馆,有一天,吴稚晖先生在我房里大谈。门外有客来了,我开门看时,原来是明复同周子竞(仁)两位。我告诉他们,里面是稚晖先生。他们怕打断吴先生的谈话,不肯进来,说"过几天再来谈",都走了。我以为,大家同在上海,相见很容易的。谁知不多时明复遂死了,那一回竟是我同他的永诀了!他永永不再来谈了!

1928年3月17日

孙行者与张君劢

孙行者站在灵霄殿外，耀武扬威的不服气。如来伸出一只手掌道："你有多大本领？能不能跳出我的手心？"孙行者大笑道："我的师傅曾传授给我七十二般变化，还教我筋斗云，一个筋斗就是十万八千里。你有多大的手心！"他缩小了身躯跳上了如来的手掌，喊一声"老孙去也！"一个筋斗翻出南天门去了。以后的一段，我不用细说了。孙行者自以为走得很远了，不知道他总不曾跳出如来的手掌。

我的朋友张君劢近来对于科学家的跋扈，很有点生气。他一只手捻着他稀疏的胡子，一只手向桌上一拍，说道："赛先生，你有多大的手心！你敢用罗辑先生来网罗'我'吗？老张去也！"说着，他一个筋斗，就翻出松坡图书馆的大门外去了。

他这一个筋斗，虽没有十万八千里，却也够长了！我在几千里外等候他，等了二七一十四天，好容易望着彩云朵朵，瑞气千条，冉冉而来——却原来还只是他的小半截身子！其余的部分，还没有翻过来呢！

然而我揪住了这翻过来的一截，仔细一看，原来他仍旧不曾跳出赛先生和罗辑先生的手心里！这话怎讲？且听我道来。

张君劢说：

孙行者与如来佛

> 人生者，变也，活动也，自由也，创造也。……试问论理学上之三大公例（日同一，日矛盾，日排中）何者能证其合不合乎？论理学上之两大方法（日内纳，日外绎）何者能推定其前后之相生乎？

这是柏格森的高徒的得意腔调。他还引了许多师叔师伯的话来助他张目。

然而他所指出的罗辑先生的五样法宝，我们只消祭起一样来，已够打出他的原形来了。我们祭起的法宝，是论理学上的矛盾律。

[矛一]张君劢说：

> 精神科学中有何种公例，可以推算未来之变化，如天文学之于天象，力学之于物体者乎？吾敢断言曰，必无而已。

[盾一]张君劢又说：

> 人类目的，屡变不已；虽变也，不趋于恶而必趋于善。

前面一个"必"字的矛，后面一个"必"字的盾，遥遥相对，好看煞人！

否认人生观有公例的张君劢，忽然寻出这一条"不趋于恶而必趋于善"的大公例来，岂非玄之又玄的奇事！他自己不能不下一个解释，于是他又陷入第二层矛盾。

[矛二]张君劢说：

精神科学之公例，唯限于已过之事，而于未来之事，则不能推算。

精神科学……决不能以已成之例，推算未来也。

[盾二]张君劢说：

人类目的，屡变不已；虽变也，不趋于恶而必趋于善。其所以然之故，至为玄妙，不可测度，然据既往以测将来，其有持改革之说者，大抵图所以益世而非所以害世。此可以深信而不疑者也。

请问"据既往以测将来"是不是"以已成之例推算未来"？
然而张君劢又说：

[矛三]人生观不为论理方法与因果律所支配者也。

[盾三]（大前提）夫事之可以预测者，必为因果律所支配者也。

（小前提）人类目的，屡变不已；然据既往以测将来……可以深信而不疑。（结论）故张君劢深信而不疑"人类目的"（人生观）必为因果律所支配者也！

张君劢翻了二七一十四天的筋斗，原来始终不曾脱离罗辑先生的一件小小法宝——矛盾律——的笼罩之下！哈！哈！

1923年5月11日

"老章又反叛了！"

　　章士钊君在民国十二年八月间发表了他的《评新文化运动》。那时我在烟霞洞养病。有一天，潘大道君上山来玩，对我说："行严说你许久没有作文章了，这回他给你出了题目，你总不能不作文章答他了。"我问他出了什么题目，潘君说是《评新文化运动》一文。当时我对潘君说："请你转告行严，这个题目我只好交白卷了，因为行严那篇文章不值得一驳。"潘君问："'不值一驳'这四个字可以老实告诉他吗？"我说："请务必达到。"

　　但潘君终不曾把这四个字达到。后来我回到上海，有一个老朋友请章君和陈独秀君和我吃饭，我才把这句话当面告诉章君。

　　那一晚客散后，主人汪君说："行严真有点雅量；你那样说，他居然没有生气。"我对主人说："你只知其一，不知其二。行严只有小雅量，其实没有大雅量；他能装作不生气，而其实他的文章处处是悻悻然和我们生气。"汪君不明白我这句话，我解释道："行严是一个时代的落伍者；而却又虽落伍而不甘落魄，总想在落伍之后谋一个首领做做。所以他就变成了一个反动派，立志要做落伍者的首领了。梁任公也是不甘心落伍的；但任公这几年来，颇能努力跟一班少年人向前跑。他的脚力也许有时蹉跌，但他的兴致是可爱的。行严却没有向前跑的兴致了。他已甘心落伍，只希望在一般落伍者之中出点头地，所以不能不向我

梁启超先生

梁启超（1873～1929）：中国近代著名的政治家、思想家、史学家和文学家。他是清末戊戌变法的领袖之一。他曾倡导文体改良的『诗界革命』和『小说界革命』。有《饮冰室合集》传世。

们宣战。他在《评新文化运动》一文里，曾骂一般少年人'以适之为天帝，以绩溪为上京，一味于《胡氏文存》中求文章义法，于《尝试集》中求诗歌律令'。其实行严自己，却真是梦想人人'以秋桐为上帝，以长沙为上京，一味于《甲寅》杂志中求文章义法'！我们试翻开那篇文章看看。他骂我们作白话的人'如饮狂泉'，'智出伦敦小儿女之下'，'以鄙俗妄为之笔，窃高文美艺之名，以就下走圹之狂，隳载道行远之业……'这不都是悻悻然和我们生气吗？这岂是'雅量'的表现吗？"

汪君和章君是几十年的老朋友，他也说我这个判断不错。

我们观察章士钊君，不可不明白他的心理。他的心理就是，一个时代落伍者对于行伍中人的悻悻然不甘心的心理。他受过英国社会的一点影响，学得一点吴稚晖先生说的"Gentleman的臭架子"，所以我当面说他不值一驳，他能全不生气。但他学得不彻底，他不知道一个真正Gentleman必须有Sportmanship，可译作豪爽、豪爽的一种表现，就是肯服输。一个人不肯服输，就使能隐忍于一时，终不免有悻悻然诟骂的一天的。

我再述一件事，更可以形容章君的心理。今年2月里，我有一天在撷英饭馆席上遇着章君，他说他那一天约了一家照相馆饭后给他照相，他邀我和他同拍一照。饭后我们同去照了一张相。相片印成之后，他题了一首白话诗给我，全诗如下：

> 你姓胡我姓章，
>
> 你讲什么新文学，
>
> 我开口还是我的老腔。
>
> 你不攻来我不驳，

双双并座，各有各的心肠。

将来三五十年后，

这个相片好做文学纪念看。

哈，哈，

我写白话歪词送把你，

总算是老章投了降。

这样豪爽的投降，几乎使我要信汪君说的"行严的雅量"了！他要我题一首文言诗答他，我就写了这样的四句：

"但开风气不为师"，龚生此言吾最喜。

同是曾开风气人，愿长相亲不相鄙。

然而"行严的雅量"终是很有限的，他终不免露出他那悻悻然生气的本色来。他的投降原来只是诈降，他现在又反叛了！

我手下这员降将虽然还不曾对我直下攻击，然而他在《甲寅》周刊里，早已屡次对于白话文学下攻击了。他的广告里就说：

文字须求雅驯，

白话恕不刊布。

这真是悻悻然小丈夫的气度。再看看他攻击白话文学的话：

白话文字之不通。

陈源……喜作流行恶滥之白话文。文以载道，先哲名言。漱冥之所著录，不为不精，断非白话芜词所能抒发。近年士气日非，文词鄙俚。国家未灭，文字先亡。梁任公献媚小生，从风而靡，天下病之。不谓漱冥亦复不自检制，同然一辞。

计自白话文体怪行而后，髦士为俚语为自足，小生求不学而名家，文事之鄙陋干枯，迥出寻常拟议之外。黄茅白苇，一往无余；诲盗诲淫，无所不至。此诚国命之大创，而学术之深忧！

他这些话无一句不是悻悻的怒骂，无一句是平心静气研究的结果。有时候，他似乎气急了，连自己文字里的矛盾都顾不得了。例如他说陈源君"屡有佳文，愚摈弗读，读亦弗卒，即嘻嘻吗呢为之障也"。既"摈弗读，读亦弗卒"。章君又何以知是"佳文"呢？有"嘻嘻吗呢为之障"，而仍可得"佳文"的美称，章君又何以骂他作"恶滥之白话文"呢？这种地方都可以看出章君全失"雅量"，只闹意气，全不讲逻辑了。

林纾先生在十年前曾说："古文之不当废，吾知其理，而不能言其所以然。"当时我读了这话，忍不住大笑。现在我们读章士钊君反对白话的文字，似乎字里行间都告诉我们道："白话文之不当作，吾知其理，而不能言其所以然！"苦哉！苦！他只好骂几句出出气罢！

我们要正告章士钊君：白话文学的运动，是一个很严重的运动，有历史的根据，有时代的要求。有他本身文学的美，可以使天下人睁开眼睛的共见共赏。这个运动不是用意气打得倒的。今日一部分人的漫骂也许赶得跑章士钊君；而章士钊君的漫骂，决不能使陈源、胡适不做白话文，更不能打倒白话文学的大运动。

我们要正告他："愚摈弗读，读亦弗卒"这八个字代表的态度完全是小丈夫悻悻然闹意气的态度。这种态度可以对付一些造谣诬蔑的报章，而不能对付今日的白话运动。我虽不希望章君"于《胡氏文存》中求文章义法"，我却希望章君至少能于《胡适文存》中求一点白话运动所以能成立的理由。我们提倡白话的人很诚恳地欢迎反对派的批评，但自夸"摈白话弗读，读亦弗卒"的人，是万万不配反对白话的！

章君自己不曾说过吗？"愚所引为学界之大耻者，乃读书人不言理而言势。"我们请问章君："愚摈弗读，读亦弗卒"，这是讲理的读书人的态度吗？

我的"受降城"是永远四门大开的。但我现在改定我的受降条件了：凡自夸"摈白话弗读，读亦弗卒"的人，即使他牵羊担酒，衔璧舆榇，捧着"白话歪词"来投降，我决不收受了！

1923年8月27日

致鲁迅、周作人、陈源函

豫才，启明，通伯三位先生：

昨天在天津旅馆里读鲁迅的《热风》，在页三三—三四上读到这一段：

> 所以我时常害怕，愿中国青年都摆脱冷气，只是向上走，不必听自暴自弃者流的话。能做事的做事，能发声的发声。有一分热，发一分光，就令萤火一般，也可以在黑暗里发一点光，不必等候炬火。

> 此后如竟没有炬火：我便是唯一的光。倘若有了炬火，出了太阳，我们自然心悦诚服地消失，不但毫无不平，而且还要随喜赞美这炬火或太阳；因为他照了人类，连我都在内。

> 我又愿中国青年都只是向上走，不必理会这冷笑和暗箭。尼采说：

> "真的，人是一个浊流。应该是海了，能容这浊流使他干净。

> 咄，我教你们超人：这便是海，在他这里，能容下你们的大侮蔑。"

> 纵令不过一洼浅水，也可以学学大海；横竖都是水，可以相通。几粒石子，任他们暗地里掷来；几滴秽水，任他们

鲁迅像

从背后泼来就是了。

这一段有力的散文使我很感动。我昨夜一夜不能好好地睡，时时想到这段文章，又想到在北京时半农同我谈的话。今天再忍不住了，所以写这封信给你们三位朋友。

你们三位都是我很敬爱的朋友，所以我感觉你们三位这八九个月的深仇也似的笔战是朋友中最可惋惜的事。我深知道你们三位都自信这回打的是一场正义之战，所以我不愿意追溯这战争的原因与历史，更不愿评论此事的是非曲直。我最惋惜的是，当日各本良心的争论之中，不免都夹杂着一点对于对方动机上的猜疑；由这一点动机上的猜疑，发生了不少笔锋上的情感；由这些笔锋上的情感，更引起了层层猜疑，层层误解。猜疑愈深，误解更甚。结果便是友谊上的破裂，而当日各本良心之主张就渐渐变成了对骂的笔战。

我十月到上海时，一班少年朋友常来问我你们争的是什么，我那时还能约略解释一点。越到了后来，你们的论战离题越远，不但南方的读者不懂得你们说的什么话，连我这个老北京也往往看不懂你们用的什么"典"、打的什么官司了。我们若设身处地，为几千里外或三五年后的读者着想，为国内崇敬你们的无数青年着想，他们对于这种"无头"官司有何意义？有何兴趣？

我觉得我们现在应该做的事业多着咧！耶稣说得好，"收成是很丰足的，可惜作工的人太少了！"国内只有这些些可以作工的人，大家努力"有一分热，发一分光"，还怕干不了千万分之一的工作，——我们岂可自己相猜疑、相残害，减损我们自己的光和热吗？

我是一个爱自由的人，——虽然别人也许嘲笑自由主义是十九世纪的遗迹，——我最怕的是一个猜疑、冷酷、不容忍的社会。我深深地感觉你们的笔战里双方都含有一点不容忍的态度，所以不知不觉地影响了不少的少年朋友，暗示他们朝着冷酷，不容忍的方向走！这是最可惋惜的。

所以我不能忘记《热风》里那一段文章：

"这便是海，在他这里，能容下你们的大侮蔑。"

纵令不过一洼浅水，也可以学学大海；横竖都是水，可以相通。几粒石子，任他们暗地里掷来；几滴秽水，任他们从背后泼来就是了。

敬爱的朋友们，让我们都学学大海。"大水冲了龙王庙，一家人不认得一家人。""他们"的石子和秽水，尚且可以容忍；何况"我们"自家人的一点子误解，一点子小猜嫌呢？

亲爱的朋友们，让我们从今以后，都向上走，都朝前走，不要回头睬那伤不了人的小石子，更不要回头来自相践踏。我们的公敌是在我们的前面；我们进步的方向是朝上走。

我写这信时，怀抱着无限的友谊的好意，无限的希望。

适之　十五，五，廿四，天津，裕中饭店

（选自中华书局1979年版《胡适来往书信选》上册）

致吴健雄函

健雄女士：

昨夜在马宅相见，颇出意外，使我十分高兴。

今日下午船竟不开，晚间得消息，似此次罢工也许要延长扩大；同行旅客有赶往Vancouver改乘Canadian汽船回国的，我则九十二日劳顿之余，颇感疲乏，行李又有一部分已上胡佛船了，故决定留此等待两三天再说。

此次在海外见着你，知道抱着很大的求学决心，我很高兴。昨夜我们乱谈的话，其中实有经验之谈，值得留意。凡治学问，功力之外，还需要天才。龟兔之喻，是勉励中人以下之语，也是警惕天才之语，有兔子的天才，加上乌龟的功力，定可无敌于一世，仅有功力，可无大过，而未必有大成功。

你是很聪明的人，千万珍重自爱，将来成就未可限量。这还不是我要对你说的话。我要对你说的是希望你能利用你的海外住留期间，多留意此邦文物，多读文史的书，多读其他科学，使胸襟阔大，使见解高明。我不是要引诱你"改行"回到文史路上来；我是要你做一个博学的人。前几天，我在Pasadena见着Dr. Robert A．Milhkan。他带我去参观各种研究室，他在Geretics研究室中指示室中各种工作，也"如数家珍"，使我心里赞叹。凡第一流的科学家，都是极渊博的人，取精而用弘，由博而反约，故能有大成功。

国内科学界的几个老的领袖，如丁在君，翁咏霓，都是博览的人，故他们的领袖地位不限于地质学一门。后起的科学家都往往不能有此渊博，恐只能守成规，而不能创业拓地。

以此相期许，你不笑我多管闲事吗？匆匆祝你平安。

胡适一九三六，十，三十

（收入《胡适之先生年谱长编初稿》第4册）

北京大学五十周年

北京大学今年整五十岁了，在世界的大学之中，这个五十岁的大学只能算一个小孩子。欧洲最古的大学，如意大利的萨劳诺（Salerno）大学是一千年前创立的；如意大利的波罗那（Bologna）大学是九百年前创立的。如法国的巴黎大学是八百多年前一两位大师创始的。如英国的牛津大学也有八百年的历史了，康桥大学也有七百多年的历史了。今年四月中，捷克都城的加罗林大学庆祝六百年纪念。再过十六年，波兰的克拉可（Cracow）大学，奥国的维也纳大学都要庆祝六百年纪念了。全欧洲大概至少有五十个大学是五百年前创立的。

在十二年前，我曾参加美国哈佛大学的三百年纪念；八年前，我曾参加美国彭州大学（University of Pennsylvania）的二百年纪念。去年到今年，普林斯敦（Princeton）大学补祝二百年纪念，清华、北大都有代表参加。再过三年，耶尔大学要庆祝二百五十年纪念了。美国独立建国不过是一百六七十年前的事，可是这个新国家里满二百年的大学已有好几个。

所以在世界大学的发达史上，刚满五十岁的北京大学真是一个小弟弟，怎么配发帖子做生日，惊动朋友赶来道喜呢？

我曾说过，北京大学是历代"太学"的正式继承者，如北大真想用年岁来压倒人，他可以追溯"太学"起于汉武帝元朔五年

（西历纪元前124年）公孙弘奏请为博士设弟子员五十人。那是历史上可信的"太学"的起源，到今年是两千零七十二年了。这就比世界上任何大学都年高了！

　　但北京大学向来不愿意承认是汉武帝以来太学的继承人，不愿意卖弄那两千多年的高寿。自从我到了北大之后，我记得民国十二年（1923）北大纪念二十五周年，廿七年纪念四十周年，都是承认戊戌年是创立之年（北大也可以追溯到同治初年同文馆的设立，那也可以把校史拉长二十多年。但北大好像有个坚定的遗规，只承认戊戌年"大学堂"的设立是北大历史的开始）。

　　这个小弟弟年纪虽不大，着实有点志气！他在这区区五十年之中，已经过了许多次的大灾难，吃过了不少的苦头。他是"戊戌新政"的产儿，但他还没生下地，那百日的新政早已短命死了，他就成了"新政"遗腹子。他还不满两周岁，就遇着义和拳的大乱，牺牲了两年的生命。辛亥革命起来时，他还只是一个十三岁的小孩子。民国成立的初期，他也受了政治波浪的影响，换了许多次校长。直到蔡元培、蒋梦麟两位先生相继主持北大的三十年之中，北大才开始养成一点持续性，才开始造成一个持续发展的学术中心。可是在这三十年之中，北大也经过不少的灾难。北大的三十周年（1928）纪念时，他也变成北平大学的一个学院了。他的四十周年（1938）纪念是在昆明流离时期举行的。

我今天要特别叙说北大遭遇的最大的一次危机，并且要叙述北大应付那危机的态度。

话说民国二十年一月，蒋梦麟先生受了政府的新任命，回到北大来做校长。他有中兴北大的决心，又得到了中华教育文化基金董事会的研究合作费国币一百万元的援助，所以他能放手做去，向全国去挑选教授与研究的人才。他是一个理想的校长，有魄力，有担当，他对我们三个院长说："辞退旧人，我去做；选聘新人，你们去做。"

蒋校长和他的同事们费了整整八个月的工夫筹备北大的革新。我们准备九月十七日开学，全国教育界也颇注意北大的中兴，都预料九月十七日北大的新阵容确可以"旌旗变色"，建立一个"新北大"的底子。

民国二十年（1931）九月十七日，新北大开学了。蒋校长和全校师生都很高兴。可怜第二天就是"九一八"！那晚上日本的军人在沈阳闹出了一件震惊全世界的事件，造成了第二次世界大战的序幕！

我们北大同人只享受了两天的高兴。九月十九早晨我们知道了沈阳的大祸，我们都知道空前的国难已到了我们的头上，我们的敌人决不容许我们从容努力建设一个新的国家。我们那八个月辛苦筹备的"新北大"，不久也就要被摧毁了！

但我们在那个时候，都感觉一种新的兴奋，都打定主意，不顾一切，要努力把这个学校办好，努力给北大打下一个坚实可靠的基础。所以北大在那最初六年的国难之中，工作最勤，从没有间断。现在的地质馆、图书馆、女生宿舍都是那个时期里建筑的。现

北京大学"五四"游行队伍

在北大的许多白发教授，都是那个时期埋头苦干的少壮教授。

我讲这段故事，是要说明北大这个多灾多难的孩子实在有点志气，能够在很危险、很艰苦的情形之下努力做工，努力奋斗。我觉得这个"国难六年中继续苦干"的故事在今日是值得我们北大全体师生记忆回念的———也许比"五四"、"六三"等等故事还更有意味。

现在我们又在很危险很艰苦的环境里给北大做五十岁生日，我用很沉重的心情叙述他多灾多难的历史，祝福他长寿康强，祝他能安全的渡过眼前的危难正如同他渡过五十年中许多次危难一样！

1948年12月13日

（选自1948年北平版《北京大学五十周年纪念特刊》）

九年的家乡教育

一

我生在光绪十七年十一月十七日（1891年12月17日），那时候我家寄住在上海大东门外。我生后两个月，我父亲被台湾巡抚邵友濂奏调往台湾；江苏巡抚奏请免调，没有效果。我父亲于十八年二月底到台湾，我母亲和我搬到川沙住了一年。十九年（1893）二月二十六日我们一家（我母、四叔介如、二哥嗣秬、三哥嗣秠）也从上海到台湾。我们在台南住了十个月。十九年五月，我父亲做台东直隶州知州，兼统镇海后军各营。台东是新设的州，一切草创，故我父不带家眷去。到十九年底，我们才到台东。我们在台东住了整一年。

甲午（1894）中日战事开始，台湾也在备战的区域，恰好介如四叔来台湾，我父亲便托他把家眷送回徽州故乡，只留二哥嗣秬跟着他在台东。我们于乙未年（1895）正月离开台湾，二月初十日从上海启程回绩溪故乡。

那年四月，中日和议成，把台湾割让给日本。台湾绅民反对割台，要求巡抚唐景崧坚守。唐景崧请西洋各国出来干涉，各国不允。台人公请唐为台湾民主国大总统，帮办军务刘永福为主军大总统。我父亲在台东办后山的防务，电报已不通，饷源已断绝。那时他已得脚气病，左脚已不能行动。他守到闰五月初三，

晚清名将刘永福

刘永福（1837～1917）：晚清著名将领．原是反清的黑旗军将领．1883 年率黑旗军参加中法战争．屡次大败法军。甲午战争期间，奉命赴台抗日．虽败犹荣。

始离开后山。到安平时，刘永福苦苦留他帮忙，不肯放行。到六月二十五，他双脚都不能动了，刘永福始放他行。六月二十八到厦门，手足俱不能动了。七月初三他死在厦门，成为东亚第一个民主国的第一个牺牲者！

这时候我只有三岁零八个月，我仿佛记得我父死信到家时，我母亲正在家中老屋的前堂，她坐在房门口的椅子上。她听见读信人读到我父亲的死信，身子往后一倒，连椅子倒在房门槛上。东边房门口坐的珍伯母也放声大哭起来，一时满屋都是哭声，我只觉得天地都翻覆了！我只仿佛记得这一点凄惨的情状，其余都不记得了。

二

我父亲死时，我母亲只有二十三岁。我父初娶冯氏，结婚不久便遭太平天国之乱，同治二年（1863）死在兵乱里。次娶曹氏，生了三个儿子、三个女儿，死于光绪四年（1878）。我父亲因家贫，又有志远游，故久不续娶。到光绪十五年（1889），他在江苏候补，生活稍稍安定，他才续娶我的母亲，我母亲结婚后三天，我的大哥嗣稼也娶亲了。那时我的大姐已出嫁生了儿子。大姐比我母亲大七岁。大哥比她大两岁。二姐是从小抱给人家的。三姐比我母亲小三岁，二哥、三哥（孪生的）比她小四岁。这样一个家庭里忽然来了一个十七岁的后母，她的地位自然十分困难，她的生活自然免不了苦痛。

结婚后不久，我父亲把她接到了上海同住。她脱离了大家庭的痛苦，我父又很爱她，每日在百忙中教她认字读书，这几年的生活是很快乐的。我小时也很得我父亲钟爱，不满三岁时，他就把教我母亲的红纸方字教我认。父亲做教师，母亲便在旁做助教。我认的是生字。她便借此温她的熟字。他太忙时，她就是代理教师。我们离开台湾时，她认得了近千字。我也认了七百多字。这些方字都是我父亲亲手写的楷字。我母亲终生保存着，因为这些方块红笺上都是我们三个人的最神圣的团居生活的纪念。

我母亲二十三岁就做了寡妇，从此以后，又过了二十三年。这二十三年的生活真是十分苦痛的生活，只因为还有我这一点骨血，她含辛茹苦，把全副希望寄托在我的渺茫不可知的将来，这一点希望居然使她挣扎着活了二十三年。

我父亲在临死之前两个多月，写了几张遗嘱，我母亲和四个儿子每人各有一张，每张只有几句话。给我母亲的遗嘱上说穈儿（我的名字叫嗣穈，穈字音门）天资颇聪明，应该令他读书。给我的遗嘱也教我努力读书上进。这寥寥几句话在我的一生很有重大的影响。我十一岁的时候，二哥和三哥都在家，有一天我母亲问他们道："穈今年十一岁了。你老子叫他念书，你们看看他念书念得出吗？"二哥不曾开口，三哥冷笑道："哼，念书！"二哥始终没有说什么。我母亲忍气坐了一会，回到了房里才敢掉眼泪。她不敢得罪他们，因为一家的财政权全在二哥的手里，我若出门求学是要靠他供给学费的。所以她只能掉眼泪，终不敢哭。

但父亲的遗嘱究竟是父亲的遗嘱，我是应该念书的。况且我小时很聪明，四乡的人都知道三先生的小儿子是能够念书的。所以隔了两年，三哥往上海医肺病，我就跟他出门求学了。

三

我在台湾时，大病了半年，故身体很弱。回家乡时，我号称五岁了，还不能跨一个七八寸高的门槛。但我母亲望我念书的心很切，故到家的时候，我才满三岁零几个月，就在我四叔父介如先生（名玠）的学堂里读书了。我的身体太小，他们抱我坐在一只高凳子上面。我坐上了就爬不下来，还要别人抱下来。但我在学堂并不算最低级的学生。因为我进学堂之前已认得近一千字了。

因为我的程度不算"破蒙"的学生，故我不需念《三字经》、《千字文》、《百家姓》、《神童诗》一类的书。我念的第一部书是我父亲自己编的一部四言韵文，叫作《学为人诗》，他亲笔抄写了给我的。这部书说的是做人的道理。我把开头几行抄在这里：

> 为人之道，在率其性。、
> 子臣弟友，循理之正；
> 谨乎庸言，勉乎庸行；
> 以学为人，以期做圣。
> …………

以下分说"五伦"。最后三节，因为可以代表我父亲的思想。我也抄在这里：

> 五常之中，不幸有变，
> 名分攸关，不容稍紊。
> 义之所在，身可以殉。
> 求仁得仁，无所尤怨。
>
> 古之学者，察于人伦，

因亲及亲，九族克敦；
因爱推爱，万物同仁。
能尽其性，斯为圣人。

经籍所载，师儒所述，
为人之道，非有他术：
穷理致和，返躬践实，
黾勉于学，守道勿失。

　　我念的第二部书也是我父亲编的一部四言韵文，名叫《原学》，是一部略述哲理的书。这两部书虽是韵文，先生仍讲不了，我也懂不了。

　　我念的第三部书叫作《律诗六钞》，我不记是谁选的了。三十多年来，我不曾重见这书，故没有机会考出此书的编者；依我的猜测，似是姚鼐的选本，但我不敢坚持此说。这一册诗全是律诗，我读了虽不懂得，却背得很熟。至今回忆，却完全不记得了。

　　我虽不曾读《三字经》等书，却因为听惯了别的小孩子高声诵读，我也能背这些书的一部分，尤其是那五七言的《神童诗》，我差不多能从头背到底。这本书后面的七言句子，如：

人心曲曲湾湾水，
世事重重叠叠山。

　　我当时虽不懂得其中的意义，却常常嘴上爱念着玩，大概也是因为喜欢那些重字双声的缘故。

我念的第四部书以下，除《诗经》，就都是散文的了。我依诵读的次序，把这些书名写在下面：

（四）《孝经》；

（五）朱子的《小学》，江永集注本；

（六）《论语》。以下四书皆用朱子注本；

（七）《孟子》；

（八）《大学》与《中庸》（《四书》皆连注文读）；

（九）《诗经》，朱子《集传》本（注文读一部分）；

（十）《书经》，蔡沈注本（以下三书不读注文）；

（十一）《易经》，朱子《本义》本；

（十二）《礼记》，陈澔注本；

读到了《论语》的下半部，我的四叔父介如先生选了颍州府阜阳县的训导，要上任去了，就把家塾移交给族兄禹臣先生（名观象）。四叔是个绅董，常常被本族或外村请出去议事或和案子；他又喜欢打纸牌（徽州纸牌，每副一百五十五张），常常被明达叔公、映基叔、祝封叔、茂张叔等人邀出去打牌。所以我们的功课很松，四叔往往在出门之前，给我们"上一进书"，叫我们自己念；他到天将黑时，回来一趟，把我们的习字纸加了圈，放了学，才又出门去。

四叔的学堂里只有两个学生，一个是我，一个是四叔的儿子嗣秂，比我大几岁。嗣秂承继给瑜婶（星五伯公的二子，珍伯、瑜叔，皆无子，我家三哥承继珍伯，秂哥承继瑜婶）。她很溺爱他，不肯管束他，故四叔一走开，秂哥就溜到灶下或后堂去玩了。（他们和四叔住一屋，学堂在这屋的东边小屋内。）我的母亲管得严厉，我又不大觉得念书是苦事，故我一个人坐在学堂里温书念书，到天黑才回家。

禹臣先生接收家塾后，学生就增多了。先是五个，后来添到十多个，四叔家的小屋不够用了，就移到一所大屋——名叫来新书屋——里去。最初添的三个学生，有两个是守瓒叔的儿子——嗣昭、嗣逵。嗣昭比我大两三岁，天资不算笨，却不爱读书，最爱逃学，我们土话叫作"赖学"。他逃出去，往往躲在麦田或稻田里，宁可睡在田里挨饿，却不愿念书。先生往往差嗣秋去捉；有时候，嗣昭被捉回来了，总得挨一顿毒打；有时候，连嗣秋也不回来了——乐得不回来了，因为这是"奉命差遣"，不算是逃学！

我常觉得奇怪，为什么嗣昭要逃学？为什么一个人情愿挨饿、挨打、挨大家笑骂，而不情愿念书？后来我稍懂得世事，才明白了。瓒叔自小在江西做生意，后来在九江开布店，才娶妻生子，一家人都说江西话。回家乡时，嗣昭弟兄都不容易改口音；说话改了，而嗣昭念书常带江西音，常常因此吃戒方或吃"做瘤栗"（钩起五指，打在头上，常打起瘤子，故叫作"做瘤栗"）。这是先生不原谅，难怪他不愿念书。

还有一个原因。我们家乡的蒙馆学金太轻，每个学生每年只送两块银元。先生对于这一类学生，自然不肯耐心教书，每天只教他们念死书、背死书，从来不肯为他们"讲书"。小学生初念有韵的书，也还不十分叫苦。后来念《幼学琼林》、《四书》一类的散文，他们自然毫不觉得有趣味，因为全不懂得书中说的是什么。因为这个缘故，许多学生常常赖学；先有嗣昭，后来有个士祥，都是有名的"赖学坯"。他们都属于这每年两元钱的阶级。因为逃学，先生生了气，打得更厉害。越打得厉害，他们越要逃学。

我一个人不属于这"两元"的阶级。我母亲渴望我读书，故学金特别优厚，第二年就送六块钱，以后每年增加，最后一年加到十二元。这样的学金，在家乡要算"打破纪录"的了。我母亲大概是受了我父亲的叮嘱，她嘱托四叔和禹臣先生为我"讲书"：每读一字，须讲一字的意思；每读一句，须讲一句的意思。我先已认得了近千个"方字"，每个字都经过父母的讲解，故进学堂之后，不觉得艰苦。念的几本书虽然有许多是乡里先生讲不明白的，但每天总遇着几句可懂的话。我喜欢朱子《小学》里的记述古人行事的部分，因为那些部分最容易懂得，所以比较最有趣味。同学之中有念《幼学琼林》的，我常常帮他们的忙，教他们不认得的生字，因此常常借这些书看；他们念大字，我却最爱看《幼学琼林》的小注，因为注文中有许多神话和故事，比《四书》、《五经》有趣味多了。

有一天，一件小事使我忽然明白我母亲增加学金的大恩惠。一个同学的母亲来请禹臣先生代写家信给她的丈夫；信写成了，先生交她的儿子晚上带回家去。一会儿，先生出门去了，这位同学把家信抽出来偷看。他忽然过来问我道："穈，这信上第一句'父亲大人膝下'是什么意思？"他比我只小一岁，也念过《四书》，却不懂"父亲大人膝下"是什么！这时候，我才明白我是一个受特别待遇的人，因为别人每年出两块钱，我去年却送十块钱。我一生最得力的是讲书，父亲母亲为我讲方字，两位先生为我讲书。念古文而不讲解，等于念"揭谛揭谛，波罗揭谛"，全无用处。

四

当我九岁时，有一天我在四叔家东边小屋里玩耍。这小屋前面是我们的学堂，后边有一间卧房，有客来便住在这里。这一天没有课，我偶然走进那卧房里去，偶然看见桌子下一只美孚煤油板箱里的废纸堆中露出一本破书。我偶然捡起了这本书，两头都被老鼠咬坏了，书面也扯破了。但这一本破书忽然为我开辟了一个新天地，忽然在我的儿童生活史上打开了一个新鲜的世界！

这本破书原来是一本小字木板的《第五才子》，我记得很清楚，开始便是"李逵打死殷天锡"一回。我在戏台上早已认得李逵是谁了，便站在那只美孚破板箱边。把这本《水浒传》残本一口气看完了。不看尚可，看了之后，我的心里很不好过：这一本的前面是些什么？后面是些什么？这两个问题，我都不能回答，却最急要一个回答。

我拿了这本书去寻我的五叔，因为他最会"说笑话"（"说笑话"就是"讲故事"，小说书叫作"笑话书"），应该有这种笑话书。不料五叔竟没有这书，他叫我去寻守焕哥。守焕哥说："我没有《第五才子》，我替你去借一部；我家中有部《第一才子》，你先拿去看，好吧？"《第一才子》便是《三国演义》，他很郑重地捧出来，我很高兴地捧回去。

后来我居然得着《水浒传》全部。《三国演义》也看完了。从此以后，我到处去借小说看。五叔、守焕哥，都帮了我不少的忙。三姐夫（周绍瑾）在上海乡间周浦开店，他吸鸦片烟，最爱看小说书，带了不少回家乡；他每到我家来，总带些《正德皇帝下江南》、《七剑十三侠》一类的书来送给我。这是我自己收藏小说的起点。我的大哥（嗣稼）最不长进，也是吃鸦片烟的，但鸦片烟灯是和小说书常做伴的——五叔、守焕哥、三姐夫都是吸鸦片烟的——所以他也有一些小说书。大嫂认得一些字，嫁妆里带来了好几种弹词小说，如《双珠凤》之类。这些书不久都成了

诸葛亮草船借箭

我的藏书的一部分。

三哥在家乡时多；他同二哥都进过梅溪书院，都做过南洋公学的师范生，旧学都有根底，故三哥看小说很有选择。我在他书架上只寻得三部小说：一部《红楼梦》、一部《儒林外史》、一部《聊斋志异》。二哥有一次回家，带了一部新译出的《经国美谈》，讲的是希腊的爱国志士的故事，是日本人作的。这是我读外国小说的第一步。

帮助我借小说最出力的是族叔近仁，就是民国十二年和顾颉刚先生讨论古史的胡堇人。他比我大几岁，已"开笔"作文章了，十几岁就考取了秀才。我同他不同学堂，但常常相见，成了最要好的朋友。他天才很高，也肯用功，读书比我多，家中也颇有藏书。他看过的小说，常借给我看。我借到的小说，也常借给他看。我们两人各有一个小手折，把看过的小说都记在上面，时时交换比较，看谁看的书多，这两个折子后来都不见了。但我记得离开家乡时，我的折子上好像已有了三十多部小说了。

这里所谓"小说"，包括弹词、传奇，以及笔记小说在内。《双珠凤》在内，《琵琶记》也在内；《聊斋》、《夜雨秋灯录》、《夜谭随录》、《兰苕馆外史》、《寄园寄所寄》、《虞初新志》等等也在内。从《薛仁贵征东》、《薛丁山征西》、《五虎平西》、《粉妆楼》一类最无意义的小说，到《红楼梦》和《儒林外史》一类的第一流作品，这里面的程度已是天悬地隔了。我到离开家乡时，还不能了解《红楼梦》和《儒林外史》的好处。但这一大类都是白话小说，我在不知不觉之中得了不少的白话散文的训练，在十几年后于我很有用处。

看小说还有一桩绝大的好处，就是帮助我把文字弄通顺了。

那时候正是废八股文的时代，科举制度本身也动摇了。二哥、三哥在上海受了时代思潮的影响，所以不要我"开笔"作八股文，也不要我学作策论经义。他们只要先生给我讲书教我读书。但学堂里念的书，越到后来，越不好懂了。《诗经》起初还好懂，读到《大雅》，就难懂了；读到《周颂》，更不可懂了。《书经》有几篇，如《五子之歌》，我读得很起劲；但《盘庚》三篇，我总读不熟。我在学堂九年，只有《盘庚》害我挨了一次打。后来隔了十年多，我才知道《尚书》有今文和古文两大类，向来学者都说古文诸篇是假的，今文是真的；《盘庚》属于今文一类，应该是真的。但我研究《盘庚》用的代名词最杂乱不成条理，故我总疑心这三篇书是后人假造的。有时候，我自己想，我的怀疑《盘庚》，也许暗中含有报那一个"做瘤栗"的仇恨的意味罢？

《周颂》、《尚书》、《周易》等书都是不能帮助我作通顺文字的。但小说书却给了我绝大的帮助。从《三国演义》读到《聊斋志异》和《虞初新志》，这一跳虽然跳得太远，但因为书中的故事实在有趣味，所以我能细细读下去。石印本的《聊斋志异》有圈点，所以更容易读。到我十二三岁时，已能对本家姐妹们讲说《聊斋》故事了。那时候，四叔的女儿巧菊，禹臣先生的妹子广菊、多菊，祝封叔的女儿杏仙，和本家侄女翠苹、定娇等，都在十五六岁之间；他们常常邀我去，请我讲故事。我们平常请五叔讲故事时，忙着替他点火、装旱烟，替他捶背。现在轮到我受人巴结了。我不用人装烟捶背，她们听我说完故事，总去泡炒米，或做蛋炒饭来请我吃。她们绣花做鞋，我讲《凤仙》、《莲香》、《张鸿渐》、《江城》。这样的讲书，逼我把古文的故事翻译成绩溪土话，使我更了解古文的文理。所以我到十四岁来上海开始作古文时，就能作很像样的文字了。

五

我小时身体弱，不能跟着野蛮的孩子们一块儿玩。我母亲也不准我和他们乱跑乱跳。小时不曾养成活泼游戏的习惯，无论在什么地方，我总是文绉绉的。所以家乡老辈都说我"像个先生样子"，遂叫我作"穈先生"。这个绰号叫出去之后，人都知道三先生的小儿子叫作穈先生了，既有"先生"之名，我不能不装出点"先生"样子，更不能跟着顽童们"野"了。有一天，我在我家八字门口和一班孩子"掷铜钱"，一位老辈走过，见了我，笑道："穈先生也掷铜钱吗？"我听了羞愧得面红耳热，觉得大失了"先生"的身份！

大人们鼓励我装先生样子，我也没有嬉戏的能力和习惯，又因为我确是喜欢看书，所以我一生可算是不曾享过儿童游戏的生活。每年秋天，我的庶祖母同我到田里去"监割"（顶好的田，水旱无忧，收成最好，佃户每约田主来监割，打下谷子，两家平分）。我总是坐在小树下看小说。十一二岁时，我稍活泼一点，居然和一群同学组织了一个戏剧班，做了一些木刀竹枪，借得了几副假胡须，就在村口田里做戏。我做的往往是诸葛亮、刘备一类的文角儿；只有一次我做史文恭，被花荣一箭从椅子上射倒下去，这算是我最活泼的玩意儿了。

我在这九年（1895—1904）之中，只学得了读书写字两件事。在文字和思想（看文章）的方面，不能不算是打了一点底子。但别的方面都没有发展的机会。有一次我们村里"当朋"（八都凡五村，称为"五朋"，每年一村轮着做太子会，名为"当朋"），筹备太子会，有人提议要派我加入前村的昆腔队里学习吹笙或吹笛。族里长辈反对，说我年纪太小，不能跟着太子会走遍五朋。于是我失掉了这学习音乐的唯一机会。三十年来，我不曾拿过乐器，也全不懂音乐；究竟我有没有一点学音乐的天资，我至今还不知道。至于学图画，更是不可能的事。我常常用竹纸蒙在小说书的石印绘像上，摹画书上的英雄美人。有一天，被先生看见了，挨了一顿大骂，抽屉里的图画都被搜出撕毁了。于是我又失掉了学做画家的机会。

但这九年的生活，除了读书看书之外，究竟给了我一点做人的训练。在这一点上，我的恩师就是我的慈母。

每天天刚亮时，我母亲就把我喊醒，叫我披衣坐起。我从不知道她醒来坐了多久了。她看我清醒了，才对我说昨天我做错了什么事，说错什么话，要我认错，要我用功读书。有时候她对我说父亲的种种好处，她说："你总要踏上你老子的脚步。我一生只晓得这一个完全的人，你要学他，不要跌他的股。"（跌股便是丢脸、出丑。）她说到伤心处，往往掉下泪来。到天大明时，她才把我的衣服穿好，催我去上早学。学堂门上的锁匙放在先生家里；我先到学堂门口一望，便跑到先生家里去敲门。先生家里有人把锁匙从门缝里递出来，我拿了跑回去，开了门，坐下念生书。十天之中，总有八九天我是第一个去开学堂门的。等到先生来了，我背了生书，才回家吃早饭。

我母亲管束我最严，她是慈母兼任严父。但她从来不在别人面前骂我一句，打我一下。我做错了事，她只对我一望，我看见了她的严厉眼光，就吓住了。犯的事小，她等到第二天早晨我睡醒时才教训我。犯的事大，她等到晚上人静时，关了房门，先责备我，然后行罚，或罚跪，或拧我的肉。无论怎样重罚，总不许我哭出声音来。她教训儿子不是借此出气叫别人听的。

有一个初秋的傍晚，我吃了晚饭，在门口玩，身上只穿着一件单背心。这时候我母亲的妹子玉英姨母在我家住，她怕我冷了，拿了一条小衫出来叫我穿上。我不肯穿，她说："穿上吧，凉了。"我随口回答："娘（凉）什么！老子都不老子呀。"我刚说了这句话，一抬头，看见母亲从家里走出，我赶快把小衫穿上。但她已听见这句轻薄的话了。晚上人静后，她罚我跪下，重重的责罚了一顿。她说："你没了老子，是多么得意的事！好用来说嘴！"她气得坐着发抖，也不许我上床去睡。我跪着哭，用手擦眼泪，不知擦进了什么微菌，后来足足害了一年多的眼翳病。医来医去，总医不好。我母亲心里又悔又急，听说眼翳可以用舌头舔去，有一夜她把我叫醒，她真用舌头舔我的病眼。这是我的严师，我的慈母。

我母亲二十三岁做了寡妇，又是当家的后母。这种生活的痛苦，我的笨笔写不出一万分之一二。家中财政本不宽裕，全靠二哥在上海经营调度。大哥从小就是败子，吸鸦片烟、赌博，钱到手就光，光了就回家打主意，见了香炉就拿出去卖，捞着锡茶壶就拿出去押。我母亲几次邀了本家长辈来，给他定下每月用费的数目。但他总不够用，到处都欠下烟债赌债。每年除夕我家中总有一大群讨债的，每人一盏灯笼，坐在大厅上不肯去。大哥早已避出去了。大厅的两排椅子上满满的都是灯笼和债主。我母亲走进走出，料理年夜饭、谢灶神、压岁钱等事，只当做不曾看见这一群人。到了近半夜，快要"封门"了，我母亲才走后门出去，央一位邻舍本家到我家来，每一家债户开发一点钱。做好做歹的，这一群讨债的才一个一个提着灯笼走出去。一会儿，大哥敲门回来了。我母亲从不骂他一句。并且因为是新年，她脸上从不露出一点怒色。这样的过年，我过了六七次。

大嫂是个最无能而又最不懂事的人，二嫂是个很能干而气量很窄小的人。她们常常闹意见，只因为我母亲的和气榜样，她们还不曾有公然相打相骂的事。她们闹气时，只是不说话，不答话，把脸放下来，叫人难看；二嫂生气时，脸色变青，更是怕人。她们对我母亲闹气时，也是如此。我起初全不懂得这一套，后来也渐渐懂得看人的脸色了。我渐渐明白，世间最可厌恶的事莫如一张生气的脸；世间最下流的事莫如把生气的脸摆给旁人看。这比打骂更难受。

我母亲的气量大，性子好，又因为做了后母后婆，她更事事留心，事事格外容忍。大哥的女儿比我只小一岁，她的饮食衣料总是和我的一样。我和她有小争执，总是我吃亏，母亲总是责备我，要我事事让她。后来大嫂、二嫂都生了儿子了，她们生气时便打骂孩子来出气，一面打，一面用尖刻有刺的话骂给别人听。我母亲只装做不听见。有时候，她实在忍不住了，便悄悄走出门去，或到左邻立大嫂家去坐一会，或走后门到后邻度嫂家去闲谈。她从不和两个嫂子吵一句嘴。

每个嫂子一生气，往往十天半个月不歇，天天走进走出，板着脸，咬着嘴，打骂小孩子出气。我母亲只忍耐着，忍到实在不可再忍的一天，她也有她的法子。这一天的天明时，她就不起床，轻轻的哭一场。她不骂一个人，只哭她的丈夫，哭她自己苦命，留不住她丈夫来照管她。她先哭时，声音很低，渐渐哭出声来。我醒了起来劝她，她不肯住。这时候，我总听得见前堂（二嫂住前堂东房）或后堂（大嫂住后堂西房）有一扇房门开了，一个嫂子走出房向厨房走去。不多一会，那位嫂子来敲我们的房门了。我开了房门，她走进来，捧着一碗热茶，送到我母亲床前，劝她止哭，请她喝口热茶。我母亲慢慢停住哭声，伸手接了茶碗。那位嫂子站着劝一会，才退出去。没有一句话提到什么人，也没有一个字提到这十天半个月来的气脸，然而各人心里明白，泡茶进来的嫂子总是那十天半个月来闹气的人。奇怪的很，这一哭之后，至少有一两个月的太平清静日子。

我母亲待人最仁慈，最温和，从来没有一句伤人感情的话。但她有时候也很有刚气，不受一点人格上的侮辱。我家五叔是个无正业的浪人，有一天在烟馆里发牢骚，说我母亲家中有事总请某人帮忙，大概总有什么好处给他。这句话传到了我母亲耳朵里，她气得大哭，请了几位本家来，把五叔喊来，她当面质问他她给了某人什么好处。直到五叔当众认错赔罪，她才罢休。

我在我母亲的教训之下住了九年，受了她的极大极深的影响。我十四岁（其实只有十二岁零两三个月）就离开她了。在这广漠的人海里独自混了二十多年，没有一个人管束过我。如果我学得了一丝一毫的好脾气，如果我学得了一点点待人接物的和气，如果我能宽恕人、体谅人——我都得感谢我的慈母。

1930年11月21日

介绍我自己的思想

我在这十年之中，出版了三集《胡适文存》，约计有一百四五十万字。我希望少年学生能读我的书，故用报纸印刷，要使定价不贵。但现在三集的书价已在七元以上，贫寒的中学生已无力全买了。字数近百五十万，也不是中学生能全读的了。所以我现在从这三集里选出了二十二篇论文，印作一册，预备给国内的少年朋友们作一种课外读物。如有学校教师愿意选我的文字作课本的，我也希望他们用这个选本。

我选的这二十二篇文字，可以分作五组。

第一组六篇，泛论思想的方法。

第二组三篇，论人生观。

第三组三篇，论中西文化。

第四组六篇，代表我对于中国文学的见解。

第五组四篇，代表我对于整理国故问题的态度与方法。

为读者的便利起见，我现在给每一组作一个简短的提要，使我的少牛朋友们容易明白我的思想的路径。

一

第一组收的文字是：

《演化论与存疑主义》

《杜威先生与中国》

《杜威论思想》

《问题与主义》

《新生活》

《新思潮的意义》

我的思想受两个人的影响最大：一个是赫胥黎，一个是杜威先生。赫胥黎教我怎样怀疑，教我不信任一切没有充分证据的东西。杜威先生教我怎样思想，教我处处顾到当前的问题，教我把一切学说理想都看作待证的假设，教我处处顾到思想的结果。这两个人使我明了科学方法的性质与功用，故我选前三篇介绍这两位大师给我的少年朋友们。

从前陈独秀先生曾说实验主义和辩证法的唯物史观是近代两个最重要的思想方法，他希望这两种方法能合作一条联合战线。这个希望是错误的。辩证法出于海格尔[1]的哲学，是生物进化论成立以前的玄学方法。实验主义是生物进化论出世以后的科学方法。这两种方法所以根本不相容，只是因为中间隔了一层达尔文主义。达尔文的生物演化学说给了我们一个大教训：就是教我们明了生物进化，无论是自然的演变，或是人为的选择，都由于一点一滴的变异，所以是一种很复杂的现象，决没有一个简单的目的地可以一步跳到，更不会有一步跳到之后可以一成不变。辩证法的哲学本来也是生物学发达以前的一种进化理论；依他本身的理论，这个一正一反相毁相成的阶段应该永远不断的呈现。

实验主义从达尔文主义出发，故只承认一点一滴的不断地改

1　海格尔：黑格尔。

进是真实可靠的进化。我在《问题与主义》和《新思潮的意义》两篇里，只发挥这个根本观念。我认定民国六年以后的新文化运动的目的是再造中国文明，而再造文明的途径全靠研究一个个的具体问题。我说：

> 文明不是笼统造成的，是一点一滴的造成的。进化不是一个晚上笼统进化的，是一点一滴的进化的。现今的人爱谈"解放"与"改造"，须知解放不是笼统解放，改造也不是笼统改造。解放是这个那个制度的解放，这种那种思想的解放，这个那个人的解放：都是一点一滴的解放。改造是这个那个制度的改造，这种那种思想的改造，这个那个人的改造：都是一点一滴的改造。

再造文明的下手工夫是这个那个问题的研究。再造文明的进行是这个那个问题的解决。我这个主张在当时最不能得各方面的了解。当时（民国八年）承"五四"、"六三"之后，国内正倾向于谈主义。我预料到这个趋势的危险，故发表"多研究些问题，少谈些主义"的警告。我说：

> 凡是有价值的思想，都是从这个那个具体的问题下手的。先研究了问题的种种方面的种种事实，看看究竟病在何处，这是思想的第一步功夫。然后根据于一生的经验学问，提出种种解决的办法，提出种种医病的丹方，这是思想的第二步功夫。然后用一生的经验学问，加上想象的能力，推想每一种假定的解决法应该可以有什么样的效果，更推想这种效果是否真能解

决眼前这个困难问题。推想的结果，拣定一种假定的（最满意的）解决，认为我的主张，这是思想的第三步功夫。凡是有价值的主张，都是先经过这三步功夫来的。

我又说：

一切主义，一切学理，都该研究。但只可认作一些假设的（待证的）见解，不可认作天经地义的信条；只可认作参考印证的材料，不可奉为金科玉律的宗教；只可用作启发心思的工具，切不可用作蒙蔽聪明、停止思想的绝对真理。如此方才可以渐渐养成人类的创造的思想力，方才可以渐渐使人类有解决具体问题的能力，方才可以渐渐解放人类对于抽象名词的迷信。

这些话是民国八年七月写的。于今已隔了十几年，当日和我讨论的朋友，一个已被杀死了，一个也颓唐了，但这些话字字句句都还可以应用到今日思想界的现状。十几年前我所预料的种种危险——"目的热"而"方法盲"，迷信抽象名词，把主义用作蒙蔽聪明、停止思想的绝对真理———一都显现在眼前了。所以我十分诚恳的把这些老话贡献给我的少年朋友们，希望他们不可再走错了思想的路子。

《新生活》一篇，本是为一个通俗周报写的；十几年来，这篇短文走进了中小学的教科书里，读过的人应该在一千万以上了。但我盼望读过此文的朋友们把这篇短文放在同组的五篇里重新读一遍。赫胥黎教人记得一句"拿证据来"，我现在教人记得一句"为什么"，少年的朋友们，请仔细想想：你进学校是为什么？你进一个政党是为什么？你努力做革命工作是为什么？革命是为了什么而革命？政府是为了什么而存在？

请大家记得：人同畜生的分别，就在这个"为什么"上。

二

第二组的文字只有三篇：

《科学与人生观》序

《不朽》

《易卜生主义》

这三篇代表我的人生观，代表我的宗教。

《易卜生主义》一篇写的最早，最初的英文稿是民国三年在康奈尔大学哲学会宣读的，中文稿是民国七年写的。易卜生最可代表十九世纪欧洲的个人主义的精华；故我这篇文章只写得一种健全的个人主义的人生观。这篇文章在民国七八年间所以能有最大的兴奋作用和解放作用，也正是因为它所提倡的个人主义在当日确是最新鲜又最需要的一针注射。

娜拉抛弃了家庭丈夫儿女，飘然而去，只因为她觉悟了她自己也是一个人，只因为她感觉到她"无论如何，务必努力做一个人"。这便是易卜生主义。易卜生说：

> 我所最期望于你的是一种真实纯粹的为我主义，要使你有时觉得天下只有关于你的事最要紧，其余的都算不得什么。……你要想有益于社会，最好的法子莫如把你自己这块材料铸造成器。……有的时候我真觉得全世界都像海上撞沉了船，最要紧的还是救出自己。

这便是最健全的个人主义。救出自己的唯一法子便是把你自己这块材料铸造成器。

把自己铸造成器，方才可以希望有益于社会。真实的为我，便是最有益的为人。把自己铸造成了自由独立的人格，你自然会不知足，不满意于现状，敢说老实话，敢攻击社会上的腐败情形，做一个"贫贱不能移，富贵不能淫，威武不能屈"的斯铎曼医生。斯铎曼医生为了说老实话，为了揭穿本地社会的黑幕，遂被全社会的人喊作"国民公敌"。但他不肯避"国民公敌"的恶名，他还要说老实话。他大胆地宣言：

世上最强有力的人就是那最孤立的人！

这也是健全的个人主义的真精神。

这个个人主义的人生观一面教我们学娜拉，要努力把自己铸造成个人；一面教我们学斯铎曼医生，要特立独行，敢说老实话，敢向恶势力作战。少年的朋友们，不要笑这是十九世纪维多利亚时代的陈腐思想！我们去维多利亚时代还老远哩。欧洲有了十八九世纪的个人主义，造出了无数爱自由过于面包、爱真理过于生命的特立独行之士，方才有今日的文明世界。

现在有人对你们说："牺牲你们个人的自由，去求国家的自由！"我对你们说："争你们个人的自由，便是为国家争自由！争你们自己的人格，便是为国家争人格！自由平等的国家不是一群奴才建造得起来的！"

《科学与人生观序》一篇略述民国十二年的中国思想界里的一场大论战的背景和内容。在此序的末段，我提出我所谓"自然主义的人生观"。这不过是一个轮廓，我希望少年的朋友们不要仅仅接受这个轮廓，我希望他们能把这十条都拿到科学教室和实验室里去细细证实或否证。

这十条的最后一条是：

> 根据生物学及社会学的知识，叫人知道个人——"小我"——是要死灭的，而人类——"大我"——是不死的，不朽的；叫人知道"为全种万世而生活"就是宗教，就是最高的宗教；而那些替个人谋死后的天堂净土的宗教乃是自私自利的宗教。

这个意思在这里说得太简单了，读者容易起误解。所以我把《不朽》一篇收在后面，专门说明这一点。

我不信灵魂不朽之说，也不信天堂地狱之说，故我说这个"小我"是会死灭的。死灭是一切生物的普遍现象，不足怕，也不足惜，但个人自有他不死不灭的部分：他的一切作为，一切功德罪恶，一切语言行事，无论大小，无论善恶，无论是非，都在那"大我"上留下不能磨灭的结果和影响。他吐一口痰在地上，也许可以毁灭一村一族。他起一个念头，也许可以引起几十年的血战。他也许"一言可以兴邦，一言可以丧邦。"善亦不朽，恶亦不朽；功盖万世固然不朽，种一担谷子也可以不朽，喝一杯酒，吐一口痰也可以不朽。古人说，"一出言而不敢忘父母，一举足而不敢忘父母。"我们应该说，"说一句话而不敢忘这句话的社会影响，走一步路而不敢忘这步路的社会影响。"这才是对于"大我"负责任，能如此做，便是道德，便是宗教。

这样说法，并不是推崇社会而抹杀个人。这正是极力抬高个人的重要。个人虽渺小，而他的一言一动都在社会上留下不朽的痕迹，芳不止流百世，臭也不止遗万年，这不是绝对承认个人的重要吗？成功不必在我，也许在我千百年后，但没有我也决不能成功。毒害不必在眼前，"我躬不阅，遑恤我后！"然而我岂能不负这毒害的责任？今日的世界便是我们的祖宗集的德，造的孽。未来的世界全看我们自己集什么德或造什么孽。世界的关键全在我们手里，正如古人说的："任重而道远"，我们岂可错过这绝好的机会，放下这绝大的担子？

有人对你说"人生如梦"。就算是一场梦罢，可是你只有这一个做梦的机会。岂可不振作一番，做一个痛痛快快轰轰烈烈的梦？

有人对你说"人生如戏"。就说是作戏罢，可是，吴稚晖先生说得好，"这唱的是义务戏，自己要好看才唱的，谁便无端的自己扮做跑龙套，辛苦的出台，止算作没有呢？"

其实人生不是梦，也不是戏，是一件最严重的事实。你种谷子，便有人充饥；你种树，便有人砍柴，便有人乘凉；你拆烂污，便有人遭瘟；你放野火，便有人烧死。你种瓜便得瓜，种豆便得豆，种荆棘便得荆棘。少年的朋友们，你爱种什么？你能种什么？

三

第三组的文字，也只有三篇：

《我们对于西洋近代文明的态度》

《漫游的感想》

吴稚晖先生

吴稚晖（1865～1953），本名吴敬恒，稚晖为其字。国民党四大元老之一，是政治家、教育家、书法家，中央研究院院士。一生追随国民党革命却不愿担任官职，为民国一奇人。

《请大家来照镜子》

在这三篇里，我很不客气的指摘我们的东方文明，很热烈的颂扬西洋的近代文明。

人们常说东方文明是精神的文明，西方文明是物质的文明，或唯物的文明。这是有夸大狂的妄人捏造出来的谣言，用来遮掩我们的羞脸的。其实一切文明都有物质和精神的两部分：材料都是物质的，而运用材料的心思才智都是精神的。木头是物质；而剖木为舟，构木为屋，都靠人的智力，那便是精神的部分。器物越完备复杂，精神的因子越多。一只蒸汽锅炉、一辆摩托车、一部有声电影机器，其中所含的精神因子比我们老祖宗的瓦罐、大车、毛笔多得多了。我们不能坐在舢板船上自夸精神文明，而嘲笑五万吨大汽船是物质文明。

但是物质是倔强的东西，你不征服他，他便要征服你。东方人在过去的时代，也曾制造器物，做出一点利用厚生的文明。但后世的懒惰子孙得过且过，不肯用手用脑去和物质抗争，并且编出"不以人易天"的懒人哲学，于是不久便被物质战胜了。天旱了，只会求雨；河决了，只会拜金龙大王；风浪大了，只会祷告观音菩萨或天后娘娘；荒年了，只好逃荒去；瘟疫来了，只好闭门等死；病上身了，只好求神许愿；树砍完了，只好烧茅草；山都精光了，只好对着叹气。这样又愚又懒的民族，不能征服物质，便完全被压死在物质环境之下，成了一分像人九分像鬼的不长进民族。所以我说：

> 这样受物质环境的拘束与支配，不能跳出来，不能运用人的心思智力来改造环境改良现状的文明，是懒惰不长进的民族的文明，是真正唯物的文明。

反过来看看西洋的文明：

> 这样充分运用人的聪明智慧来寻求真理以解放人的心
> 灵，来制服天行以供人用，来改造物质的环境，来改革社会政
> 治的制度，来谋求人类最大多数的最大幸福，——这样的文明
> 是精神的文明。

这是我的东西文化论的大旨。

少年的朋友们，现在有一些妄人要煽动你们的夸大狂，天天要你们相信中国的旧文化比任何国高，中国的旧道德比任何国好。还有一些不曾出国门的愚人鼓起喉咙对你们喊道，"往东走！往东走！西方的这一套把戏是行不通的了！"

我要对你们说：不要上他们的当！不要拿耳朵当眼睛！睁开眼睛看看自己，再看看世界。我们如果还要把这个国家整顿起来，如果还希望这个民族在世界上占一个地位——只有一条生路，就是我们自己要认错。我们必须承认我们自己百事不如人，不但物质机械上不如人，不但政治制度不如人，并且道德不如人，知识不如人，文学不如人，音乐不如人，艺术不如人，身体不如人。

肯认错了，方才肯死心塌地的去学人家。不要怕模仿，因为模仿是创造的必要预备功夫。不要怕丧失我们自己的民族文化，因为绝大多数人的惰性已经够保守那旧文化了，用不着你们少年人去担心。你们的职务在进取，不在保守。

请大家认清我们当前的紧急问题。我们的问题是救国，救这个衰病的民族，救这半死的文化。在这件大工作的历程里，无论

什么文化，凡可以使我们起死回生、返老还童的，都可以充分采用，都应该充分收受。我们救国建国，正如大匠建屋，只求材料可以应用，不管它来自何方。

四

第四组的文字有六篇：

《建设的文学革命论》

《〈尝试集〉自序》

《文学进化观念》

《国语的进化》

《文学革命运动》

《〈词选〉自序》

这里有一部分是叙述文学革命运动的经过的，有一部分是我自己对于文学的见解。

我在这十几年的中国文学革命运动上，如果有一点贡献，我的贡献只在：

（一）我指出了"用白话作新文学"的一条路子。

（二）我供给了一种根据历史事实的中国文学演变论，使人明了国语是古文的进化，使人明了白话文学在中国史上占什么地位。

（三）我发起了白话新诗的尝试。

这些文字都可以表出我的文学革命论也只是进化论和实验主义的一种实际应用。

五

第五组的文字有四篇：

《〈国学季刊〉发刊宣言》

《古史讨论的读后感》

《〈红楼梦〉考证》

《治学的方法与材料》

这都是关于整理国故的文字。

《〈国学季刊〉发刊宣言》是一篇整理国故的方法总论，有三个要点：

第一、用历史的眼光来扩大研究的范围。

第二、用系统的整理来帮助研究的资料。

第三、用比较的研究来帮助材料的整理与解释。

这一篇是一种概论，故未免觉得太悬空一点。以下的两篇便是两个具体的例子，都可以说明历史考证的方法。

《古史讨论的读后感》一篇，在我的《文存》里要算是最精彩的方法论。这里面讨论了两个基本方法：一个是用历史演变的眼光来追求传说的演变，一个是用严格的考据方法来评判史料。

顾颉刚先生在他的《古史辩》的自序里曾说他从我的《〈水浒传〉考证》和《井田辩》等文字里得着历史方法的暗示。这个方法便是用历史演化的眼光来追求每一个传说演变的历程。我考证《水浒》的故事、包公的传说、狸猫换太子的故事、井田的制度，都用这个方法。顾先生用这方法来研究中国古史，曾有很好的成绩。顾先生说得最好："我们看史籍的整理还轻而看传说的经历却重，凡是一件史事，应看他最先是怎样，以后逐步逐步的变迁是怎样"。其实对于纸上的古史迹，追求其演变的步骤，便是整理它了。

在这篇文字里，我又略述考证的方法，我说：

我们对于"证据"的态度是：一切史料都是证据。但史家
要问：

一，这种证据是在什么地方寻出的？

二，什么时候寻出的？

三，什么人寻出的？

四，依地方和时候上看起来，这个人有做证人的资格吗？

五，这个人虽有证人资格，而他说这句话有作伪（无心
的，或有意的）的可能吗？

《〈红楼梦〉考证》诸篇只是考证方法的一个实例。我说：

我觉得我们做《红楼梦》的考证，只能在"著者"和
"本子"两个问题上着手；只能运用我们力所能搜集的材料，
参考互证，然后抽出一些比较的最近情理的结论。这是考证学
的方法。我在这篇文章里，处处想撇开一切先入的成见，处处
存一个搜求证据的目的，处处尊重证据，让证据做向导，引我
到相当的结论上去。

这不过是赫胥黎、杜威的思想方法的实际应用。我的几十万字
的小说考证，都只是用一些"深切而著明"的实例来教人怎样思想。

试举曹雪芹的年代一个问题作个实例。民国十年，我收得了
一些证据，得着这些结论：

我们可以断定曹雪芹死于乾隆三十年左右（约西
历1765）——我们可以猜想雪芹大约生于康熙末叶（约

1715—1720）。当他死时，约五十岁左右。

民国十一年五月，我得着了《四松堂集》的原本，见敦诚挽曹雪芹的诗题下注"甲申"二字，又诗中有"四十年华"的话，故修正我的结论如下：

> 曹雪芹死在乾隆二十九年甲申（1764）……他死时只有"四十年华"，我们可以断定他的年纪不能在四十五岁以上。假定他死时年四十五岁，他的生时当康熙五十八年（1719）。

但到了民国十六年，我又得了脂砚斋评本《石头记》，其中有"壬午除夕，书未成，芹为泪尽而逝"的话。壬午为乾隆二十七年，除夕当西历1763年2月12日，和我七年前的断定（乾隆三十年左右，约西历1765）只差一年多。又假定他活了四十五岁，他的生年大概在康熙五十六年（1717），这也和我七年前的猜测正相符合。

考证两个年代，经过七年的时间，方才得着证实。证实是思想方法的最后又最重要的一步。不曾证实的理论，只可算是假设；证实之后，才是定论，才是真理。我在别处说过：

> 我为什么要考证《红楼梦》？
>
> 在消极方面，我要教人怀疑王梦阮、徐柳泉一班人的谬说。
>
> 在积极方面，我要教人一个思想学问的方法。我要教人疑而后信，考而后信，有充分证据而后信。我为什么要

梅兰芳扮演的林黛玉

替《水浒传》作五万字的考证？我为什么要替庐山一个塔作四千字的考证？

我要教人知道学问是平等的，思想是一贯的。……肯疑问"佛陀耶舍究竟到过庐山没有"的人，方才肯疑问"夏禹是神是人"。有了不肯放过一个塔的真伪的思想习惯，方才敢疑上帝的有无。

少年的朋友们，莫把这些小说考证看作我教你们读小说的文字。这些都只是思想学问的方法的一些例子。在这些文字里，我要读者学得一点科学精神、一点科学态度、一点科学方法。科学精神在于寻求事实，寻求真理。科学态度在于撇开成见，搁起感情，只认得事实，只跟着证据走。科学方法只是"大胆的假设，小心的求证"十个字。没有证据，只可悬而不断；证据不够，只可假设，不可武断；必须等到证实之后，方才奉为定论。

少年的朋友们，用这个方法来做学问，可以无大差失；用这种态度来做人处事，可以不至被人蒙着眼睛牵着鼻子走。

从前禅宗和尚曾说，"菩提达摩东来，只要寻一个不受人惑的人。"我这里千言万语，也只要教人一个不受人惑的方法。我只希望尽我的微薄的能力，教我的少年朋友们学一点防身的本领，努力做一个不受人惑的人。

抱着无限的爱和无限的希望，我很诚挚的把这一本小书贡献给全国的少年朋友！

1930年11月

（选自上海东亚图书馆1930年12月版《胡适文选》）